国家社会科学基金项目“中国语境下网络内容规制的伦理问题研究”（09BZX056）的研究成果。

"十三五"国家重点出版物出版规划项目
当代湖湘伦理学文库·国家治理与现代伦理丛书
主编　李建华

国家出版基金项目
NATIONAL PUBLICATION FOUNDATION

国家治理与网络伦理

李　伦　著

湖南大学出版社

内容简介

本书是“国家治理与现代伦理丛书”的一种。在扼要介绍了国家治理的新领域——网络内容的基础上，重点阐述了网络隐私及其保护、网络色情及其治理、网络谣言及其治理、网络憎恨言论及其治理、网络商业言论及其治理、网络知识产权及其保护，深入探讨了网络内容治理的模式、网络内容主体的伦理责任、网络内容治理政策等。

图书在版编目（CIP）数据

国家治理与网络伦理/李伦著．—长沙：湖南大学出版社，2018.11

（当代湖湘伦理学文库·国家治理与现代伦理丛书）

ISBN 978-7-5667-1629-3

Ⅰ.①国… Ⅱ.①李… Ⅲ.①国家—行政管理—计算机网络管理—研究—中国 Ⅳ.①D630.1

中国版本图书馆 CIP 数据核字（2018）第 200785 号

国家治理与网络伦理

GUOJIA ZHILI YU WANGLUO LUNLI

著　　者：李　伦
丛书策划：王和君　祝世英
责任编辑：刘　锋
印　　装：长沙超峰印刷有限公司
开　　本：710×1000　16 开　**印张**：21.5　**字数**：296 千
版　　次：2018 年 11 月第 1 版　**印次**：2018 年 11 月第 1 次印刷
书　　号：ISBN 978-7-5667-1629-3
定　　价：88.00 元

出 版 人：雷　鸣
出版发行：湖南大学出版社
社　　址：湖南·长沙·岳麓山　　**邮　　编**：410082
电　　话：0731－88822559(发行部),88823547(编辑室),88821006(出版部)
传　　真：0731－88649312(发行部),88822264(总编室)
网　　址：http：//www.hnupress.com
电子邮箱：presszhusy@hnu.edu.cn

“当代湖湘伦理学文库”总序

万俊人

夫伦理者，伦之序，礼（理）之分，道之德也。而伦理学之所谓者，乃关乎伦理道德之哲学学问也。汉语中，“伦”“理”二字初见于《尚书》《诗经》《易经》诸典，尔后《礼记》首次以“乐通伦理”将之连用，始成一词，其义理生焉。与之相关者，当谓“道德”一词，始出不一而义理相较近之莫若。“道德”之用始于老子《道德经》，其意较“伦理”远为广泛，后与之趋近，深蕴自然人伦之达道、天地本性之大德也。凡此种种，唯古希腊先哲之“mose”“ethos”二词之理式用法庶几近之。然，古希腊先哲虽多以“礼仪”“风俗”“习惯”等概念释义于“道德”“伦理”，却同时赋予后者以“近神而居”“幸福生活”“本真存义”等诸多义理，从而将关乎道德伦理之研究或学问亦即所谓伦理学或道德哲学之谓者，界定为“幸福之学”（亚里士多德）、“伦理秩序之问”（苏格拉底、柏拉图）。迨至近代，东洋学人借诸吾国元典中“伦理”一词，移译西洋英文之“ethics”，将之译为“伦理学”。此今人所谓伦理学之概要也。

伦理学之为哲学或人文学之一部，固有其义理与论理体系，因之有其作为人类普遍知识之特性在焉。如此识见，自是诚然而当然无疑。然则，伦理学所致力研究之道德伦理却并非必然而然。盖因伦理道德与诸特定社会或社群之礼仪、风俗、习惯等诸多文化要素间存在千丝万缕之关联及纠葛，且无法脱出其文化或文明之相对性限制，故尔道德之理暨伦理之论常常千差万别而难以归宗矣。试举一例：即令在最具民族文化多样性和现代普世价值观念确信之美利坚合众国，对于堕胎、同性恋等行为之礼法约束，亦非国家本一而各州通行，反而各行其是，甚或相互迥异，不可同日而语者甚矣。所谓文化者，本乃寄居于不同地缘环境，拥有不同文明之历史际遇，创造不同语言、艺术、宗教（或信仰体系）之诸多民族文明创化之成就者也，其间纷纭繁复，不亦纷纭杂多乎？夫复足言哉？职是之故，现代文化人类学者竟生多达数百种之“文化”定义。或可极而言之，有多少民族，便有多少种文化或文化传统。不仅国际如此，一国内部之不同区域间亦复如此。人类世界诸不同民族之所以承诺不同之“图腾”与“禁忌”，究其本原，盖因其文化或文化传统之多元分殊使然矣。

或曰：既定文化多元论荦确无疑，伦理学之普遍知识诉求又当如何可能？是耶非耶？难以一言以蔽之！姑且借文学艺术界一名言以答之：“愈民族者则愈世界。”或以现代知识社会学之术语而详说之，可得一论：以人文学暨文化学之视角观之，大凡关于道德伦理之知识首先且必定为某一“地方性知识”，当且仅当其所反映、阐释、论证之“道”理与“伦”理在某种程度上或某种范围内可为其他地方或民族所理解、所认同甚或所接受并践行之，则其“地方性”伦理学知识庶几可逐渐演化扩展为具有“普遍性”——普遍之知识解释力与实践有效性——之伦理学识矣。诚然，某一“地方性伦理学知识”能否且在多大程度上可为“文化他者”所理解、认同、接受，其所需诉诸条件或前提委实甚多，难以尽言。所需明乎其要者或在于，文化——更遑论道德伦理文化——之知所能“普遍化”者，远难于科学技术之知者矣。此所谓意识形态——关于人类意识、观念之学——之争常甚于其他论争之根本缘由所在。以吾陋见，非不可也，实难能可贵也！俟乎时，仰乎势，依乎人，在乎理也。

由是观之，湖湘伦理暨湖湘伦理学实乃中华伦理暨中华伦理学之一部，亦堪称湖湘文化之精髓，其与自由浪漫之楚风文韵、清新厚实之湘派理学、威武勇猛之湘军精神实可谓群峰丛立，合为壮景，共同构成湖湘文化之基本内核与风骨，于中华文化版图中久居显赫之位，常享英华之荣。然而，上溯三千年前之湖湘面貌，唯现巫楚蛮荒，“三苗”（亦谓之“三蛮”）散居，“餐菊饮露，披花戴草，折琼枝而驷飞龙”（借引韩少功《巫楚之野》，《湘水：湖南人文丛刊》第二辑，岳麓书社 2014 年 10 月），居洞穴而茹野毛，汲汲于湖泽之畔，悠悠乎岭岳之间。不亦蛮乎？不亦苦欤？自然而生息者然也。

冥冥间，忽见楚天灵光闪耀，有屈子自荆楚呼之而来，两千多年阵阵浩叹沉吟，竟引来八方诸贤流寓，四海九派文脉汇融，真可谓四面八方，绵绵不绝，风劲云漫，激流浩荡；五彩纷竞间千秋各显，三教会通后一脉新来。于是乎，楚风生焉，流韵悠焉，文脉畅焉，理学盛焉。熊熊乎篝火燎燃，突突然蒸蒸日上。其势仿若四水汇合于八百里洞庭，“浩浩汤汤，横无际涯”（范仲淹《岳阳楼记》），蔚然而成千年湖湘文化，继之一泻千里，直奔东海，敞开现代湘学湘军湘人之三湘气象。虽难免“长太息以掩涕兮，哀民生之多艰”之《离骚》古调重唱，其悠其厚亦不及中原文化等“地域文化”，却也就此铸就千年湖湘文化暨湖湘伦理之独特大局，之高远格调，之特立精神，之不凡气象。如是可闻：家国不可忘乎？民众不可欺乎？犹听楚汉之屈贾！高洁不能染乎？威武不能屈乎？敢问濂溪周子与船山宏学！忧乐不改其先后天下乎？是非当分于毫厘即时乎？借闻杜诗范记！善恶不与共乎？爱憎必分也明乎？当看曾左谭毛！此吾之谓湖湘伦理精神之大要也。然耶忽耶？吾不敢私裁也，唯三声叩问，百家求教，或可得其法门，入其堂奥，揭櫫其隐幽莲香之所谓者也。

然则，吾欲言且敢冒昧直言者，乃在乎湖湘伦理（学）之未竟者、阙失者、不良者种种。作为一独特之地域文化或“地方性知识”，湖湘伦理虽兼综“流寓诸贤”之宏学高义，亦有南人北风、南“腔”北“调”或南北通透之文化品格，可先“苗”后“汉”、开化滞后、久居中华文明之边缘、文明暨文化生长流动不居且多灾多难之地缘文明生成性或文化构成性之特征，遂使其伦理多具某种“文化杂交”（cultural hybridization）之品性，此一品性又或多或少、或直接或间接导致湖湘伦理时常游离于主流正宗之外，纠结于多向头绪之间，曰情与理，曰自由浪漫与规则理性，曰刚毅果断与谨慎从事，曰剑走偏锋与循规蹈矩，以及更紧要者，曰个体自由与群体合作，曰边缘豪气与中心正谋。凡此种种，固大有裨益于湘人成就其“敢为天下先”之英雄壮举，以至千百年来之湖湘大地英雄豪气涌动，然亦埋下过度理想浪漫、两极发力而失之于激进任性，大事当前而无以致“中道”从容，反倒是时生“霸蛮”恣意而弗能自已矣。即令是为时下备受推崇之曾文正公等，虽堪称近世儒家伦理之楷模，却并非湖湘伦理之一般范例。质言之，若以现代科学理性检视其表里，则湖湘伦理（学）尚待改善者多矣，曰自由理性之不足，曰浪漫激情之有余，曰意气豪情之过度种种。阙如若此，倘若多些知行合一之船山理学暨经世致用之曾公日用伦理，少些“霸蛮”或“蛮干”之孟浪意气；或云，若更多借援于康德式或近代德意志之启蒙理性，更少感染卢梭式或近代法兰西之浪漫情绪，则湖湘伦理文化暨湖湘伦理学之当代复兴与未来新生更堪期待。此吾之私见，未知今日湖湘伦理学同仁以为如何？知我罪我，一任诸君，唯盼唯祈是幸！

湖湘伦理自是湖湘文化精神乃至中华伦理文化精神之胜果无疑，本当自珍弘扬以为上策。然近代百年以降，文化自怨甚或文化自虐之风甚嚣尘上，语言与道德之革命自弃者尤盛，自“打倒孔家店”至史无前例的“文化大革命”，文化道德革命之洪流一浪高过一浪。急急乎如天崩地裂，熊熊矣若电闪雷鸣；摧枯拉朽，何其汹涌！不独湖湘文化道德，亦复整个中华文化道德均陷入风雨飘摇、“花果飘零”（唐君毅、牟宗三等新儒家语）之窘境矣。其所以如是，盖因近代国运多舛，中华文明暨文化之现代“大变局”所使然哉！

幸逢时来运转，仰改革开放之力，中华重新崛起于二十暨二十一世纪之交，再接千载，振兴中华，得其时也。开放学习海外新知之余，悉心梳理国故始成当务。批判扬弃其糟粕，吸收赓续其精华，“弘扬优秀文化传统”，已然成为海内外华人世界之文化共识。值此时刻，有自觉自为之当代湖湘伦理学人如李氏建华教授者甚众，皆欲追根溯源，疏流开引，籍编辑出版“当代湖湘伦理学文库”之机缘，重新梳理湖湘伦理学之渊源递嬗，检视当代湖湘伦理学人之创新成就，以祭先进，以启后来，以续绵长之流者，以成蔚然之大焉，宗其旨曰：“传承湖湘伦理学之大统，创中国伦理学之湖湘学派，立中国伦理文化传播之高地。”其志可谓高矣，其功堪乎善哉！华民慈善公益基金会董事长卢氏德之先生欣闻兹事体大，决意慷慨助之，共襄此举，其情其怀，令人感佩。吾有幸忝列湖湘伦理学人之末，焉敢不鼓呼在前，趋步在后乎？是故，一俟建华教授示下为序，且命吾以文言简略述之，虽深感难以奉承于万一，亦不敢怠慢些微少顷，又岂敢坚拒一词尔？呜呼于是，勉力为序者如斯，窃望殷殷，或庶几不负建华、德之等诸位湖湘伦理学同仁之美意矣。

噫嘻！喃喃呓语，不知所云，且当抛砾石以引幽谷玉璞，点爝火而引满天繁星也罢。至所望焉！

戊戌立秋日凌晨于京郊悠斋

走向善治

——“国家治理与现代伦理丛书”序

李建华

众所周知，治理并不是一个新名词，从词源上说，英语中的governance一词源于拉丁文和古希腊语，原意是控制、引导和操纵，长期以来它一直与government一词交叉使用，并且主要用于与国家的公共事务相关的管理活动和政治活动中。自从世界银行在《1989年世界发展报告》中首次使用了“治理危机”，许多国际组织和机构开始在其各种报告和文件中频频使用它，政治学、经济学和管理学等学科纷纷引入治理概念，赋予了治理丰富的含义。概括起来，它大致包含如下几层含义：作为最小的国家管理活动的治理；作为公司管理的治理；作为新公共管理的治理；作为善治的治理；作为社会控制体系的治理；作为自组织网络的治理。如果从重要性角度而言，现代社会的当务之急是国家治理，抑或国家治理体系和治理能力的现代化。

国家是一种特殊的伦理实体，其治理离不开伦理的考量。把伦理（Sittlichkeit）与道德（Moralität）区分开来，是黑格尔的一大发明，并且他首次将伦理置于道德的自由意志发展的最高阶段。在伦理阶段，道德的内在意识发展为社会习俗、内在个人尊严和独立人格得到外部法权制度的保障。伦理就是主观的伦理习俗和客观的伦理实体的结合，家庭、市民社会和国家就是主要的三种伦理实体。“伦理实体”是黑格尔伦理思想中的一个核心概念，是价值合理性的最终依据，也是把握伦理关系和伦理秩序的关键所在。他借助于“实体”这样一种形而上的、具有世界本原意义的辩证表达，认为“绝对精神”就是“实体”，而实体是自因性的、不依赖于他物的，并且实体又因是自主变化运动的而成为“具体的实体”，家庭、市民社会、国家就是伦理作为主观与客观统一物的真理性存在。黑格尔认为，伦理实体要由家庭经过市民社会再到国家这种最高形态，虽然家庭和市民社会也是伦理共同体，但都是“单个人”的“集合”，只有国家才是必然性和普遍性的产物，才是最优的伦理实体。那么作为伦理实体的国家，在其实现性上又与伦理有哪些纠缠呢？换言之，国家具有哪些伦理上的特殊性呢？第一，国家就是真实的自由。在黑格尔哲学中，自由贯穿抽象法、道德和伦理各个环节，作为抽象法和道德的统一与真理环节，伦理是“作为实体的自由不仅作为主观意志而且也作为现实性和必然性的实存”。① 国家作为伦理实体消除了个别与整体、特殊与一般、个人与社会的对立，是一种普遍实现了的自由，是消除了个人任性的自由，“自由的理念中只有作为国家才是真实的”。② 所以国家是实现普遍自由的“家园”和依托，或者说，只有在国家这样的政治共同体中才有真实的自由。第二，国家就是伦理精神。伦理是实体性的普遍物，国家环节的自由又是一种实体性自由，而自由之所以只在国家环节是真实的，是因为国家是实体性伦理精神的最高体现。“国家是伦理理念的实现——是作为显示出来的、自知的实体性意志的伦理精神，这种伦理精神思考自身和知道自身，并完成一切它所知道的，而且只完成它所知道的。”③ 可见，国家体现的是一种普遍性的整体主义精神，是个人利益的普遍化。第三，国家就是伦理秩序。黑格尔认为，只有在国家这种伦理实体中，在抽象法和道德阶段所认定的权利、义务关系才从主观变成了客观、从偶然变成了必然，这不仅仅是主观应该，而且是主观应该与客观现实的统一。权利与义务相结合的概念是最重要的规定之一，并且是国家内在力量所在，所以国家的伦理秩序就是权利和义务的统一。第四，国家就是集权主义理念。由于国家代表普遍化的利益，并且对市民社会的个人权利主观化、个别化产生影响，这必然导致一种超国家主义的政治主张——集权主义。黑格尔对国家这一政治共同体伦理特性的阐发，给了我们深刻的启示：国家不仅是权力

① 黑格尔. 法哲学原理［M］. 范扬，张企泰，译. 北京：商务印书馆，2009：41.
② 黑格尔. 法哲学原理［M］. 范扬，张企泰，译. 北京：商务印书馆，2009：65.
③ 黑格尔. 法哲学原理［M］. 范扬，张企泰，译. 北京：商务印书馆，2009：253.

载体，而且是伦理实体，国家的治理离不开伦理的引导与规范。

国家治理的最高价值目标，就是基于伦理维度的“善治”。人类社会发展到今天，社会管理模式发生了实质性的变化，由政府或国家“统治”（government）向社会“治理”（governance）的转化就是其中之一。“治理”与“统治”从词面上看似乎差别不大，但其实际内涵存在根本上的不同。不少学者认为，区分“治理”与“统治”两个概念是正确理解治理的前提条件，也是理解“什么是善治”的关键。治理作为一种政治管理过程，同政府的政治统治一样与权威、权力不可分割，其最终目的也是实现社会秩序的和谐与稳定，但二者是存在明显差异的。其差异主要表现在两个方面：第一，统治的权威必定是政府，而治理的权威并非政府机关；统治的主体一定是政府的公共机构，而治理的主体既可以是公共机构，也可以是私人机构，还可以是公共机构与私人机构的合作。所以“治理”是一个比“统治”更宽泛的概念。在现代社会中，所有社会机构如果要高效而有序地运行，可以没有政府的统治，但绝对不可能没有治理。第二，管理过程中权力运行的向度不一样。政府统治的权力运行方向是自上而下的，是单一向度的管理；而治理则是一个上下互动的管理过程，其实质是建立在市场原则、公共利益和认同基础之上的合作。这就说明，我们今天的德治不是基于“统治”的理念，而是基于“治理”的理论视野，其最终目的是实现“善治”。

尽管西方的政治学家和管理学家在看到社会资源配置过程中市场和政府的双重失效之后，极力主张用治理取代统治，因为治理可以弥补国家与市场在调控过程中的某些不足，但他们同样认识到了治理本身也有失效的问题。既然治理也存在失效的可能，那么现实而紧迫的问题是如何克服治理的失效或低效。于是，许多学者和国际组织纷纷提出了“元治理”“有效的治理”“健全的治理”和“善治”等概念，其中“善治”理论最有影响。

自从有了国家及政府以后，善政（good government，可直译为“良好的政府”或“良好的统治”）便成为人们所期望的理想政治模式。在西方，由古希腊的“国家是有德者的共同体”到现代的“国家是正义的共同体”，它们都显示出对善政的期望。在中国传统政治文化中，善政的最主要意义就是能让官员清明、公正和廉洁，各级官员像父母对待自己的孩子一样热爱和对待自己的子民，没有私心，没有偏爱。古今中外的思想家们对善政的理解，包括如下要素：严明的法纪、清廉的官员、高效的行政、良好的服务。这种善政主要是人们对政府的期盼，或者说是一种政治理想，至于能否真正实现“良好的统治”，要看政府或国家本身。从“理想国”到“乌托邦”，从“大同世界”到“世外桃源”，它们都表达了人们对善政的苦心期待。但是这种善政在政治理想中的独占地位自20世纪90年代以来在世界各国日益受到了严重的挑战，即来自“善治”的挑战。

“善治就是使公共利益最大化的社会管理过程。善治的本质就在于它是政府与公民对公共生活的合作管理，是政治国家与公民社会的一种新颖关系，是两者的最佳状态。”① 善治不仅仅意味着一种新的管理理念，而且是一种新的与善政不同的政治运作模式。它是一种建立在市民社会基础之上的、具有不同于传统社会管理方式特性的全新的社会治理方式。善治的特性在国家治理中主要表现为应遵循如下基本原则。②

认同性原则。它不是指法律意义上的强制认可，也不是宗教学意义上的盲从，而是政治学意义上的合法性，即标示社会秩序和权威被人们自觉认可的性质和状态。政府的权威和秩序无论其法律支撑多有力，也无论其推行措施多强硬，如果没有在一定范围内被人们内心所体认，就谈不上合法性。并且公民体认的程度越高，合法性就越大，善治的程度便越高。取得和增大合法性的主要途径是尽可能增加公民的政治认同感，所以，是否是善治，首先要看管理机构和管理者在多大程度上使公共管理活动取得了公民的同意与认可。我们的治国方针政策得到广大人民群众的认同与支持，是社会主义德治的最终目标。

责任性原则。它是指社会管理机构及其个人应当对自己的行为负责，要尽相应的义务。责任性意味着管理机构和管理者个人必须忠实履

---

① 俞可平．治理与善治［M］．北京：社会科学文献出版社，2000：5-6.

② 俞可平．治理与善治［M］．北京：社会科学文献出版社，2000：9-11.

行自己的职责和义务，否则就是失职，就是没有责任性。责任性越大，善治程度就越高。正因为如此，现代社会人们越来越重视政治阶层的道德责任问题。马克斯·韦伯就曾在他的名为《作为职业的政治》的著名演讲中提出政治领域中“意图伦理”和“责任伦理”，前者不考虑后果，后者则要求行为者义无反顾地对后果负责任，政治家应当遵循的是责任伦理而不是意图伦理。赫尔穆特·施密特甚至认为，对自己的行动或者不行动的结果承担责任，其前提首先是承担在确定目标方面的责任。“政治家的目标以及实现目标的手段和途径不能同他所接受的伦理基本价值产生冲突。缺乏基本价值的政治必然是没有良知的政治，是在道德方面无所顾忌的政治，并且会趋向于犯罪。”①

法治性原则。这里“法治”的基本意义是，法律是政治管理的最高准则，任何政府官员和公民都必须依法行事，法权高于一切，在法律面前人人平等。法治的直接目标是规范公民的行为，管理社会事务，维护正常的社会生活秩序。但其最终目标在于保护公民的民主自由权利，不但要使参与契约的双方都能从利益交换中公平得益，也要以不损害社会公共利益为前提。因为在一个摆脱了身份关系的社会中，契约行为应当以平等的自由精神为要旨，社会公共利益正是他人自由权利的集中表达，所以维护社会公共利益正是对平等的自由这一契约行为的灵魂守护。而要维护公益不能没有国家强权，不能没有法治。法治“不是一种关注法律是什么的规则（a rule of the law），而是一种关注法律应当是什么的规则，亦即一种‘元法律规则’（a meta-legal doctrine）或一种政治理想”。② 所以，法治既规范公民的行为，更规范政府的行为。法治内生着民主自治的社会伦理要求，同时法治也是善治的基本要求。没有健全的法治，就没有善治。

透明性原则。这里主要是指政治信息的公开性，即政府在决策过程中应该公开、公正。因为在现代法治社会中，每一个公民都有权获得与

---

① 赫尔穆特·施密特. 全球化与道德重建［M］. 柴方国，译. 北京：社会科学文献出版社，2001：113.

② 哈耶克. 自由秩序原理（上卷）［M］. 邓正来，译. 北京：生活·读书·新知三联书店，1997：261.

自己的利益相关的政府政策信息，包括立法活动、政策制定、法律条款、政策实施、行政预算、公共开支及其他有关的政治信息。透明性原则要求上述政治信息能够及时通过各种大众媒体为公民所知，以便使公民能有效地参与公共决策过程，并且对公共管理过程实行有效监督。透明性标示着一个社会的民主化程度，也反映了市民社会的成熟程度，因为在市民社会中，每个成员都不是在被胁迫或强迫的情况下，而是根据自己的意愿或自我判断参与或加入某个社会群体或集团的事务或决策。政府以高度尊重个人的选择自由为前提，而个人又以对政府高度信任和负责的态度参与决策。这种双向的透明其重要意义在于，一方面可以使政府养成对人民负责的态度，另一方面可以使公民养成自我管理的习惯。一个社会的透明度越高，善治程度也越高。

有效性原则。这里是指管理的有效性。它包括两方面的含义：一是指管理机构设置合理，管理程序科学，管理活动灵活；二是最大限度地降低管理成本。人类管理根源于“自然资源普遍稀少和敌对的自然环境”与人类需求的矛盾。由于资源是稀缺的，不可能无限制地满足人的需要，由此而形成管理组织，行使管理职能，以便有效地获得、分配和利用自然资源来实现某个目标。因此，追求有效性必然成为社会管理最基本的内在规定，有效性也是衡量社会治理水平的重要标准。善治与无效或低效的管理活动是格格不入的，管理的有效性越高，善治程度也越高。这同时也说明，一个无效或低效的政府，一定是一个缺德的政府。

基于国家治理与现代伦理的内在关联，我们从政治伦理、经济伦理、文化伦理、社会伦理、生态伦理、网络伦理六个方面组织了这套研究丛书，这绝非一种任务式的科研使然，而是我们湖湘伦理学人对国家治理体系和治理能力现代化这一国家重大战略的理论自觉和伦理表达。

2018 年 8 月 28 日于三思书屋

目 次

引　言　网络内容：国家治理的新领域

人类社会已进入网络时代，网络成了人类生存的第二空间，成了人类社会政治、经济和文化运行的基础架构。作为全球性的基础架构，网络是世界经济竞争和文化发展的竞技场，影响国际政治格局的态势，影响世界的和平与发展。作为局域性的基础架构，网络是主权国家的新疆域。对主权国家而言，领网是继领土、领空和领海之后国家主权的重要组成。在网络时代，没有网络安全就没有国家安全；没有网络内容安全，就没有网络安全；没有网络内容治理，就没有网络内容安全。网络内容治理已成为网络时代国家治理的新领域，网络伦理是实现网络内容治理不可或缺的重要途径。不发挥网络伦理的独特作用，网络内容治理就难以长久奏效。我们正是沿着这一思路，切入网络伦理与国家治理这一主题。正因为网络内容治理是网络时代国家治理的重中之重，网络伦理在网络内容治理中具有举足轻重的作用，因此从网络伦理与国家治理这一视角，探讨网络内容治理的问题和出路，达到网络内容安全和国家安全，具有重要的理论价值和实践意义。

互联网的出现和普及是一场技术革命，更是一场传播革命。人类社会在经历前语言传播时代、口语传播时代、手抄传播时代、印刷传播时代和电子传播时代之后，迎来了网络传播时代。网络传播的内容和信息量达到了前所未有的规模，传播方式跨越了时空，给人类的交流带来了极大的便利。然而，网络内容良莠不齐，始终困扰着各国政府，网络内容治理成了一个世界性的难题。在中国语境下，这个难题除了具有世界性的一般特征外，还呈现出自己的特征。网络内容治理的合理性、治理的范围、治理的模式等问题都亟待解决。对这些问题的分析和解决无疑是多学科的，我们从伦理学和传播学等视角，探讨我国网络内容治理的伦理问题及对策。①

网络内容治理作为一个世界性难题，已引起世界的关注。作为世界性难题的网络内容治理，不仅表现在理论方面，而且表现在实践方面。网络内容治理涉及自由表达权与国家安全、社会稳定、隐私权等的冲突和平衡等问题，这些问题都需要从理论上予以阐明。如何治理网络内容，以及由此而来的如何处理跨境传播等问题，都必须在实践中予以解决。网络内容治理问题引起了国内外学者和政府的关注，他们从理论上和实践上对网络内容治理问题进行了全面深入的研究。桑德拉·巴蒂斯塔（Sandra Batista）1998 年撰写了《网络内容治理》，探讨了有关网络内容治理方面的问题。② 罗纳德·德波特（Ronald J. Deibert）等对限制网络访问的政策进行了专门研究。③ 杰克·戈德史密斯（Jack Goldsmith）等就网络内容治理的主体问题进行了细致的研究，主张政府、媒体和个人在网络内容治理方面应承担各自相应的伦理责任。④ 理查德·斯皮内洛（Richard A. Spinello）对美国和欧洲等在网络内容治理方面的理念和做法进行了系统的对比研究，认为美国强调市场和自律的作用，欧洲国家则强调法律和他律的作用。⑤ 我国学者对网络内容治理问题也进行了许多富有建设性的研究，先后出版了黄瑚等的《网络传播法规与道德教程》（2006）、钟瑛等的《网络传播法制与伦理》（2006）、王四新的《网络空间的

① 李伦，李军. 中国语境下网络内容治理的伦理问题［J］. 井冈山大学学报：社会科学版，2010，（1）：42-46.

② Sandra Batista. Content Regulation in the Internet Architecture［D］, Harvard University, 1998.

③ Ronald J. Deibert, John G. Palfrey, Rafal Rohozinski, Jonathan Zittrain. Access Denied: The Practice and Policy of Global Internet Filtering［M］. Cambridge: The MIT Press, 2008.

④ Jack Goldsmith and Tim Wu. Who Controls the Internet? Illusions of a Borderless World［M］. Oxford: Oxford University Press, 2006.

⑤ Richard A. Spinello. Cyberethics: Morality and Law in Cyberspace［M］. Sudburg: Jones and Bartlett Publishers, 2003: 47.

表达自由》（2007），以及李伦的《网络传播伦理》（2007）等。①

在现实空间，内容治理就已经是一个源远流长的富有争议的问题，到了网络空间这个问题变得更加棘手，成了一个世界性的难题。简言之，这与网络的技术架构及其社会文化特征密切相关。网络空间的技术架构具有“内容盲（content-blind）”的特征，能被数字化的任何内容都可以在网络上自由传播，这就为良莠不齐的信息在网络上畅行提供了机会，给网络内容治理造成了空前的难度。同时，与现实空间相比，网络空间是一个更加开放的环境，而且网络从一开始就被人们认为是最自由的空间，对网络内容进行治理容易遭到抵制，网络内容治理就成了一个世界性难题。因此，探讨作为世界性难题的网络内容治理问题，要求我们深入探讨网络技术架构的特征及其社会文化特征，探讨网络自由、网络传播自由的本质及其范围和限度。②

网络是信息流动的空间，是内容传播的空间。人类的一切活动只有经过数字化或信息化，才能在网络空间中畅通无阻。人类在网络中的一切活动都可以还原成信息的交换。自从有了网络，人类活动的信息丰富性借助网络走出了遮蔽状态，得到了空前的彰显。由于互联网具有信息丰富性、开放性和全球性等特点，人类借助互联网可以打破时空的束缚，获得前所未有的言论自由及其他自由。自国际互联网诞生以来，自由的观念在网络空间就一直占据极其重要的位置。自由成为网络社会最为崇尚的价值追求，互联网几乎成了自由女神的替身。网络空间流传一句名言“网络即信息”，也就是说，互联网实质上是一个信息网络，网络自由主要体现在网络信息传播的自由。为了理解网络传播自由的本质和基础，我们有必要探讨网络传播自由的技术、

① 黄瑚，邹军，徐剑. 网络传播法规与道德教程［M］. 上海：复旦大学出版社，2006；钟瑛，牛静. 网络传播法制与伦理［M］. 武汉：武汉大学出版社，2006；王四新. 网络空间的表达自由［M］. 北京：社会科学文献出版社，2007；李伦. 网络传播伦理［M］. 长沙：湖南师范大学出版社，2007.

② 李伦，李军. 网络传播自由及其规制［J］. 长沙理工大学学报：社会科学版，2009，(1)：104-108.

文化背景。网络传播自由是网络的技术架构特征和网络的社会文化特征共同作用的结果。

从技术方面来看，国际互联网由带有结构各异、运行不同的操作系统和应用软件的计算机连接起来。要使这些不同的计算机能够彼此通信，就必须开发一种使计算机能够相互交流的语言——用于计算机通信的协议和技术。其中，ICP/IP 协议和包切换技术是最基础的核心协议和技术。ICP/IP 协议和包切换技术拥有一个共同的特征——内容盲，即网络传播不关心信息的内容，这就为网络内容的自由传播提供了方便的技术架构。因此，以具有内容盲特征的 ICP/IP 协议和包切换技术为核心的国际互联网架构成了网络内容自由传播的基础性技术背景。

从文化方面来看，创建国际互联网的初衷是为了计算机资源的自由共享。计算机自 20 世纪 40 年代出现以来，为人类活动带来了极大的便利，但是，打印机等硬件资源和应用软件等软件资源因各自为政、互相封闭带来的闲置等问题，要求开发出能实现软硬件资源共享的技术，搭建一个互联互通、自由开放的平台。到了 20 世纪 60 年代末，人们终于创建了国际互联网的原型——阿帕网，开始实现人类由来已久的自由共享梦想。有趣的是，以虚拟性著称的国际互联网给人类带来更为真实的自由。[①] 美国著名网络伦理学家理查德·斯皮内洛从互联网诞生于美国这一点，论述了网络传播自由传统形成的文化背景。斯皮内洛认为，网络自由架构的设计具有深远的美国文化根源，因为国际互联网是在美国孕育和发展起来的，是追求表达自由理想的美国人创建了国际互联网。[②] 美国著名法学家劳伦斯·莱斯格也指出："通过互联网架构，我们已经把代码意义上的第一修正案传播

① 李伦. 作为互联网精神的自由、开放和共享——兼谈技术文化价值的生成［J］. 湖南文理学院学报：社会科学版，2006，(3).

② Richard A. Spinello. Cyberethics: Morality and Law in Cyberspace［M］. Sudburg: Jones and Bartlett Publishers，2003：55.

到整个世界，比法律意义上的第一修正案传播得更远。”[①] 就是说，他们都认为美国的自由精神是网络传播自由传统形成的文化背景。

创建互联网的初衷是为了使人们能够自由共享信息资源，国际互联网在技术层面上具有互联互通性、开放性和共享性等特征，可以很好地实现这一初衷。因此，正是网络技术架构的特征与网络文化背景的特征，共同打造了网络传播自由的传统。然而，一个社会总有自己特定的意识形态和主流价值观，与网络技术架构的特征不同，这种社会机制不具有内容盲的特征，反而特别关心网络信息的内容。这种社会机制会根据自己的政治制度、社会目标和价值取向对信息内容进行管理。这种社会机制与互联网技术架构链接在一起，就催生了一系列棘手的问题：应当实施网络内容治理吗？何种范围、何种程度的网络内容治理是合理的？网络社会崇尚自由，那么，网络内容治理是否破坏了网络自由？网络内容治理是否意味着对个人自由的否定？网络内容治理是否具有道德合理性？由于人们对网络自由精神的不同理解，关于网络内容治理的态度至少可以分为两大派别：自由派和治理派。

自由派认为，人们在国际互联网上创建自己的博客和微博等，可以在网上自由发表言论。他们认为，互联网是一种民主化的力量，能够使普通网民变成“传单发行者”和“城市的呐喊者”，成为“自媒体”，“他的声音所引起的共鸣要比从街头演讲台传出来的任何声音所引起的共鸣要大得多”。[②] 迈克尔·戈德温（Michael Godwin）认为，网络“把‘出版自由’的全部权利交到了每个人手中”[③]。因此，政府不应治理、过滤或屏蔽网上传播的内容，而应尽可能地拓宽网络

① 转引自 Richard A. Spinello. Cyberethics：Morality and Law in Cyberspace［M］. Sudburg：Jones and Bartlett Publishers，2003：55.

② Richard A. Spinello. Cyberethics：Morality and Law in Cyberspace［M］. Sudburg：Jones and Bartlett Publishers，2003：53.

③ 转引自 Richard A. Spinello. Cyberethics：Morality and Law in Cyberspace［M］. Sudburg：Jones and Bartlett Publishers，2003：53.

自由表达的范围。

自由派主张网络传播自由，反对网络内容治理。他们认为，网络内容治理与创建互联网的初衷背道而驰。互联网创建的初衷是为了实现资源的自由共享，为此互联网在技术上具有约束少、自由度大的特征，互联网的这种技术架构的特征与人类社会自由表达的观念极为吻合。自由派认为，自由是网络空间的本质特征和价值追求，与网络自由相违背的任何治理都可能导致网络技术架构的坍塌，任何形式的网络内容治理都可能严重阻碍网络内容的自由传播，因而网络内容治理是不合理的。这种观点在实践中常常被极端化，认为网络内容传播不需要进行任何形式的治理。其实，这种极端论的观点误解了网络自由的本质，这种观念的泛滥容易导致一个无法无天的网络空间，严重阻碍网络的健康发展。

治理派则认为，互联网为内容传播开创了前所未有的机会，但由于网络具有内容盲等特点，互联网上容易出现不良信息泛滥的现象，如色情信息、虚假信息、垃圾邮件、憎恨言论、在线恐吓、反社会言论和反政府的政治言论，这些内容的泛滥对个人的安宁和社会的稳定具有极大的危害性，因此，必须对网络内容进行治理。治理派承认网络传播在一定程度上是自由的，但这种自由的范围以不损害社会公共利益以及其他人类价值为限，如生命、尊严、隐私、人类繁衍、国家安全和社会稳定等。不良内容的泛滥必然污染网络内容空间，影响社会安定。特别是，如果对这些内容不加治理，可能对未成年人的成长造成严重危害。因此，应当对网络内容传播进行必要的治理。

目前世界上绝大多数国家属于治理派。在网络内容传播中，人们应当享有自由表达权，但这种权利并非至高无上的绝对权利，它受到其他各种权利的制衡。当然，我们也不能忽视自由派的某些合理思想，网络传播自由是人类极为珍视的，在社会生活和行为决策中不能置这种权利于不顾。网络内容的自由表达权与人类的其他权利是相互竞争、相互协调、相互依存的。将其中任何一种权利极端化和绝对化都可能导致严重的不良后果。因此，基于对各种权利、价值和利益的权衡，我们应当对网络内容传播进行必要的治理。当然，这种治理是有合理限度的，并且应当采取合理的治理方式。

网络内容治理涉及各种权利冲突和价值冲突问题，其中最大的争议是关于自由表达权的地位及其限度。网络自由表达权具有重要价值，但它不具有绝对价值，其他价值和权利，如社会公共利益、知识产权、隐私权和国家安全等，均构成对网络自由表达权的抗辩。表达自由权极其重要，但它不具有不可超越性，人类繁衍、生命、尊严、隐私、儿童保护、网络安全、社会稳定和社会公共利益等也具有重要价值。这些价值的存在，构成了对自由表达权的抗衡。只要承认自由表达权与这些权利存在抗衡，对网络内容进行治理就具有合理性。这也说明在进行网络内容治理时，必须兼顾各种权利之间的平衡，同时也应看到它们之间的协同性，网络内容治理常常是实现这些价值的重要条件，例如，要保障人格权，就必须治理诽谤和谣言等言论。

网络内容治理是一个世界性难题，也是中国语境下一个不容忽视的复杂问题。正如斯皮内洛所指出的，“网络空间言论自由和内容控制问题已无可争辩地成为初露端倪的信息时代最富争议的道德问题”[①]。对我国而言，由于政治制度、意识形态和文化传统等的不同，我国网络内容治理在实践中招致西方国家的一些人士的曲解。由哈佛大学和牛津大学等组成的研究机构就把我国列为世界网络信息十大“普遍屏蔽国”之一。[②] 对于这一结论，我们不能置若罔闻，我们必须从理论上做出回应。

随着互联网的普及，网络内容传播日益成为整个社会信息传播

---

① Richard A. Spinello. Cyberethics：Morality and Law in Cyberspace ［M］. Sudburg：Jones and Bartlett Publishers，2003：53.

② Open Net Initiative. Country Profile：China ［EB/OL］. http：//opennet. net/research/profiles/china，2007-12-30.

的主导方式。网络的技术架构及其社会文化特征是网络内容良莠不齐现象产生的背景。网络内容的良莠直接关系到整个网络乃至整个社会发展的健康与否。网络内容治理已成为世界各国网络管理和国家治理至关重要的研究课题。网络内容治理涉及的问题极其复杂，且存在诸多争议。网络内容治理的伦理问题正是在这些争议中展现出来的。这些争议及其涉及的问题主要体现在网络内容治理的道德合理性问题、网络内容治理的客体及其范围问题、网络内容治理的主体问题、网络内容治理的模式问题、网络内容传播主体的伦理责任问题、网络内容治理的政策问题，等等。这些争论呈现的方式及其解决方案，因各国的政治制度、意识形态和文化传统等的不同而各异。西方国家在网络内容治理方面的一些做法和观点不一定适合我国国情，我们必须立足中国语境来探讨和解决这些问题。

我们正是立足我国国情，围绕这些争论，从网络伦理与国家治理的视角，探讨我国语境下网络内容治理的伦理问题及其对策。具体而言，我们主要以网络内容治理的客体（如网络隐私、网络色情、网络谣言、网络憎恨言论、网络商业言论和网络知识产权）为主干，探讨网络内容传播的特征、面临的问题及其成因，并就网络内容主体的伦理责任、网络内容治理的模式、网络内容治理政策等方面提出相关建议。

第一章　网络隐私及其保护

随着现代科技的进步和互联网的迅猛发展，个人数据的收集越来越容易，从前互不相关的数据也越来越被关联起来。在这个信息爆炸的时代，各种类型的数据在互联网上快速传播，信息储存成本急剧下降，个人数据的收集易如反掌。有数据表明，人类存储信息量的增长速度比世界经济的增长速度快 4 倍，计算机数据处理能力的增长速度比世界经济的增长速度快 9 倍。① 大数据的运用使个人隐私的保护变得越来越紧迫。2015 年博鳌亚洲论坛年会就大数据的广泛运用、征信方式的剧变和个人信息的保护等问题进行了深入讨论，认为个人隐私的保护是一个刻不容缓、亟待妥善解决的问题。

当今通信设备日益发达，手机、邮箱已经成为人们日常生活中必备的通信方式。人们经常会收到一些广告短信或邮件，这些短信和邮件从何而来？人们的手机号和邮箱是何时、以何手段被他人获取？在没有互联网的时代，收集各种不同的数据是一项十分繁重的工作，而在网络时代，人们只要在电脑上输入字符，就会自动地被互联网收集并储存。当人们需要使用数据时，便能快速搜索到，这在无形中使个人数据暴露在网络上，其中不乏一些不希望被他人所获知的隐私信息。人们离不开互联网，网络在我们的生活中越来越普及，因此在网络时代，我们应该如何处理这些问题？政府和企业应该如何做才能使人们的个人隐私受到有效保护呢？

---

① ［英］维克托·迈尔-舍恩伯格，肯尼思·库克耶. 大数据时代［M］. 盛杨燕，周涛，译. 杭州：浙江人民出版社，2013：13.

一、网络隐私及其价值

从人类懂得利用树叶遮挡身体开始，隐私观念就开始出现。在信息全球化的现代，隐私观念得到了空前的强化，隐私更是一个深入人心的词汇。隐私与个体自身紧密相关，人们希望关于自身的、不愿被他人知晓的隐私能够得到保护，无论是姓名、住址，还是身体的某些部分。然而，如何准确定位隐私和隐私权仍是一个需要探讨的问题。

隐私是指个人不愿让他人进入或知晓或干涉的私人空间、私人信息或私事。隐私概念是随着社会进步和科技发展不断扩展的，到目前为止，隐私包括空间隐私、信息隐私和私事三类。在 19 世纪末，“隐私”主要指他人不得随意进入或侵占的领地或财产（即私人空间），如私人寓所、酒店房间、轮船客房等。到 20 世纪中叶期，“隐私”的范围扩大到不干涉和影响他人生活，包括爱情、身体状况或家庭计划。例如，20 世纪 60 年代到 70 年代，隐私的法律范围扩展到了个人关于避孕和堕胎的私人决定，即私事。人们对自己的生活方式有自我决定权，他人不得随意对其干涉和处置。到 20 世纪末期，尤其在信息化国家，计算机技术的发展使“隐私”一词变得具有“信息丰富性”①。信息隐私成为引人注目的隐私类型。

隐私也经历从消极隐私到积极隐私的变迁。随着科技的发展和时代的变迁，个人的隐私也越来越被重视，从前人们强调消极隐私，即不被知晓、不被打搅、不被干涉的隐私，如今人们是有了积极隐私的观念，社会越来越强调个人主动控制自己个人信息，不再局限于信息不被知晓。查尔斯·弗雷德（Charles Fried）认为：“隐私并不只是指他人不知道关于我们的信息，相反，隐私是指我们能够控制关于

① ［美］特雷尔·拜纳姆，［英］西蒙·罗杰森. 计算机伦理与专业责任［M］. 李伦，等，译. 北京：北京大学出版社，2010：187.

我们自己的信息。”[①] 这种观点被称为“隐私控制说”，认为一个人只有能控制与其本身相关的所有信息时，才算拥有了隐私。“限制接近说”是一种与之不同的观点，认为只有特定的人、在特定的时间和场合中，才能被允许访问、接近个人信息。摩尔认为“控制/限制接近”隐私理论对调整隐私政策有好处，每个人只能接触能被自己知晓的信息。在一个工作场所中，每个人能接触信息的权限都不同，不同的级别只能访问级别内的信息，这样的隐私政策可以在一定程度上保护个人信息的安全。

随着人类隐私意识的觉醒，保护隐私的诉求日益强烈，隐私权的概念开始浮现，并逐渐成为人的基本权利。“隐私权”一词出现于1890年，由美国哈佛大学法学院教授路易斯·布兰迪斯（Louis Brandeis）和萨谬尔·沃伦（Samuel Warren）在哈佛大学的《法学评论》上所发表的《论隐私权》（*The Right to Privaty*）一文中提出。在该文章中，他们把隐私权单独提出来，以区别于其他法律权利。他们认为隐私权是一种保证个人独处、不受干扰的权利，而个人有对他人披露和获悉其个人信息的控制权。[②] 隐私权是一项基本的人格权，强调让每个人在面对他人和社会的窥探欲之下保持安宁平静的生活。隐私权的基本意义在于为公共权力、商业力量、社会与个人之间划定合理的界限，保障个人的利益和自由。

进入网络空间的人越来越多，传统意义上的隐私和隐私权逐渐延伸至网络空间，出现了所谓的网络隐私和网络隐私权。网络隐私是指网络中的隐私，主要包括人们在网络上的所有活动，如个人的日常生活起居、兴趣爱好、宗教信仰、联系电话、电子邮箱以及一切网络活动痕迹。从电脑连接进入网络的那一刻起，网络的隐私问题便随之

① ［美］特雷尔·拜纳姆，［英］西蒙·罗杰森. 计算机伦理与专业责任［M］. 李伦，等，译. 北京：北京大学出版社，2010：198.

② ［美］理查德·斯皮内洛. 铁笼还是乌托邦：网络空间的道德与法律［M］. 李伦，等，译. 北京：北京大学出版社，2007：134.

而来。网络是一个传递信息、共享资源的虚拟平台，人们一旦连入互联网，必然会在网络上留下痕迹，人们的个人信息便会存留在网络中。网络隐私涉及面很广，随着网络应用范围的扩展、电子商务的兴起和社交网络的崛起，人们开始在网络上工作、学习、购物、游戏、交友、发微博微信、发朋友圈。网民越来越多的个人信息储存在网络中，这些信息一旦泄露，被别有用心的人用来做非法的事情，将会给网民的生活造成巨大的影响。因此，网民迫切需要保护自己的网络隐私权。

在大数据时代，人们的网络隐私主要以个人数据的方式出现。德国2002年1月制定的《联邦数据保护法》的第一部分第三条指出，个人数据是指关于个人或已识别、能识别的个人（数据主体）的客观情况的信息。1998年英国颁布的《数据保护法案》规定该法案所保护的对象为可以被识别的与个人相关的数据。在数字时代，人们可以快速对数据进行统计和分析，一些互联网经营商将各种信息收录到数据库中，然后运用信息分析工具软件，将各种杂乱无章的信息进行系统的整理，在统计分析的基础上得出某些结论，即大数据分析。一些新闻媒体开始使用大数据分析系统，将一些信息归纳并整理，使其作为新闻报道的重要依据。政府部门和企业也在利用大数据，提高管理效能和生产效率。

个人数据是网络隐私权的主要保护对象，个人数据所包含的基本范围和内容非常广泛，姓名、家庭住址、身份证号码、婚姻、财产、健康、教育和职业等都属于个人数据的范畴。网络隐私中所指的个人数据并不是指数学或科学中那种可以计算的数值，而是指人们在使用计算机的过程中储存于计算机系统的所有个人信息。个人隐私的界定在不同国家、不同地区各不相同，在欧洲国家，公民对自己的个人数据有着更多的权利。比如，网民在社交网络中发布朋友的就医情况，在北欧国家此举就会被视为是侵犯隐私权，但在美国则只会被认为是不当。随着网络的普及，人们的个人数据散布在网络中的各个角落，如果你想刻意去了解一个人，在大数据时代只需要十几分钟，就可以呈现出这个人的方方面面，虽然你并没有去做任何伤害人的事，但这样的收集和分析还是侵犯了这个人的隐私权。

网络隐私权是指人们在网络空间中不受干扰的权利。网络隐私权是隐私权在网络空间中的延伸，是一种人格权，是个人独处和自由的权利。人们常常站在“网络隐私权的保护是网络自由的保障”的高度，强化网络隐私的保护。人们要求网络隐私权受到保护，使网络用户无论在现实或网络生活都能得到安宁，不被他人恶意破坏和侵犯。

与现实空间中的隐私权相比，网络隐私权更强调信息隐私，以至于有人认为网络隐私权即个人信息控制权，任何人都不得非法侵犯、知悉、搜集、复制、利用和公开他人信息，更不得泄露或者传播他人的敏感信息。当然，网络隐私权不限于信息隐私，还包括空间隐私，人们常常将电子邮箱和云盘等视为网络私人空间。同时，在网络空间中，既要重视消极的隐私，也要重视积极的隐私。除了限制接近隐私，人们能够控制隐私的使用及其范围，是网络空间更为常见的场景。

隐私意识的增强和隐私权的提出，与隐私的价值尤其与隐私之于个体存在的意义密切相关。在现代社会中，如果一个人想自由自在地工作和生活，隐私的保护是极为必要的。例如，一个有家族遗传病史的人，因信息泄露而被拒绝提供医疗保险和工作岗位。人们普遍认同隐私具有工具价值，认为隐私给人们提供了一个自由、自主的安全保护。伦理学家对隐私价值的认识更为全面和深刻，他们要么将隐私视为人类核心价值的表达，要么洞见了隐私的内在价值。

詹姆士·摩尔（James Moor）认为隐私不仅具有工具价值，而且具有内在价值，至少是核心价值的一种表达。核心价值是蕴涵于一切人类文化之中的价值，是人类生存必不可少的价值，包括生命、幸福、自由、知识、能力、资源和安全等。[①] 知识和文化具有传承性，即使在一个固有的价值体系中，不同的人在不同文化中对核心价值的表达也是不同的。摩尔认为，隐私本身虽然不是核心价值，但它是核心价值安全的表达。如果没有隐私，在这个大数据时代，人们很难处于一个安全的状态中。隐私作为安全的表达，在日益计算机化的文化中处于一个至关重要的位置，如若隐私受到威胁，那么个人安全将受到威胁。摩尔指出："人拥有受到保护的基本权利，从计算机文化的视角来看，其中包括隐私保护。"[②] 因此，隐私和其他核心价值一样，起着同等重要的作用。在大数据时代，为了人类的生存和发展，保护个人隐私是至关重要的。

詹姆士·瑞曼（James Reiman）认为，隐私的缺失会使人存在外在自由和内在自由丧失的危险。在信息时代，掌握越多越详细的信息，就越能使个体的地位得到保障。如果一个公司可以掌握应聘者的全部信息，例如，了解到了应聘者的家族遗传病史，生活习性和一切敏感的、不为人知的信息，就可以筛选出最"合适"的聘用者，并对不同的人给出不同的处理方式。然而，这无形中就剥夺了人们的自主、自由的权利，使人们被动地选择工作岗位和生活方式。他认为，内在自由的丧失是指人在知晓隐私被侵犯的时候，就会不自主地感到拘谨和不安。例如，边沁圆形监狱的设计，方便处在中央塔楼的监视者观察囚犯的一举一动，而犯人们却无法确定是否被监视，也不知何时被监视，这样就使得囚犯在心理上感觉自己时刻处于被监视的状态，因此只能时刻安分守己。如果这样的"自我监禁"方式是我们的日常环境，这将会使人精神崩溃，扰乱社会的正常秩序。

近年来，一起关于网络隐私安全的"棱镜门"事件在国际上闹

---

① ［美］詹姆士·摩尔. 走向信息时代的隐私理论［C］//特雷尔·拜纳姆，［英］西蒙·罗杰森. 计算机伦理与专业责任［M］. 李伦，等，译. 北京：北京大学出版社，2010：194-195.

② ［美］理查德·斯皮内洛. 铁笼还是乌托邦：网络空间的道德与法律［M］. 李伦，等，译. 北京：北京大学出版社，2007：136.

得沸沸扬扬。2013 年 10 月，德国媒体曝出，德国总理默克尔的通信被美国情报机构监听长达十多年的时间，而时任美国总统奥巴马至少从 2010 年开始就对此事知情，却未阻止，甚至扩大了监听范围。“棱镜”计划之所以被曝光，是一位前中情局（CIA）职员爱德华·斯诺登认为这是侵犯隐私权的行为才决定揭露的。斯诺登对英国《卫报》称：“我不想生活在一个做那些事情的社会里，我不想生活在一言一行都被记录的世界里。”2013 年 6 月，斯诺登约了英国《卫报》和美国《华盛顿邮报》，并交予其两份资料。6 月 6 日这两个报社曝出美国国家安全局和联邦调查局启动了一个代号为“棱镜”的秘密监控项目，具体包括挖掘数据、收集情报、监听国内外电话和监视互联网通信的内容。被监视的科技公司包括谷歌、雅虎、微软、苹果、Facebook、美国在线、PalTalk、Skype、YouTube9 家国际网络巨头。此消息一出，在国际社会引起轩然大波。

棱镜计划（PRISM）自 2007 年小布什时期开始启动，是由美国国家安全局（NSA）实施的一项绝密电子监听计划。该计划主要是监听用户的通话、信息往来和既存资料，并对各类收集到的数据进行分析，从而推测监听目标的行动或应对方法。监控内容包括电子邮件、短信、视频通话、照片、电脑存储文件、社交网络和软件、文件传输等。国务院新闻办互联网研究中心公布了名为《美国全球监听行动记录》报告，其中就确认有谷歌、微软等巨头科技公司参与窃密行动，监听对象包括国家领导人、科研机构、广大的手机用户和各大电信生产设备商，窃密和监听的深度和广度超出众人的意料。2013 年 6 月，斯诺登接受了香港《南华早报》的专访，声称美国国家安全局曾入侵中国电信公司获取手机短信信息。“我们（斯诺登受雇公司以及美国国安局）主要攻击网络中枢，像大型互联网路由器，”斯诺登说，“这样我们可以接触数以十万计电脑的通信数据，而不用入侵每一台电脑”。美国非法窃听的主要对象之一就是中国，电信行业和金融行业是主要的攻击目标，华为等电信设备商已经严重受到此次事件的侵害，各大银行机构、中国移动、中国联通也都是受害者。根据斯诺登披露的机密文件显示，美国国家安全局从2009年开始就一直入侵中国内地和香港的电脑盗取情报。美国国家安全局利用这种非法的手段侵入中国不少部门和机构，数以万计的数据被盗取，甚至有很多军方部门的机密都被窃取。其实，在数年前，美国国家安全局就已经攻破了我国许多主要的公司，盗取员工之间的邮件通讯。可见，中国才是信息安全的最大受害者。

隐私国际（Privacy International）认为，由于世界主要技术公司的总部都在美国，美国政府可能接触到世界的大部分数据，那些参与我们互联世界、使用谷歌或者SKYPE的人士的隐私都可能被棱镜项目所侵犯。在CeBIT 2015大展上，“棱镜门”的爱德华·斯诺登和前英国《卫报》记者格伦·格林沃尔德都参与了此次交流活动。斯诺登表示，美国国家安全局的行动已经存在于“无形之中”，即使是白宫也未能幸免，且监控行为并不只发生在美国国内，美国情报机构的大规模监控已成常态。同时，他认为未来不是安全和隐私之间的关系，而是监督和隐私之间的关系。据斯诺登介绍，英国情报机构已开发出监控网络摄像头的项目，数十亿人将受到影响。他还特别强调，IT行业的从业人员也是情报机构的监控目标，原因是他们“能够接触到系统、基础架构和私人记录”。因此，他呼吁这些人应团结起来保护通信安全。格伦·格林沃尔德在现场也表示，一些尚未公开的材料包括更多被监控人群的信息，发布这些信息可能会侵害一些人的隐私。“棱镜门”事件引起许多人对网络安全性的担忧，而网络安全也是CeBIT 2015大展的关注热点之一。

二、网络隐私侵权

网络技术的创新给人们带来便捷的同时，也带来了一系列网络安全问题，其中，网络隐私问题是大数据时代带来的一个重大问题。由于互联网的覆盖面越来越大，人们的个人隐私也越来越岌岌可危，互联网使用率的增加使得个人的自主和个人安全都受到了极大的威胁。

当今社会，互联网是人们必不可少的信息工具，电子商务的发展促使越来越多的人选择在网上进行消费活动，而用户的个人数据作为一项重要的信息，被收集或利用是必然的。然而，在这一过程中，个人的网络隐私权可能会受到侵害，网络隐私侵权的后果随着关注度的不同而不同。由于网络的快捷性和开放性，公民的个人隐私一旦在网络上泄露，将会瞬间在互联网中传播，即使信息只在网络中传播一分钟就被删除，也会对当事人造成严重的后果。因此，网络隐私权的保护成为一个不可忽视的问题。

1. 网络隐私侵权及其特征

互联网时代，越来越多的消费者选择通过网络平台购买商品，通过在网上预订机票、酒店等方式来制订出行旅游计划。2018 年 1 月中国互联网络信息中心（CNNIC）发布的第 41 次《中国互联网络发展状况统计报告》显示，中国互联网普及率达到 55. 8%，网民的数量达到 7. 72 亿人，其中手机网民占比达 97. 5%。网民在线下消费使用手机网上支付比例达 65. 5%，我国购买互联网理财产品的网民规模达到 1. 29 亿。2017 年电子商务、网络游戏、网络广告收入水平增速均在 20%以上，其中，1—11 月电子商务平台收入 2 188 亿元，同比增长高达 43. 4%。

人们在利用互联网获得便利的同时，也遭受隐私侵权等问题。中国互联网协会公布的《中国网民权益保护调查报告 2016》显示，我国网民普遍面临个人信息泄露的问题。54%的网民认为个人信息泄露严重，其中 21%的网民认为非常严重。84%的网民亲身感受到了由于个人信息泄露带来的不良影响。从 2015 年下半年到 2016 年上半年的一年间，我国网民因垃圾信息、诈骗信息、个人信息泄露等遭受的经济损失高达915亿元，人均损失133元。

随着互联网用户的增多，互联网对个人信息的收集越来越便捷，犯罪分子窃取个人信息的事件频频发生。2014年8月，约翰·麦格雷戈在“网络犯罪及洗钱”国际论坛上声称，仅在2014年就有将近3亿人的信息被盗。美国网络安全研究员表示，目前为止规模最大的个人信息盗取活动是来自于一个俄罗斯的犯罪团伙，一共窃取12亿份用户名和密码，以及5亿个电子邮件地址。

移动通信是现代人的一种交流工具，不少大品牌的手机公司都被曝出泄露用户的个人隐私。例如，苹果公司的“艳照门事件”和小米的“隐私门事件”。2014年5月14日，漏洞报告平台“乌云网”指出，国产手机小米用户社区存在着一则安全漏洞，该漏洞导致约有800万小米用户信息遭泄露，如用户名及其密码、注册IP、邮箱等多种信息。报告指出，被泄露的小米用户信息正在网盘中流传并供人下载。台湾科技网站iThome引用了资安公司芬安全（F-Secure）的一份测试报告，曝光了小米手机未经过用户的知情同意，将用户个人资料偷偷传回北京服务器，认为该行为涉嫌盗取用户信息。随后，央视《朝闻天下》节目证实了小米窃取用户个人隐私的行为，指出小米手机被中国台湾监管机构发现，系统自动将用户的手机号码等个人信息传回到小米公司的服务器上。此事曝光后，小米公司向用户致歉，发布了“升级包”填补漏洞并关闭回传系统的功能，但仍有用户指出依然存在资料回传的问题。小米隐私门事件之所以引人关注，是因为大部分软件公司在收集用户资料时，基本都会事先征求用户意见。

商家或者上位者获取的个人信息越多，则越能在工作和生活中掌握主动权。而个人信息的泄露使网民的个人权益受到极大的侵害。因此，网络个人隐私权的侵权问题已成为互联网时代一个亟待解决的问题。

与传统隐私侵权不同，网络隐私侵权具有新的特征。第一，侵权主体的多元性。网络隐私侵权的主体是指非法干涉他人网络行为，非法收集、利用他人个人数据和非法入侵他人网络领域的自然人或单位，包括网络个人用户、政府部门、网络服务商、企业和商家等。第二，侵权手段的技术性。在大数据时代，对个人隐私的收集和利用基本上都需要高科技技术或软件，如 Cookies、监视软件、识别系统等，才能达到收集他人个人数据或入侵他人系统等目的。这些技术的滥用使得网络个人数据的隐私安全受到严重的威胁。而且，使用这些技术去收集用户的个人数据，更具有隐蔽性，用户的个人信息都是在不知不觉的情况下被这些技术收集。第三，侵权对象的广泛性。一般来说，媒体都趋向于追踪具有价值的目标人物的信息，而普通人群的隐私并不会引起关注。但在网络普及化的现代社会，普通的个人数据也被商家认为是具有价值的信息，因此，不管是公众人物还是普通人群的个人数据都可以成为被侵害的对象。第四，侵权后果的严重性。互联网的特性使得信息能在网络中更快、更广地传播，因此，一旦是可能会引起混乱的信息被侵犯，例如公众人物的传闻或与之相关的信息，其后果是不可预测的，对当事人现实生活的影响也是不可逆转的。

2. 网络隐私侵权的方式

大数据、云计算等互联网新技术相继出现，人们为了能更方便地使用网络服务，有可能会自愿放弃一部分个人隐私。比如，人们在进行网购或使用社交网络时，将个人信息发布在网上，进而保留在网站服务器中。我们却无从得知何人将获取和使用个人信息，更不知晓个人信息将会被如何使用。个人数据可分为显性数据和隐性数据。显性数据是指网络中公开发布的个人信息、照片或报道等这些内容直观可见的数据。隐性数据主要是指网络供应商、网络软件商或企业利用 Cookies 等技术，在用户默认或授权的情况下记录或上传用户在网络中的一切行为，比如浏览器历史记录、输入法记录、网购记录、视频观看记录等数据。大部分用户不会注意个人数据是否被他人收集和使用，特别是隐性数据的收集难以被察觉，而不法分子也会通过大量的插件和木马病毒来窃取用户的个人数据。

侵害他人网络个人隐私权主要是指未经网络用户的知情同意，擅自采用现代网络信息技术去获取其个人数据，并对该数据进行非法传播和交易等行为。在互联网中，侵犯网络隐私权的途径主要有六种。

第一，利用 Cookies 等收集个人数据。Cookies 是一种让网站服务器将用户数据储存到客服端的硬盘或内存，还能从客服端的硬盘中读取数据的技术，其初衷是为了方便人们快捷地使用网络服务。Cookies 能够将用户访问的所有网络活动记录下来而不被察觉，可以记录用户的 ID、密码、浏览网页历史等信息，让用户再次登录网站时不用输入账号和密码。但是，由于利益的驱使，很多商家开始利用 Cookies 去收集用户的个人信息，分析用户的喜好，并对其进行病毒式的广告宣传，这就侵犯到了用户的个人隐私。相信大家都发现了一个问题，当我们在网上搜索某个关键字后，之后打开其他网站，就会有与此关键词相关的广告在网页上出现。这是因为用户在网络上的搜索留下了痕迹，系统自动出现与之相关的广告以便进行促销活动。使用 Cookies 并不一定会对用户造成直接的损失，另外，有些软件和网站在用户注册和使用之初，在隐私声明中就会提示并告知用户，使用该软件或网站，系统将会记录用户的个人信息。第三方网络广告公司使用 Cookies 的主要目的就是为了了解用户的兴趣，精准地对用户进行广告投递，从而增加相关产品和服务的销售。目前，Cookies 最广泛的应用是记录用户的登录信息，方便用户再次访问网站时快速登录。但是，当多个用户共同使用一台电脑时，就存在用户信息泄密的危险。如果有不法分子利用 Cookies 收集到的用户信息去做非法交易，将会给用户的网络隐私安全带来严重的不良后果。

第二，个人数据的非法交易。网民的个人数据一直是商家迫切需要收集的资料，商家掌握大量的个人数据，对其进行统计分析，就可以建立起相关的数据库，从而为自身的营销战略服务。个人数据的非法交易一般是没有经过用户的知情同意擅自进行的，是真正的“无本万利”的生意。目前信息交易黑市存在两种运行方式。一种是以商家针对目标客户推销广告为目的：中间商从源头将收集的经过系统分类的个人信息公开叫卖，自上而下地出售给有需要的商家。第二种是以非法调查个人信息为目的：买家选择一个特定的目标人物，中间商从源头购买个人信息后，自下而上地转卖给买家。这两种方式都属于侵权行为，而后者自下而上的信息交易方式对公民个人隐私侵害更为严重。随着电子商务的发展和普及，越来越多的人选择网上购物，大部分用户不得不填写真实的个人信息，如姓名、住址和联系方式，这就给不法分子提供了另一条收集个人信息的途径。

第三，垃圾邮件的泛滥。电子商务对网民隐私权的侵犯最多的就是利用垃圾邮件。垃圾邮件是指与本人无关的、不受欢迎的邮件，是某些组织或个人为了某种商业利益、政治目的，在网络中大量群发的邮件，内容多是广告宣传或者非法、色情、暴力的信息。2014 年度垃圾邮件监测情况显示，在第四个季度，中国成为全球最主要的垃圾邮件源头。有些公司为了获取经济效益，将收集到的个人数据大量泄露给广告商，广告商通过跟踪程序和投发电子邮件广告的形式进行用户后续跟踪。大部分人在使用邮箱时，并没有足够的个人隐私安全保护意识，例如，随便将自己的邮箱地址公布在网上或发给陌生人，未对邮箱进行“垃圾邮件过滤”的设置等。大量的垃圾邮件严重影响了网民网络生活的安宁。邮箱是用户的个人领域，每日数封不请自来的垃圾邮件塞满了用户的邮箱，这其实是一种空间隐私侵权行为。用户从注册邮箱那刻起，邮箱就属于用户的个人财产，广告商未经用户允许就随意投递广告，不仅侵犯了用户的财产权，同时还侵犯了用户的隐私权。

第四，网络监视行为。不少公司出于更加方便地管理员工等目的，开始对旗下的员工采用监视软件。这类软件主要是为了监视用户电脑，防止被他人偷窃或者泄露公司机密，同时还能通过监督提高员工的工作效率。对于工作场所是否应该拥有个人隐私权这个问题存在争议。雇主方认为员工被雇佣的这段时间是公司购买的，而公司的电脑也属于公司所有，因此，在工作场所中，为了保证员工工作质量，监听是无可厚非的。但雇员方认为，人不可能将公共生活和私人生活明确地区分开，公司这种限制自由的监视行为实则是侵犯个人隐私的行为。当这种方式被政府运用时就有其合理性，政府可以通过这样的监管有效地打击不良网站的发展和不良信息的散播，但也存在着一定的侵权问题。例如，美国政府为了打击恐怖分子和监控恐怖活动，联邦调查局设计了一款名为“肉食者”的网络监控软件，把它安装在各个网络服务商的计算机系统中。该网络监控软件能无限量地扫描和筛选电子邮件，以便政府对网络进行监控，网络用户的电子邮件将在不知情的情况下被查阅。我国也有类似这样的“网络警察”，如绿坝等计算机终端过滤软件，网民在网络上输入一些敏感字眼，就会受到监控。虽然政府的这类行为是为了保障国家安全和社会公共利益，但是它侵犯了普通公民的隐私权。因此，国家应该制定相关的法律，规范政府的监控行为，在做到依法执政的同时保证公民隐私权的安全。

第五，黑客的非法入侵。大部分黑客都是计算机编程高手，最早的黑客出自于20世纪50年代，是美国麻省理工学院一群狂热的计算机青年爱好者。黑客熟知电脑程序，能突破各种防火墙，破译各种软件和网络系统的密码，入侵他人电脑，窃取、传播和篡改个人数据，对网络个人隐私安全构成了极大的威胁。甚至有些黑客犯罪团伙进入各国的政府机关网站和军事系统，盗取情报以此获利。个人数据是黑客窃取的主要对象。个人数据所赋有的经济价值是巨大的，对于网络服务商而言，拥有一个丰富的个人数据资料库是非常重要的。商家可以通过所获得的个人信息向人们有选择地投放广告，或者通过分析个人数据进行促销活动，从而提高盈利。

第六，通信设备软件的使用。如今，移动通信已成为人们生活中不可或缺的一部分，越来越多的手机 APP 软件被人们开发和使用。大部分 APP 在手机下载或使用时，都会要求或询问获取用户的地理位置、访问权限，并绑定用户的微信、微博或手机号等。几乎大部分的手机用户为了使用方便，都会同意 APP 在安装时的默认设置，这一步骤就可能导致用户的个人隐私信息泄露。例如，WiFi 密码共享 APP 通过不同的用户将手机里曾使用并保存的各种 WiFi 账号密码共享到云端，实现破解 WiFi 密码这一功能。在安装这些 APP 时，引导页可能自动勾选分享热点和自动备份的设置，用户在免费蹭网的同时，不知不觉中贡献出了自己的 WiFi。当这些 APP 积累越来越多的数据之后，它给用户带来的连接 WiFi 的成功率就会越来越高，这样就会促使更多的人去下载并使用这个软件。此外，连接上 WiFi 之后，还会产生其他安全风险。例如，不法者对连接在网络内的手机、电脑等设备进行监控，植入木马和病毒去窃取银行卡或支付宝等密码，还可以通过一些入侵工具来获取商业机密。虽然新版本软件修复了一定的侵权设置，但是，此前下载的用户还是不可避免地存在隐私安全问题。

三、人肉搜索的争议

人肉搜索是一种通过虚拟数据和现实数据的匹配合成个人画像的行为。也就是说，人肉搜索通过网上和网下信息的匹配，对数据进行二次挖掘，是一个数据收集、再收集、挖掘、再挖掘、合成和重构个人画像的过程。一般而言，人肉搜索始于某个偶然的单一的事件，该事件被上传到网上后，引起网民的关注，一些网民在网络中搜索相关信息，一些网民提供网下相关信息，网上网下信息的匹配和合成，最终建构起当事人和该事件的完整画像。网民碰到社会热点事件，常常发动人肉搜索，解密事件背后的成因，曝光当事人的情况，还原整个事件的真相。人肉搜索本身充满争议，常被认为是一柄双刃剑，具有积极意义，也具有消极意义。

人肉搜索对不道德行为和不法行为的追踪和处理具有积极意义。例如，深圳海事局林嘉祥猥亵女童事件。该事件最初是因为在网络上公布的一段当时林嘉祥和女童父母在大厅争吵的视频，虽然视频并无声音，但可以从视频中看出林嘉祥举止粗暴、言语态度很恶劣，因此引起了网民的强烈不满，随之对其发动了人肉搜索，林嘉祥本人及其家庭背景都被公布出来。也正因为此次的人肉搜索，将该丑闻披露在公众视线下，在舆论的监管压力下，使得该案件受到重视。如果没有网民的群起激愤，想必该事件将会是另一个结局。可见，网络监督具有其独特的优势。当然，经由互联网曝光的案件不能被某种舆论所左右，应当依法公正对待，正确分析案件，对涉及侵犯公民隐私或其他权益的相关人员要予以重罚。

人肉搜索也可能导致侵害个人权利等不良后果。2009 年的“艾滋女”事件是互联网上隐私侵权的一个典型案例，虽然只持续了短短 11 天，但是对当事人来说是永世难忘的事。该事件的起因源自其前男友在网络上对她的诽谤，诸如卖淫、拍艳照以及被继父强奸等内容，导致当事人背负“艾滋女”的骂名。该事件中所涉及的 279 个“嫖客”、当事人及其家人都受到来自四面八方的压力以及网络上的各种语言暴力，最终当事人只好在沉默中选择做艾滋病血液检测才得到应有的清白。

互联网是一个虚拟世界，网民也生活在现实世界，人肉搜索链接虚拟世界和现实世界，虚拟世界隐私的泄露，常常可能导致真实的伤害。人肉搜索的不良后果主要表现在对隐私权和名誉权的侵害。个人的名誉权与隐私权紧密相连，名誉权的损害也常常与网络隐私的泄露相关。名誉权是人格权的重要组成部分，是指自然人享有获得他人对于自己的道德品质、能力和其他品质（如名声、荣誉、信誉或身份）的评价的权利。在当今网络普及的时代，个人在网络上的隐私权和名誉权越来越值得重视和保护。人们不能因为网络是虚拟的，就可以将在现实世界不敢说的坏话、不敢做的坏事在网络上去说去做。在现实社会中需要遵守的道德规范也同样适用于网络世界。在网络中，侵犯名誉权的方式多种多样，其中人肉搜索和所谓的“门”事件尤为引人注目。

人肉搜索侵权包含了对个人信息的非正常披露所构成的侵权和因对个人信息的滥用所引发的侵权。对个人信息的非正常披露所构成的侵权主要是指侵犯个人隐私权。在人肉搜索所引发的众多侵权问题中，隐私权的侵犯较难界定和处理。然而，隐私权是其他权益的基础，如果能解决好隐私权的问题，那么很多相关问题也能迎刃而解。因此，应当妥善解决网络隐私侵权问题。其中，公众人物的隐私权保护最富争议。

公众人物是社会生活中比较特殊的角色，其行为更具透明性和公开性，这是公众人物的角色特征所决定的，因此，有人认为公众人物无隐私可言。由于公众人物的社会关注度高，相对于普通人，他们的隐私也更容易被曝光，更难保护。公众人物的绯闻只要有一点点的蛛丝马迹，就能激起网民的好奇心，从而变得一发不可收拾，导致各种“门”事件。

“门”事件源于美国前总统尼克松的一起窃听丑闻——“水门”事件。自此，“门”事件被用来指代一些爆炸性新闻或具有重大影响力、超强娱乐性和炒作性的事件，以及一些无法确定其真相和内幕的事件。如2008年的“艳照门”事件。该事件源于一名香港网民在论坛发布的一组色情相片，虽然管理员在几小时后删除原帖，但是这期间已经被网民散布到其他网站。由于照片中的人大多是公众人物，因此所发出的照片就引起了网民的好奇心和猎奇心。此次事件的爆发已经严重影响到他们的生活和事业。“艳照门”事件的起因是陈冠希将损坏的电脑拿去修理，从而导致电脑里面的私密照片泄露。此次事件影响巨大，是一件严重侵犯个人隐私权的事件，而照片中的明星都受到了来自公众的各种严厉谴责。虽然公众人物更要注意自身的形象，起到榜样的作用来引导公众的正确生活方向，但是每个人都享有私事决定权，外人不应该对其私生活指手画脚，因此，真正的受害者其实是那些被曝出艳照的明星们。2014 年 8 月底，网上又传出了“艳照门”升级事件，国外艺人各种不雅照和视频陆续被黑客曝出，其中不乏名艺人，涉及人数上百。很多非法分子利用照片对当事人进行勒索、对外出售照片或者视频来获取利益。虽然拍摄不雅照和录制不雅视频会影响社会风气，但是这些毕竟都是他们的自由和隐私，他们并没有想将其公布的想法，将这些曝出的人才是真正应该受到制裁的。

公众人物的隐私泄露所导致的后果往往是严重的，它不仅影响了艺人的名气、形象，还会影响他们的事业和生活。因此，我们应该理性地看待问题，不应该戴有色眼镜看人，更不应该有窥探别人隐私的好奇心。网络上除了“艳照门”事件之外，“铜须门”“兽兽门”和“李刚门”等“门”事件层出不穷，大部分的“门”事件都伴随着人肉搜索。2006 年的“铜须门”事件就是因为一个网民在网络上发帖声称，其妻子与一个在魔兽世界游戏中名为“铜须”的网民有染，并公布其 QQ 号引发的。此帖一经发布，网友们通过人肉搜索找出了“铜须”的个人信息并公布在网上，网友不仅在网络上追杀、声讨“铜须”，使得游戏服务器多次瘫痪，还延伸到在现实社会中，连“铜须”所在学校的校长也受到牵连。尽管发帖人出面声称帖子有诸多夸张成分在内，但此事件还是愈演愈烈，最后在央视的参与下才得以平息。此次“铜须门”事件引起了国外媒体的关注，《纽约时报》等报都对该事件发表评论，认为中国网民缺乏隐私意识，这样的做法严重侵犯了网络个人隐私权和情感生活方式选择的权利。[①]《国际先驱论坛报》以“以键盘为武器的中国暴民”为题，强烈批评

① 李雅菲. 网络隐私权保护的困境及伦理思考——以“门事件”为例 [D]. 北京：中央民族大学，2011.

中国网民的“暴民现象”[①]。另外，不少不法分子利用这些“门”事件，在网上放出携带木马病毒的视频和链接，致使不少网友电脑中毒，从而使网上银行的账号和密码等个人信息被盗取。

人肉搜索把握不好，还可能演变成所谓的网络暴力。网民最开始进行人肉搜索的目的是为了批判道德败坏的人、披露社会伦理道德不提倡的事情，以让其受到全社会的谴责。这本来应该属于正义的行为，但有时愈演愈烈，最终变成一种网络暴力。在人肉搜索的传播过程中，不乏居心不良的人为了博得高点击率，对一些侵犯个人隐私的信息随意曝光或恶意诽谤，直至发展到无法控制的地步。在确定目标人物的真实身份后，有些人还到被搜索人的住处、单位进行骚扰和辱骂，如此便演变成网络暴力，给当事人的生活造成了巨大困扰，严重侵犯了个人隐私，危及当事人的人身和财产安全。

四、隐私权的保护

互联网的特性使得人们的个人数据容易泄漏，网络侵权事件的频频发生，使得如何保护网络隐私权这一问题成为当今社会关注的焦点，越来越多的人意识到网络隐私权的重要性。网络隐私权是大数据时代不可忽视的问题，网络世界和现实世界的区分已经不像以前那样明显了，随着越来越多的人上网，网络生活对现实生活产生了巨大的影响。我们将通过比较美国和欧盟的网络隐私权的保护模式，对我国网络隐私权的保护现状进行分析，并对如何保护人们的网络隐私权提出相应的建议和对策。

1. 网络隐私权保护的伦理原则

互联网的出现使人们的生活更加便利，由于网络的虚拟性、全球

① 彭兰. 网络传播案例教程［M］. 北京：中国人民大学出版社，2010：273.

性和开放性，越来越多的人离不开网络，网络世界俨然成了人类生活的第二世界，但人们在享受网络自由的同时也面临着网络隐私问题。在保护网络隐私权的过程中，仅仅依靠法律来维护网络秩序是远远不够的，还需要一定的伦理原则来治理网络生活。

隐私权是一种行使其他重要权利诸如自由或个人自主权的必要条件，而自由是人能够成为人的最关键的因素。[①] 在网络伦理建设中，我们需要在传统道德的基础上，加强网络伦理道德规范的建构，建立新的网络道德观念和伦理原则，有效地维护良好的网络道德风气。韦伯认为："人是悬挂在由他自己所编织的意义之网中的动物。"[②] 社会是一张无形的网，是人类生存、生活的根源，任何人都离不开它。但是互联网是一个虚拟的世界，人们在网络活动中缺少了在现实世界感知的状态，因此，它不断冲击着人们的道德底线。网络隐私安全是困扰大众许久的一个顽疾。在互联网中，人们或多或少会留下个人信息，假如把信息完整地收集起来，其内容的详尽程度令人害怕。网络的虚拟性容易使网民对自己的网络言行失去自律，滋生道德缺失的现象。因此，在保护网络隐私权方面，我们应当遵循一定的伦理原则，自觉地履行网络道德义务，尊重他人的网络隐私。

第一，尊重自主原则。隐私权是一种具体的人格权，是人与生俱来的、不能被剥夺的人之为人的权利。保护隐私权就是保护人最基本的尊严，尊重自主原则是保护隐私权的基本原则。尊重自主原则要求：当公司或组织在使用消费者个人数据时，应该告知用户其个人数据的使用目的；公司或组织如果向其他网站或企业出售用户个人数据之前必须获得用户的知情同意；用户应当有查看和修改个人数据的权利，特别是医疗保险或财务等敏感数据。

尊重网络隐私权体现了人的尊严。互联网的发展需要人们不断更新信息才有其活力，但它与现实生活的紧密联系和日益商业化的

---

① 李伦. 鼠标下的德性江西［M］. 南昌：江西人民出版社，2002：273.

② ［美］克利福德·格尔茨. 文化的解释［M］. 韩莉，译. 南京：译林出版社，2008：5.

网络模式，使得人们的个人数据在网络中到处流传。大量的个人信息在网络中可以随时被搜索，给人们带来的经济损失和精神伤害是可大可小的。因此，我们在收集和使用用户的个人数据时，应该在尊重自主原则的基础上征求用户的知情同意，严禁对用户的个人隐私进行非法传播。保护网络隐私权的关键在于尊重他人隐私，以及用户对其隐私权的控制。道德基础的关键在于人们控制自己私人信息的权利和他人对私人信息的尊重。[①] 互联网是一个具有人性化的交流工具，在现实社会中的基本原则就是尊重自主原则，而人是网络的主体，因此，网络世界也需要尊重自主原则来规范网络行为。人除了要重视和珍视自己的网络隐私权，同时也要对他人的网络隐私权给予同样的尊重，只有这样才能保证网络社会能维持和谐的秩序和良性的发展。这不仅是网络隐私权最基本的价值，也是其精神所在。

第二，不伤害原则。互联网的出现给人们提供了一个更广阔的交流平台，人们即使足不出户也可以同任何地方的人联系，一旦用户的个人隐私泄露，所造成的伤害也是巨大的。因此，为保护隐私，必须坚持不伤害原则。

不伤害原则是一种在任何时候都应该严格遵守的最低限度要求的道德准则，即无论如何都不得伤害。目前，互联网中出现的各种类型的网络伦理问题，表明了不伤害原则的重要性。网络服务商在收集用户个人信息时，应该告知用户所收集信息的目的和用途，在得到用户的许可之后方可使用。同时，如果在用户默许的情况下使用个人数据，必须保证数据的真实性，防止对用户造成不良的影响。因此，不伤害原则势必应成为网络伦理原则中最基本的原则。

遵守不伤害原则有两方面的要求：一方面，不应为了某种目的去干涉和侵犯他人隐私。在未经允许的情况下，只要收集和使用个人数据，无论如何都会给他人和社会造成一定的伤害，至少对他人的人格

① ［美］查理德·斯皮内洛. 世纪道德——信息技术的伦理方面［M］. 刘钢，译. 北京：中央编译出版社，1999：179.

尊严造成伤害，甚至会产生更严重的后果，如精神上的压力和痛苦以及经济上的损失。另一方面，对于那些无关他人利益或社会利益，即使泄露也不会对他人和社会造成负面影响的私密信息，政府也应该采取措施加以保护。

第三，公正原则。自古以来，公正是每个公民追求的一项权利，每个人都希望受到公平的待遇，享有平等的权利和义务，在互联网中也不例外。网络的虚拟性和开放性使得人际关系更为复杂，大众在网络中需要公正待遇也变得十分迫切。古罗马法学家乌尔庇安认为，“正义乃是使每个人获得其应得的东西的永恒不变的意志”。[①] 每个人都是社会的一分子，任何人都不能因为一己私利去破坏社会的公正、和谐。我们应该为他人留出一个私人空间，即使在网络这个虚拟世界。因此，在互联网中，人们也应该遵守公正原则，不得随意干涉他人隐私。

遵循公正原则有两个方面的要求：一方面，网络中的任何行为都必须服从于整个网络社会的利益。网络用户要服从集体利益，不能做出损害网络社会整体利益的行为。另一方面，网络服务商的决策和运行方式要以服务社会所有成员为主要目的，不能把自己当成网络社会的统治者或资源占有者，只满足社会一部分机构、团体和个人的需要，却损害其他公民的利益。

公正原则是以全体公民的共同利益为基础的，每个人的利益都需要兼顾。公正原则是确保公民得到幸福和安宁生活的保障。约翰·罗尔斯认为：“正义是社会制度的首要价值，正像真理是思想体系的首要价值一样。”[②] 罗尔斯提出的平等原则和差异原则兼顾了公平与效益，同时也帮助人们在不平等中如何寻求正义。在网络中遵守公正

---

① ［美］E. 博登海默. 法理学——法哲学及其方法［M］. 邓正来，姬敬武，译. 北京：华夏出版社，1987：253.

② ［美］约翰·罗尔斯. 正义论［M］. 何怀宏，等，译. 北京：中国社会科学出版社，1988：1.

原则可以使人们获得应该享有的基本利益。网络社会的快速发展，使得每个人拥有共享和使用互联网无限资源的权利，与此同时，公民也应该遵守网络社会的规则，做到权利与义务的统一，对自身的网络行为和后果负责。此外，对于违反网络伦理原则的网民，应该使其受到相应的处罚。网民只有自觉地遵守符合伦理道德的原则，才能使网络道德失范行为得到有效制止。

2. 网络隐私权的保护模式

世界各国在遭受网络隐私的侵害后，纷纷采取不同的措施加以应对。其中，美国和欧盟在对网络隐私权保护策略上取得了显著成效。但美国和欧盟所采取的保护模式各不相同，美国主要以市场模式或行业自律模式为主，立法保护为辅；欧盟则主要是法律模式或国家模式。

美国是第一个提出隐私权概念的国家，一直以来十分重视隐私权的保护，也是目前在世界范围内对隐私权的保护比较重视的国家。美国奉行自由，对网络隐私的保护采取以行业自律为主的模式。所谓行业自律是指业界依靠行业内部的潜规则和隐私保护形式来规范公司或私人企业在网络上收集或使用个人信息的行为。①

美国的行业自律模式虽然取得了一定的成效，但仍存在一些弊端。在美国联邦贸易委员会主持的一次抽样调查中，有 1 400 个网站参与此次调查，发现有 90% 的网站收集访问用户的个人数据，而其中只有 14% 的网站告知用户收取的信息将被如何使用。因此，在网络隐私权频频被侵害的互联网环境下，美国政府不得不出台一系列与隐私权相关的法律，如 1967 年的《信息自由法》、1974 年的《隐私权法》、1986 年的《电子通讯隐私权法》、1994 年的《驾驶员隐私保护案法》和 2000 年的《儿童网上隐私保护法》，等等。此外，美国已有多个不同行业先后建立了自己的网络隐私权保护自律组织，

① 张秀兰. 网络隐私权保护研究［M］. 北京：北京图书出版社，2006.

如以倡导网上隐私为主旨的非营利性机构 Truste 等。尽管这些组织只在隐私权未立法前暂时性地起到保护网络隐私权的作用，但它们是不可或缺的。在近百年的法治发展过程中，美国以大量侵权行为为判例确立保护公民隐私权的基本原则。如医疗档案、金融数据、儿童和孕妇信息等隐私，仍需要以立法的方式获得有效保护。美国政府认为，只要依靠行业自律机制，再配合政府的合理执法，就可以有效地实现保护隐私权这一目的。

美国主张的行业自律模式具有两方面的优点：第一，可以针对性地增强对个人隐私的保护，可以应对不同行业的不同收集方式。第二，在科技高速发展的时代，可以避免国家仓促立法限制信息科技的应用和发展。但是，其存在的弊端也是显而易见的，如缺乏强制力、不利于对用户隐私的保护、存在很大的自主性和实效性差等。因此，我们不能一味地依靠行业自律，还必须结合法律的强制手段，如此才能使公民的隐私得到最大的保护。

与美国相比，欧盟对个人网络隐私权的保护更重视立法治理模式。欧洲在二战时期受到了纳粹独裁统治的监视和控制，因此，他们对个人隐私权的保护非常重视。欧盟各国政府普遍认为，个人隐私是基本人权的基础，应当采取相应的法律手段对网络用户的隐私权加以保护，因此，欧盟通过严格的立法治理模式来保护网络用户的网络隐私权。这一立法治理模式主要体现在 1995 年 10 月 24 日通过的《欧盟个人数据保护指令》。该指令几乎包含所有有关个人数据资料处理方面的规定，并要求欧盟各成员国的隐私权保护法与它保持一致。该指令以保护个人资料隐私权为基本原则，其意义在于保障个人自由及确立隐私权是自然人的基本人权，只有在欧盟成员国和符合该指令的第三国之间个人数据才能自由流通。1997 年，欧盟委员会对《欧盟个人数据保护指令》进行补充，通过了《电信部门个人数据处理和隐私权保护指令》，特别强调个人隐私权不受侵害，保障基本人权和自由。2002 年 7 月通过《电子通讯隐私保护指令》，取代

1999 年通过的《关于在信息高速公路上手机和传递个人数据的保护指令》。它主要强调网络服务商的责任和对用户个人自我保护意识的培养。从上述通过的法令可以看出，几乎包括了关于所有个人数据的处理，涉及面既广阔又严密，在保护的程度上也比其他国家的要求更加严格。

随着大数据时代的到来，数据收集和使用出现了前所未有的复杂性，个人隐私保护经受日益严重的挑战，《欧盟个人数据保护指令》难以适应这种变化，迫切需要一部适用这种变化的数据法案，以解决隐私问题。2016 年 4 月 14 日，欧盟通过了《一般数据保护条例》（*General Data Protection Regulation*），该法案将于 2018 年 5 月 25 日正式生效，以取代《欧盟个人数据保护指令》。《一般数据保护条例》在数据泄露处理上设定了非常具体且严格的规定，规定了数据控制者（data controller）和数据处理者（data processor）的职责，规定在何种情况下应当通知数据保护执法部门（data protection authority）、个人数据主体，规定了在发现数据泄露后的多长时间内通知，以及通知内容应包含哪些必要的信息。

欧盟的立法治理模式主要是通过制定法律来保护公民的网络隐私权，依靠法律的强制性和权威性尊重和保护个人的人格权。该模式具有两个特点：第一，制度规范覆盖的范围很广，并且形成体系，原则明确；第二，不仅仅只在欧盟统一立法，还要求各成员国国内的立法与欧盟保护隐私权法相一致。欧盟的立法治理模式还对网络服务商在网上收集和利用用户资料有一定的限制作用，可以起到规范网络服务商在网上收集用户隐私资料的行为，从而能更好地保护用户个人信息的作用。然而，尽管该模式减少了网络侵权事件，但仍存在一个明显的弊端，即加大了网络服务商的法律义务，这可能阻碍整个网络信息产业的发展。同时，网络具有多变性，不存在约束网络空间所有行为的固定法律。此外，欧盟始终只是一个由不同国家组成的国际组织，欧盟制定的一般是原则性法律，而具体内容由各成员国根据本国国情来制定，这就导致了欧盟的法律在解决问题时操作性不强。

世界各国对网络隐私权的保护政策各不相同，但基本上都持谨慎态度，即不仅要维护和推进网络科技的发展和创新，还要切实保护网络用户的隐私，减少侵权案件的发生。各国对隐私保护也要适度，不能限制过多，抑制网络的进步。从各国和各地区的立法来看，并不存在一个可以完美地解决网络隐私权侵权问题的方案。因此，我们要立足于本国国情，借鉴他国经验，选择合适的网络隐私权保护模式。

3. 完善网络隐私权保护机制

人们在享受互联网带来的快捷和便利的同时，也面临着一系列网络隐私权受侵害的问题。国外对隐私权的研究已近百年，网络隐私权的保护也取得了诸多值得借鉴的经验。尽管我国在网络隐私权保护上取得了巨大进步，但仍存在诸多需要改进的方面。

（1）完善我国隐私权的立法保护。

由于历史原因，长期以来我国个人独立意识和人权意识非常薄弱，更别说对隐私权的保护意识，甚至在法律上也没有明确地将隐私权作为独立的人格权。直至中国改革开放以后，受西方文化和思想的影响，人们才逐渐认识到隐私权的概念。在实施《中华人民共和国侵权责任法》之前，我国并没有明确隐私权的法律地位，只是分散在宪法、民法通则以及刑法之中，对公民采取的隐私权保护法律或多或少地存在立法缺陷，不能给予隐私权一个具有完整性、系统性和逻辑性的法律保障。

2010 年 7 月 1 日《中华人民共和国侵权责任法》（以下简称《侵权责任法》）开始施行。该法是我国对公民隐私权保护的一个里程碑，是我国第一次明确提出隐私权的概念。《侵权责任法》的第一章第 2 条规定："侵害民事权益，应当依照本法承担侵权责任。"其中，民事权益包括生命权、健康权、姓名权、名誉权、荣誉权、肖像权、隐私权、婚姻自主权、监护权、所有权、用益物权、担保物权、著作权、专利权、商标专用权、发现权、股权、继承权等人身和财产权益。至此，隐私权的保护有了直接的、明确的法律依据。

《侵权责任法》第 36 条规定包括了本法所有民事权益的网络侵权现象，具体内容为："网络用户、网络服务者利用网络侵害他人民事权益的，应当承担侵权责任。网络用户利用网络服务实施侵权行为的，被侵权人有权通知网络服务提供者采取删除、屏蔽、断开链接等必要措施。网络服务提供者接到通知后未及时采取必要措施的，对损害的扩大部分与该网络用户承担连带责任。网络服务提供者知道网络用户利用其网络服务侵害他人民事权益，未采取必要措施的，与该网络用户承担连带责任。"该条规定认为，侵权行为的主体是网络用户和网络服务提供者，并指明了网络服务提供者应该承担的责任，在一些法定情况下，所承担的责任与网络侵权用户相同。此外，还有可以判断网络服务提供者是否存在过错的用途，其适用顺序是先"通知"然后是"知道"，即通知规则和明知规则。通知规则是认定网络服务提供者过错的前提，而明知规则是"知道"后未及时、主动处理，作为过错认定的例外，是特殊情况下的一种补充。《侵权责任法》是我国实行保护民事主体的隐私权的一大进步。该法明确了侵犯隐私权和网络隐私权该承担的法律责任，这既能提高公民的隐私权意识，同时也能规范网络秩序，促进网络时代的更好发展。

《侵权责任法》虽然明确了网络隐私权的法律保护，但仍存在一些不足。第一，对侵权主体的规定较为片面。例如，第 36 条规定，只将网络用户和网络服务提供者定为两个侵权主体。第二，所规定的法律比较广泛，可操作性比较差。时代在进步，侵权的方式和手段都在与时俱进、日益更新，仅仅依靠一个条款来治理网络隐私侵权问题是不现实的。第三，未界定隐私权和网络隐私权的概念、内容和权利范围以及细化规范。如果概念没有界定清楚，容易让不法分子钻法律漏洞，而且对于公众人物、政府和普通民众是否实行差别化的保护，条款也没有指明。第四，没有明确鉴别网络服务提供者的具体认定标准和实施细则。例如，该法第 36 条中的通知规则和明知规则，给网络服务提供者施加过重的法律义务和责任。

2013 年 2 月 1 日开始实施《信息安全技术公共及商用服务信息系统个人信息保护指南》，这是我国第一个关于个人信息保护的国家标准。该标准最大的特点是收集和使用个人信息时要经过主体的知情同意，还要区别处理个人敏感信息。在处理个人的一般信息时，经过用户的默许同意后才可以收集和使用用户的信息。但在处理个人敏感信息时，则需要获得用户明确的授权才能使用信息，并在达成使用目的之后删除利用的信息。该标准相当于美国的行业自律的模式，并不具有强制执行力。

2015 年，《刑法修正案（九）》对刑法第 253 条做出修订完善，定义了“侵犯公民个人信息罪”，非法提供公民个人信息和非法获取公民个人信息都将入刑。在司法解释中，明确了“出售”和“非法发布”都是非法提供行为，而对于非法获取，不仅包括“窃取”，只要无法提供获取的正当性，或者违反国家有关规定，都可以视为犯罪。

2016 年 11 月 7 日通过、2017 年 6 月 1 日起施行的《中华人民共和国网络安全法》（以下简称《网络安全法》）对隐私和个人信息保护做出更加全面的规定，详细规定网络运营者的责任，要求网络运营者应当对其收集的用户信息严格保密，并建立健全用户信息保护制度；在收集、使用个人信息时，应当遵循合法、正当、必要的原则，公开收集、使用规则，明示收集使用信息的目的、方式和范围，并经被收集者同意；不得收集与其提供的服务无关的个人信息，不得违反法律、行政法规和双方约定收集使用个人信息的规定，并应当依照法律、行政法规和用户的约定，处理其保存的个人信息；不得泄露、篡改、毁损其收集的个人信息；未经被收集者同意，不得向他人提供个人信息；应当采取技术措施和其他必要措施，确保其收集的个人信息安全，防止信息泄露、毁损、丢失；在发生或者可能发生个人信息泄露、毁损、丢失的情况时，应当立即采取补救措施，按照规定及时告知用户并向有关主管部门报告。《网络安全法》还规定了个人信息删除等权利，规定个人发现网络运营者违反法律、行政法规或者双方的约定收集使用其个人信息的，有权要求网络运营者删除其个人信息；发现网络运营者收集、存储的其个人信息有错误的，有权要求网络运营者予以更正，网络运营者应当采取措施予以删除或者更正。《网络安全法》还规定任何个人和组织不得窃取或者以其他非法方式获取个人信息，不得非法出售或者非法向他人提供个人信息。

我国在网络隐私权的法律保护方面日渐完善，但还存在一些可以改善的地方，如我国出台的与网络隐私权相关的法律规定还比较笼统，在司法中使用时会造成一定的困难，难以给网络隐私提供有效的保障。又如 2006 年 7 月实施的《信息网络传播权保护条例》的第 15 条规定："网络服务提供者接到权利人的通知书后，应当立即删除涉嫌侵权的作品、表演、录音录像制品，或者断开与涉嫌侵权的作品、表演、录音录像制品的链接，并同时将通知书转送提供作品、表演、录音录像制品的服务对象；服务对象网络地址不明、无法转送的，应当将通知书的内容同时在信息网络上公告。"该信息条例的第 16 条和第 17 条仍然是在强调对网络服务提供者的规范。而在《侵权责任法》第 13 条规定："法律规定承担连带责任的，被侵权人有权请求部分或者全部连带责任人承担责任。"由于网络具有虚拟性，直接侵权的网络用户通常具有不确定性，加之经济条件等原因，导致在实际操作中，往往容易让网络服务提供者进行赔偿，使得直接侵权人逃避罪责。这样不仅增加了网络服务提供者的责任和义务，还可能阻碍网络产业的发展，反而不利于对网络隐私侵权行为进行打击。

由于我国互联网技术起步较晚，在信息防护、监控的技术方面较弱，而互联网应用发展却极快，网民人数众多，个人网络信息泄露的概率较大，进一步加强个人隐私和信息保护仍任重道远。在立法模式的选择方面，中国网络隐私权的立法保护必须注重行业利益、个人隐私利益以及国家利益三者之间的合理平衡。与中国的法律体系和法律传统的观点一致，我们应该采用综合模式，既要加强立法，同时也要从产权和技术等角度保障公民的网络隐私权。我国要学习欧盟的立法经验，还要对美国的行业自律模式取精去糟，结合中国的基本国情，建立具有中国特色的以法律治理模式为主，行业自律为辅的保护模式。法律的强制性和行业自律相结合，可以有效地保护公民的网络隐私，引导有关行业在法律的基础上发挥自律作用。商家既要兼顾商业和用户的利益，同时也要兼顾国家和社会的利益，以确保和促进中国网络经济的良性发展，使公民的网络隐私权得到更好的保护。

从我国对网络隐私权的保护中所存在的问题中可以看出，我国在立法保护方面存在很多不足，很多与隐私权相关的法律比较简单和宽泛，从而导致网络侵权现象日益严重。立法治理模式是一项最基础的治理方式，法律的强制力可以有效地治理网络环境，因此，只有制定完善的法律才能进一步保障网络隐私权的安全。

进一步明确隐私权在法律上的地位，将之纳入宪法和民法的保护范围之中。隐私权作为一项基本的人格权，是人格尊严的一部分。我国虽然多次修改宪法，但是并没有明确隐私权的地位，对隐私权的具体规定也不尽完善。民法是施行于一国范围内调整平等主体的自然人、法人与非法人组织之间的人身关系与财产关系，保护民事主体合法权益的基本法律。隐私权是一种独立的人格权，明确网络隐私权的法律概念，在侵权事件中要规定与之相关的损害赔偿条款。

进一步完善网络隐私权保护的单独立法。尽管网络隐私权是隐私权在网络领域的延伸，但是网络世界和现实生活还是存在差异，因而对于网络隐私权也应该按照一定的程序，设定概念、总则、内容、基本权益、制法目的、对象和侵权对象等。合理制定法律规范和保障网络隐私权是我国立法机制刻不容缓的举措。

进一步完善网络监控制度。网络监控可以及时地发现和防治不良信息的传播，是保护网络安全的重要手段。但是，应当合理使用网络监控手段，尽量减少对网络用户的网络隐私权的侵犯。应该制定有关监控管理的法律法规，通过立法明确网络监控的范围，充分尊重公民的网络隐私权。

进一步完善《侵权责任法》和《网络安全法》等，健全我国隐私权保护法。《侵权责任法》是我国第一部将隐私权明确独立出来的法律，但是该法对隐私权的具体内容和规定不够详细和全面，在日益变化发展的互联网中，很难满足保护网络隐私权的要求。完善《侵权责任法》可以从以下几个方面入手。第一，明确网络隐私权保护的原则。网络隐私权是公民隐私权在网络中的延伸，要明确人格尊严这一原则。第二，明确网络隐私的概念及其权利的保护内容和范围。明确网络隐私的具体概念，区分每个空间领域的特点，将网络隐私权的内容和范围具体细化，将网络隐私的保留权、知情权、控制权、利用权、网络空间的安宁权以及网络隐私的安全请求权包含在内。只有明确网络隐私权的内容和特点，才能保护公民的网络隐私。第三，拓宽网络隐私权的侵权主体。我们在前文中已提到，网络侵权主体除了网络个人用户和网络服务提供者，还包括其他不同的主体，如设备供应商和政府部门等，甚至网络服务提供者还能分为接入服务提供者、主机服务提供者和网络内容提供者三类。第四，将网络隐私权的侵权认定标准详细化。侵权的手段有很多，但是在《侵权责任法》中所规定的侵权方式比较简单和笼统。第五，划分地区确认网络隐私权的管辖机制。由于一台电脑可供多人使用，因此通过划分地区管辖治理网络侵权事件，可以简化程序。最后，确定网络侵害的具体侵害行为。通过区分不同侵权行为的危害和后果进行不同程度的责罚，情节严重者还可以处以刑罚。

（2）完善公司的隐私条款。

当前，泄露用户隐私信息几乎成了行业潜规则，企业为了更好地分析用户的习惯和喜好，就需要不停地收集和获取尽可能多的用户个人信息。因此，要想保护用户的个人隐私，首先，公司必须重视用户的隐私安全，并以此为基础做出更好的程序服务于大众；其次，公司要建立合理的隐私条款，不能因营销目的而随意使用和出售用户的个人隐私，只有这样才能有效地抑制层出不穷的用户个人隐私泄露事件的发生。

谷歌是互联网广告市场上的霸主，谷歌侵犯个人隐私的问题也不少，具体表现在三个方面：第一，收集用户个人信息。谷歌的很多服务都要求用户注册 Google 账号，并要求填写如姓名、电话、电子邮件等个人信息，用户在使用谷歌产品的过程中，谷歌全程都在收集资料。第二，形成巨大的用户信息存量数据库。此举除了能更好地进行服务，同时也存在将信息出售给其他公司，导致个人隐私泄露的危险。第三，产品对隐私的保护不够。用户在使用产品时，个人信息在不知情的情况下被收集或存在漏洞，导致信息泄露。

2012 年 3 月 1 日谷歌的新隐私条款正式实施，立刻就遭到了来自美国和欧盟各国的数据保护监管机构的一致反对。对于谷歌的新隐私条款，即用户如果在某一产品中提交了个人数据，那么谷歌的其他所有产品也可以调用这些数据，打通旗下的免费服务之间的数据调用障碍，使得用户数据可以被多方面使用。法国数据保护监管机构 CNIL 称，谷歌将用户个人信息与它的各种服务融合在一起的做法，有失合法性和公平性。谷歌现在面临的最大问题就是它的隐私条款太过模糊，非常不利于用户有效地控制他们的信息分享方式，因此，谷歌还需做出更大努力，才能平息众怒。

为落实《网络安全法》对个人信息保护提出的明确要求，提升网络运营者个人信息保护水平，2017 年 7 月 26 日，中央网信办、工信部、公安部和国家标准委联合启动“个人信息保护提升行动”，开展隐私条款专项工作。此次专项工作目的是推动互联网企业更加重视个人信息的保护，形成社会引导和示范效应，带动行业个人信息保护水平的整体提升。专项工作首批选取了微信、新浪微博、淘宝、京东商城、支付宝、高德地图、百度地图、滴滴出行、航旅纵横、携程网等十款用户数量大、与民众生活密切相关、社会关注度高的产品和服务作为评审对象。评审主要依据《网络安全法》的要求和个人信息安全保护的国家标准。评审的内容主要包括明确告知收集的个人信息以及收集方式；明确告知使用个人信息的规则，例如形成用户画像及画像的目的，是否用于推送商业广告等；明确告知用户访问、删除、更正其个人信息的权利和实现方式及限制条件等。

在2017年8月18日更新的滴滴出行《个人信息保护及隐私政策》中，两张针对苹果和安卓操作系统的权限调用图表，列明了具体权限细类、调用目的、询问方式和用户能否关闭等情况，既有理有据，又通俗易懂。以淘宝为例，在其于2017年8月21日更新的《法律声明及隐私权政策》中，给出了旧版本政策的阅读链接，将“新增信息安全事件告知、明确数据存储地等条款”等在内的六条修订内容一一列明。2017年8月23日，支付宝发布了其新版隐私权政策。打开相应页面，只需点击页面右下角标有“目录”的按钮，用户可根据查询需要跳转至对应的文本段落，快速查询相应产品和服务对个人信息的收集、存储、使用和保护政策。

不少企业已成立相关部门以保障用户个人信息安全。例如高德地图设立个人信息保护责任部门，同时建立内控制度，对可能接触到用户信息的工作人员采用“最小够用”原则；航旅纵横则设置信息安全生产小组，专门负责信息安全审计检查工作。蚂蚁金服集团设立了专门的安全与隐私保护的网络及安全策略团队。

2017年9月24日，个人信息保护倡议书签署仪式在京举行，公布了个人信息保护提升行动之隐私条款专项工作对微信、新浪微博、淘宝、京东商城等十款产品和服务隐私条款的评审结果。会议指出，长期以来，网络运营者在提供产品和服务时，普遍存在隐私条款笼统不清，不主动向用户展示隐私条款，征求用户授权同意时未给用户足够的选择权，没有为用户提供访问、更正、删除其个人信息的途径，大量收集与提供服务无直接关联的个人信息等问题。评审结果显示十款产品和服务在隐私政策方面均有不同程度的提升；十款产品和服务均做到明示其收集、使用个人信息的规则，并征求用户的明确授权；八款产品和服务（微信、淘宝网、支付宝、滴滴出行、京东商城、航旅纵横、百度地图、高德地图）做到了向用户主动提示、并提供更多选择权。例如，运用增强式告知、即时提示等方式，在注册和使用环节引导用户阅读、了解隐私条款的核心内容；主动区分核心功能和附加功能提供用户选择。五款产品和服务（微信、淘宝网、支付宝、滴滴出行、京东商城）在满足以上功能的基础上，还提供了更便利的在线“一站式”撤回和关闭授权，在线访问、更正、删除其个人信息，在线注销账户等功能。

耐人寻味的是，此次隐私条款专项工作完成后，这些企业都积极做出了整改，但是几个月之后即2017年底就曝出了轰动一时的支付宝年度账单隐私风波事件。支付宝为用户推出“年度账单”，展示的信息主要是过去一年内用户通过支付宝购买各类商品和服务的统计记录。支付宝在账单首页不显眼处默认勾选“我同意《芝麻服务协议》”选项，法律界人士对账单首页的这一行小字提出质疑，认为支付宝在用户不知情状态下获取信息，涉嫌违反相关法律。不难看出，企业隐私条款的制订很重要，隐私条框的践行更为重要。有些企业的隐私条款从文本上看似乎没有什么问题，但执行起来就走了样，这意味着对一些企业来说隐私条款形同虚设，只是应付政府检查而已。

我国应实行以法律治理为主，行业自律为辅的保护模式，在强调国家法律作用的同时，应该做到行业自律。第一，各网站应该制订隐私条款，明确发布隐私权保护声明。隐私权保护声明是网站行业自律的表现，因此，各网站应该在网站主页显眼的地方公布此声明，并且在声明中明确告知用户在网络中可能存在的侵权危害、承诺对用户的个人信息保密、告知用户所拥有的权利等。另外，声明必须使用清晰明辨的语言。第二，构建我国公民网络隐私权保护的认证机构。我国应该建立隐私条款评估或认证制度，对认证的网站进行信用等级和隐私风险等评估，认证机构应该定期对这类网站的执行情况进行审查，并将审查结果公布，网民可以根据审查结果评定哪类网站的隐私权保护比较完善，以决定是否在此网站填写个人资料。

（3）增强公民保护隐私的意识和能力。

网络道德较于传统道德更为复杂，涉及面更为广泛，随着网络技术的不断进步，人们越来越离不开网络世界，网络中存在的道德失范问题日益突出。因此，迫切需要构建和谐的网络环境，树立正确的网络道德观念，提高用户的隐私安全意识和保护能力。公民要想保护个人隐私安全，除了需要政府及有关部门的监督，还需要网民的配合。网民应该遵守网络道德伦理原则，明确道德目标，要对自己的行为负责，做一个有道德的网民。

网民应自觉尊重他人的隐私。互联网中不存在秘密，只要有网络连接，就像一张无形的大网，串联着形形色色的人。公民有言论自由的权利，但涉及个人隐私问题还是需要遵守知情同意原则。社交网络是现代人的一个交流场所，用户可以与他人分享自己的日常生活。在社交圈中，并不是朋友之间都会认识另一方的交友圈子，肯定会存在陌生人的情况。用户发布事实贴或意见贴时，要有保护和尊重他人隐私的意识。对于他人发布的原创信息要存审视态度，如果想转发此信息，就必须确认信息的准确性，同时必须经过首发人的知情同意才可发布。而对于会造成负面影响的信息要做匿名或模糊化处理，要自觉地尊重和保护他人的个人隐私。

网民自觉保护自己的隐私。新媒体的出现所带来的隐私安全问题一直困扰着人们，网民应该提高保护自身隐私安全的意识。在网络上填写个人信息时要采取慎重的态度，不能随意泄露具有标识身份作用的敏感信息，如需填写，必须先确认网站的隐私政策内容。要区分好公共区域和隐私区域，在公共场所发表的言论如果被他人录制并公布时，也要视情况而定判定是否被侵权。如果音量很小声且要求保密的言论，被他人散布出去，就视为侵权行为；如果在公共场所大声宣讲而被录制并泄露的就不算侵权行为。

从总体上看，我国在对网络隐私权的保护上与西方国家还存在很大的差距，在法律方面，隐私权的保护缺乏严谨的法规，可操作性差。我们在法律制度方面要结合本国国情，借鉴其他国家的隐私保护模式，制定和完善适合我国的保护模式，逐步向国际化标准靠拢，制定出一部内容全面、可操作性强的网络隐私权保护法，以适应现代社会发展的要求。企业应加强自律，制订公平合理的隐私条款，并切实履行隐私条款的承诺。同时，公民也要加强个人隐私保护意识。只有这样，才能使得网络隐私权的保护工作获得实质进展，才能以更好的姿态拥抱大数据时代。

第二章　网络色情及其治理

互联网具有全民参与性、即时性、开放性、共享性等特点，使人们获取知识的门槛降低，使互联网“开放、平等、协作、分享”的精神得以发扬，不断缩小知识差距。如同硬币的两面，在网络给人们提供巨大便利的同时，一些不法分子利用网络向广大网民传递负面信息，各种问题层出不穷，色情便是其中一个广受热议的话题。各种与性和色情有关的网站、小说、电影等内容在网络中屡见不鲜，点击量也居高不下。尤其近年来，随着直播的流行，色情等不良内容借助直播在网络中泛滥。这些内容挑战现有的法律秩序和道德观念，特别是对正处在关键成长期的未成年人群体产生不利影响。如何有效地对这类内容加以区分及治理，成为人们关注和探讨的焦点。

一、网络色情及其传播

色情是一个由来已久的问题，自从有了互联网，色情成了一个更加富有争议的问题。互联网是各种不同观点相互交流和争论的平台，在这一平台上人们对如何界定网络时代的色情也展开了一系列的讨论，这是互联网出现之后关于色情争论的延伸。下文我们从一般色情谈起，然后延伸至网络色情。

1. 色情的界定

对于色情这一概念，一直以来是众说纷纭。有些观点认为只要皮肤大面积裸露、对性器官即使有所遮盖也依旧属于色情；有些观点则认为直接暴露性器官，即便只是作为展示也是色情；还有一些人对上述两种观点持不同态度，认为只有向观众展现虐待性性行为、鼓吹不健康的性价值观的内容才是色情。我们将以这些争论为基础，探讨网络色情的定义及其特征。

色情一词由来已久，最早是用来描述古代希腊妓女生活情况。随着时代的变迁，这一词汇已不再单纯描述原义，而是以多样化的形式和表达途径展示在世人面前。[①] 不同国家和地区由于各自历史文化背景、法律思想等差异，对于淫秽色情的定义也不尽相同。

美国自殖民地以来关于淫秽色情的标准经过三次大的变动。第一次是 1868 年 Hicklin 案对淫秽色情的标准，即根据部分内容判定该出版物是否为淫秽，出版物如果对未成年人、有淫秽欲望的人产生影响，则被视为淫秽的。[②] 这就是“希克林标准”（Hicklin test）。这样的判定标准被许多人认为过于严格，尽管饱受批评，但直到 20 世纪中期一直被用作判定标准。

在 1957 年“罗斯诉美国案”中，美国最高法院改用新的标准。该标准将淫秽品定义为：第一，该作品的整体主题为淫秽的；第二，该作品冒犯了社会共同准则；第三，它必须被判断为不具有任何社会价值。[③] 这就是“罗斯标准”（Roth test）。淫秽内容不受宪法第一修正案的保护。

1973 年“米勒诉加利福尼亚州案”之后，美国关于色情出版物的标准是：①从普通人角度，采用所在社区标准，判断作品的主题从总体上是否会引起人们的淫欲；②作品是否以一种明显冒犯性的方式描写该地区法律做出特殊规定的性行为；③从整体上看，该作品是否缺乏重大的文学、艺术、政治或科学价值。[④] 这就是“米勒标准”。

---

① 吴飞．大众传播法论［M］．杭州：浙江大学出版社，2004：236.

② 邱小平．表达自由：美国宪法第一修正案研究［M］．北京：北京大学出版社，2005：231.

③ Roth v. United States，354 U. S. 476，485（1957）.

④ Miller v. California，413 U. S. 15（1973）.

到目前，米勒标准依然是各级联邦法院审理该类案件时所采纳的判定标准。米勒标准比较显著的特征是对于色情的判断不再进一步细化，而是依靠当地出版方的标准进行审理。此外，美国最高法院也不再对色情言论进行统一区分和管理，而将权力进一步下分到各州法院，由当地法院定夺。

同年，美国联邦最高法院复审金斯伯格诉纽约州案，在经过一番激烈的讨论后，最终同意将危害未成年人的色情言论列在法律禁止之列。在报告中，主审法官写道，“无论以哪种方式陈述或描述裸体、性行为或性虐待行为，当其符合以下条件时，就是‘危害未成年人’：①引诱未成年人淫乱的、猥亵性的或者病态的兴趣；②与成年人社区中有关什么内容适合未成年人的标准明显违背；③对未成年人完全没有社会意义。”[①] 这成为美国至今处理未成年人色情言论的准则。

新加坡对于传统媒体内容的管制非常严格，新加坡法律中对涉及色情的内容并未给出具体标准，但给出了判断的标准。在《新加坡广电局（分类许可证）通知》第四条中对于媒体内容中的“禁止性资料”做了具体规定，强调色情类资料通常与公共利益及公共道德相违背，并被新加坡现行法律所禁止。新加坡将互联网划为广播服务之列。新加坡广播委员会在 1996 年颁布的《互联网内容运行准则》中对色情进行了细化，认为符合如下特征的属于色情：以使人刺激的方式描写性；宣扬性暴力或强迫的性描写；公然描写性活动；以一种煽动的或者令人厌恶的方式描写 16 岁以下的人从事性活动；主张同性恋或描写并提倡乱伦、奸童、兽奸和恋尸癖。《互联网内容运行准则》也规定在执行这些标准的时候，还需考虑内容是否具有内在的医学价值、科学价值、艺术价值和教育价值。[②]

① Ginsberg v. New York, 390 U. S. 15 (1973).

② 陈晓宁. 广播电视新媒体政策法规研究——国外法规与评价 [M]. 北京：中国法制出版社，2001：104.

我国对色情的治理趋向于由政府进行统一治理。对于色情及淫秽的裁定，由执法部门进行；对色情及淫秽的制作、传播，一律采取法律禁止的手段；而对于相关责任主体的处罚，则由司法或行政机关进行处理。我国最早明确处理淫秽色情问题的规定是国务院于1985年发布的《关于严禁淫秽物品的规定》（以下简称《规定》）。该《规定》对淫秽物品的定义是：具体描写性行为或露骨宣扬色情淫秽形象的录像带、录音带、影片、电视片、幻灯片、照片、图画、书籍、报刊、抄本，印有这类图照的玩具、用品，以及淫药、淫具。该《规定》并未将淫秽和色情两个概念区分开来。

我国新闻出版总署于1988年发布的《关于认定淫秽及色情出版物的暂行规定》（以下简称《规定》）对淫秽和色情做出了较为详细的定义。该《规定》第二条规定，“淫秽出版物是指在整体上宣扬淫秽行为，具有下列内容之一，挑动人们的性欲，足以导致普通人腐化堕落，而又没有艺术价值或者科学价值的出版物：①淫亵性地具体描写性行为、性交及其心理感受；②公然宣扬色情淫荡形象；③淫亵性地描述或者传授性技巧；④具体描写乱伦及强奸或者其他性犯罪的手段、过程或者细节，足以诱发犯罪的；⑤具体描写少年儿童的性行为；⑥淫亵性地具体描写同性恋的性行为或者其他性变态行为，或者具体描写与性变态有关的暴力、虐待、侮辱行为；⑦其他令普通人不能容忍的对性行为的淫亵性描写。”该《规定》第三条对色情出版物做了单独定义，“色情出版物是指在整体上不是淫秽的，但其中一部分有第二条第1至第7项规定的内容，对普通人特别是未成年人的身心健康有毒害，而缺乏艺术价值或者科学价值的出版物。”这是我国法律首次对淫秽和色情进行区分。此外，该《规定》还解释了“夹杂淫秽内容的出版物”的具体情况，第四条称“夹杂淫秽、色情内容而具有艺术价值的文艺作品……不属于淫秽出版物、色情出版物范畴”。

2011年修订的《刑法》在第367条中规定，“本法所称淫秽物品，是指具体描绘性行为或者露骨宣扬色情的诲淫性的书刊、影片、录像带、录音带、图片及其他淫秽物品。有关人体生理、医学知识的科学著作不是淫秽物品。包含有色情内容的有艺术价值的文学、艺术作品不视为淫秽物品。”这是目前我国对于淫秽最为权威的定义。

2. 网络色情的传播形式

如果说一般的色情本身就充满了争议，那么到了网络时代，这一争论变得更加激烈。必须承认的是，更加激烈的争论并不是源于色情的定义，而是互联网使这一争论的解决变得更为急迫。网络色情是指互联网中传播的色情内容。从判断标准上看，网络色情与色情毫无二致，网络只是为色情的传播提供了新的方式和空间。网络色情绝大部分都是从现实社会中来，而后通过数字化传输到网络中。相对于传统的色情传播，互联网的特性使得网络色情传播有了新的特点，这主要表现在色情的传播形式或渠道、传播特征等方面。

自从有了互联网，色情的传播形式或渠道变得更加多元化。网络时代的来临让信息的传播变得更为多样化，正如匡文波所指出的，“网络传播其实就是指通过计算机网络进行的人类信息（包括新闻、知识等信息）传播活动。在网络传播中的信息，以数字形式存储在光、磁等介质上，通过计算机网络高速传播，并通过计算机或类似设备阅读使用。网络传播以计算机通信网络为基础，进行信息传递、交流和使用，从而达到其社会化信息传播的目的。”① 网络传播的最大特征是以多媒体形式进行信息传递，网络色情的传播也不例外。目前，网络色情的传播形式或渠道包括色情网站、网络色情图片、色情视频、色情电影、色情文学、色情短信、色情游戏、色情聊天、色情直播、色情电子商务等。

自网络的诞生起，色情网站就如影相随。随着智能手机的普及，网络色情进入新的传播阶段。手机成为这个时期传播色情言论的主

① 匡文波. 论网络传播学［J］. 国际新闻界，2001，(2)：46-51.

力。据中国互联网信息中心 2014 年的调查，全国共有手机上网用户 5.23 亿，其中绝大部分为 10 到 29 岁的年轻人。[①] 不少色情犯罪分子盯上了这个庞大的群体。大批手机色情网站应运而生。借助之前成熟的搜索引擎关联模式和流量—广告盈利模式，用户在用手机搜索“成人”“美女”等词汇时，很轻易地就能链接到大量色情网站，与之前色情网站吸引用户方式相似，手机色情网站也采取逐渐开放的方式，先用刺激性、诱惑的挑逗性字眼引导用户进入，等用户点击进入二级菜单界面时会浏览到更加露骨、色情的内容。同时色情网站经营者也主动通过向手机用户发送短信等形式诱导用户登录、访问网站。

网络色情图片因其直观性、刺激性等特征在现有网络色情中占了较大部分，这类图片往往表现为裸露或半裸露的人体以及挑逗性动作、姿势，甚至是直接的性行为以引起受众的性兴奋。目前色情图片的内容不断更新，新增了变性人、双性人、男女同性恋，以及传统的乱伦、群交、幼女等三大板块，为网民提供了更加多样的选择。

网络色情视频和电影通过动态画面和声音来展示挑逗动作、性行为、性器官等，以刺激观众的性欲，满足色情爱好者的性需求。多媒体和网络技术的发展给传统色情电影以可乘之机，通过软件将色情电影进行数字化压缩后上传到互联网上，色情爱好者可以通过浏览网页并点击地址进行在线观看或者使用网络下载软件下载色情电影后进行离线观看。色情视频更灵活多样，尤其短视频的出现，使色情视频更易制作和传播。

网络色情文学是比较常见的色情传播渠道。目前，我国网络色情文学主要有两大来源：一是本土网络色情“写手”所撰写，二是对国外色情文字进行加工、翻译、再传播。过去，网络色情文字大多出自男性之手，内容也大多是男性作者对于女性的性幻想，表现为将女

① 中国互联网络信息中心．中国互联网络发展状况统计报告［R］．北京：中国互联网络信息中心，2014：13-14.

性意淫为泄欲工具。随着性观念的变化，现代的色情文字作者也不再由男性担任，越来越多的女性网民参与到色情文字的创作之中，内容也由过去单一的成年男女性关系发展为男女、父女、姐弟等关系。

色情短信是在手机出现并普及后出现的一种新的网络色情传播渠道，用户通过阅读短信中的色情文字或者色情图片来满足自己的需求。与传统的网络色情传播方式相比，手机短信传播具有更强的隐蔽性，有时传播者会向手机用户发送色情网站的用户名和密码，以方便用户登录色情网站进行浏览，同时通过用户的访问流量来获取收入。

网络色情游戏是比较隐蔽的色情传播渠道。网络色情游戏是以色情情节为主要内容的游戏，包含淫秽、色情内容，通过游戏情节的不断推进向玩家展示色情内容，以刺激玩家的欲望，部分色情游戏还含有性暴力、性虐待等。目前国内存在的色情游戏分为在线色情游戏和离线色情游戏。在线色情游戏运营者以盈利为目的，通过情色性挑逗信息或者画面向用户展示内含的部分色情内容，以吸引玩家点击进入网站来进行游戏，运营者通过用户点击的流量赚取经济利益。

网络色情聊天和色情直播是目前越来越流行的色情传播渠道。在目前的网络色情聊天中，“裸聊”占了绝大部分。相比以前的色情网站，“裸聊”更难被及时发现并打击。聊天者将自己的身体展示在摄像头下，与聊天对象进行即时交流。网络上“裸聊”的形式有多种，一是通过网络色情传播者对网民和从事色情表演的演员进行召集，完成召集后诱导网民进入聊天平台的指定频道，网民则通过缴纳费用收看表演者的色情表演。二是喜好色情聊天的网民自发组织一个公共平台，由一个人或数个人作为管理员进行管理，通常这类群体多以匿名或者非实名在网上进行色情表演，时间也多为深夜，在群体中，成员必须遵守规则，否则将被清理出该群体。网友还可以通过网站相互联系，组织聚众淫乱犯罪活动。一些嫖娼者在该类网站中将自己的嫖娼经历共享，为网站的用户提供卖淫者的具体信息，对于共享信息较多的用户，网站将给予其一定奖励。还有一种是个人之间的裸聊，这类“裸聊”可以是色情演员通过聊天软件单独与观众进行色情表演交易。

色情电子商务是近年来不得不引起重视的色情传播渠道。近年来随着互联网及移动网络的大面积铺开及网速的不断提升，网民可以更加方便快捷地在网上通过付费来观看色情内容。而现实中影视光碟租赁和出售已消失不见，加上国内对于普通文化市场一贯的重视和规范，现实中的淫秽物品和色情光碟已经很难购买，而在线成人用品商店在出售成人用品时可以赠送淫秽色情的光碟。我国网络购物的发展和物流体系的完善给这类活动提供了便利。买卖双方只需通过在网上用暗语来进行沟通，再由银行转账即可完成交易。

3. 网络色情的传播特征

与一般色情传播相比，网络色情传播有了新的特征。网络色情言论在信息层面属于网络信息的一种，受网络本身特性的影响，网络色情言论在传播上与网络信息传播具有同质性，但鉴于色情言论网络传播也有着其自身的特点，我们拟采用邵培仁的“整体互动模式”来分析色情在网络中的传播。[①] 整体互动模式强调应考虑自身信息系统与外部世界的联系，而且要重视传播过程中各种因素所构成的整体关系以及人类传播活动的全部现象。其目的是再现整体，始终把各种要素有意识地归并到整体之中，努力找出传播的本质和规律。整体互动模式中的对象既是整体的又是互动的，信息在传播中是有双向性的，且传受主体有较强的能动性。

网络色情传播具有匿名性、自主性，可控性差。在互联网所建构的虚拟社会中，人们可以隐藏自己的身份，凭借一个个虚拟或匿名的ID就可以发表和接收色情言论，而不用像在现实社会中那样担心自己的举动会给自己带来影响。用户可以利用这个特点来寻求、探索他

① 邵培仁. 传播模式论［J］. 杭州大学学报，1996，26（2）：159-169.

们在日常生活中不方便获取的信息以满足自己的兴趣。同时，网络的匿名性也使信息传递的主体变得难以捉摸。与传统媒体相比，网络给予用户最大的感受是极强的参与性，传统的传播者和接受者的界限因为互联网而日渐模糊，人人都可以从信息的接受者成为信息的传播者，这也是网络整体互动模式有别于传统的地方。

在网络空间中，网络色情传播主体常常难以控制其后续传播。在传播主体发出这些言论给某个接受者或者某个群体后，有些受众及群体出于自身道德、法律立场选择停止色情言论的再传播，也有一些人选择继续传播这些信息，色情言论在网上就这样一传十十传百，迅速扩散开来。基于网络信息的共享特性，传播者也无法预知信息会被以何种方式传递到哪些受众。这样就造成了色情言论的传播方向、传播路径、传播速度、传播效果均不受传播主体的控制。

网络色情具有易接近性。与传统的纸质媒体、广播、电视相比，一般人在网络上发表和接受色情内容的难度要小得多。尤其是在当今移动互联网络及智能手机普及的时代，人手一台可以上网的手机成了普遍趋势。用户可以在互联网上发表自己的观点和信息，精通网络技术的用户可以申请或建立自己的网页或网站，用户还可以利用各种网络平台如微信、微博、直播等传播和访问色情信息。色情言论在网络中的传播主要依靠的是网络所赋予的信息传播的快捷性和即时性。传统色情，如色情影片、图片、书籍等，由于受现实传播条件的限制，从制作到传递的过程均较为耗时。在网络中，受众只需要敲击几个关键词，无数色情网站便通过搜索引擎展示在其面前。对于传播者来说，只需要提前准备好色情材料，通过几次简单的操作，新的色情言论便可以出现在网络上。

网络色情易于保存和复制，传播速度快、范围广。由于互联网络上的信息都是数字化的，其复制品和原品毫无差别，相比传统媒体特别是纸质媒体，其复制和传播具有优势，因此在批量生产、传播时更易为被受众所访问和收藏到。互联网上的信息依托的是数字化信号，可瞬间将信号传输到世界每个角落，加上近年来移动互联网的快速发展使各国的网络愈加紧密地连接，也使得色情言论在网络传播的速度有了大幅度增长。网络作为新一代的大众媒介，其特点是信息传播跨越空间大、保存时间长、同步性强，不同时区的用户可以在同一时间接受到同一条信息，网络海量的储存空间和搜索能力给了信息长时间保存的能力。网络在时空上给予用户极大的自主性，使用者可以自行决定什么时候、什么地点接受信息，这使得网络色情言论传播在时空上呈现出相当的无序性。含有色情内容的言论发出后，将不会和传统大众传播一样在时间线上表现一致，加上现今云技术和下载软件的进一步成熟，这些言论可以随时在网络的任何一个角落浮现。在地球上任何一个角落，互联网用户几乎可以同时接收到传播者发布的各类色情言论。

网络色情信息的传播在时间上则呈现出抗衰性强的特点。一般而言，网络信息传播在时间上的特征是衰减速度快，前一分钟的信息也许到下一分钟就变得毫无价值，不再被关注。然而，网络色情言论与其他类型网络信息较大的区别在于它的抗衰性强。网上的色情信息一经发布，短时间内衰落的少之又少，这是因为色情信息所包含的内容总是能唤起色情爱好者的刺激感，使得网络色情言论不断地被再挖掘、再传播。网络色情言论在很长一段时间内长久不衰。同时，由于色情言论在传播时的不确定性，经常出现重复传播，这个特性使得色情言论在网络中能长期传播和保存。

网络色情传播具有跨国性，管辖权难协调。网络作为一个去中心化的架构，信息的发送与接收均可以来自不同节点，而言论的把关权则分散掌握在各网站的管理者手中，目前没有任何一个国家能够对整个互联网实现完全管理。此外，各国法律对于色情言论的认定和管制也存在差异。例如在中国、新加坡，网络色情言论是被严加禁止的，但传播者只要在其他对色情言论管理较为宽松的国家利用互联网与两国相连并发送色情言论，两国就难以采取相应措施对网络色情的传播进行治理。

在网络色情言论的传播中，除了传统的大众传播，群体传播的重要性也不容忽视。群体是由有着共同爱好的成员组成的一种团体，其成员是由共同的社会活动结合在一起，群体内的个体往往有着共同的目标和共同的经验。网络色情爱好者群体与其他群体最大的区别在于：由于法律和道德的约束，一般网络色情爱好者多采用线下言论传播和独有而隐晦的语言组织起来。“你懂的”“福利”等特定词汇便是使用最为频繁的联系语言。这些语言使色情爱好者自发组织起来形成一个群体，而在这样的群体中会产生一到两个“领袖”。“领袖”既是信息传播方也是信息受传方，在接收到外界发送的色情言论后，这些“领袖”或出于个人喜好，或出于群体内部形成的规范，将收到的色情言论进行再次编辑，通过群发邮件、个人即时通讯等形式传递给群体内其他成员。传统群体中“领袖”较为固定，而在网络色情群体中，“领袖”则时常变动，这取决于其手中所掌握的色情言论数量的多寡。

“群体共享”是网络色情爱好者群体最明显的特点。群体内部的成员主动搜索网络色情言论，在接收到这些言论后将这些含有色情内容的言论在群体之间或向其他类似群体广泛传播。这样一来，网络色情言论的流传变得愈加严重。色情爱好者群体借对外传播色情言论的机会向其他类似群体展示所在群体的特征，起到宣传本群体的作用，以吸引色情爱好者加入其中，进一步扩充群体的影响力。同时，也借助其他群体接受色情信息后的反应来调整本群体的传播方针。在一条色情言论发布后，这条言论既通过网络这个大众平台向无数用户迅速扩散，同时也在色情爱好者群体内部进行传递。因此，大众传播和群体传播在网络色情的传播中并不是相对独立的，它们是相互交织的。由于受法律、道德的制约，通过大众平台传播的色情言论存在的时间比色情爱好者群体中存在的时间要短，但网络赋予用户的信息发布权使这些色情言论并未消失，在某个时间，这些言论会通过某个色情爱好者或者从某个群体中继续向其他用户传播。因此，对于网络色情言论的治理不能仅仅从大众平台的层面进行治理，还应当多考虑对色情群体传播进行严格治理。

二、未成年人保护与言论自由

全球致力于网络色情治理，一个至关重要的理由是保护未成年人，使其免受色情的不良影响。在使未成年人免受色情不良影响时，色情规制的标准和方式等问题充满争议，尤其涉及言论自由等权利。网络色情治理的争论主要由未成年人保护与言论自由之间的冲突和平衡引起的。

1. 未成年人保护

未成年人作为一个法律概念，在不同的历史时期和不同的社会背景下，其规定不尽相同。历史上，对未成年人的范围经历了长期的探讨。时至今日，各国对于未成年人的定义依然存在差别，如联合国《儿童权利国际公约》（以下简称《公约》）中就用“儿童”一词指代未成年人，《公约》第 1 条规定：“为本公约之目的，儿童系指 18 岁以下的任何人，除非根据对其适用之法律规定成年年龄低于 18 岁。”可见《公约》将年龄上限定位为 18 岁，这也是大多数国家接受和采纳的标准。同时，有些国家（如日本）将 20 岁视为成年与未成年的年龄分界线。我国《未成年人保护法》第 2 条规定“本法所称未成年人为未满十八岁的公民”，这表明我国采用国际惯例，用年龄作为划分未成年人的标准。本节将儿童、青少年等一并归为未成年人。

未成年人在社会化进程中容易受到外界各种因素的影响，网络便是其中一个重要的影响因素。网络的匿名性给未成年人提供了一个宣泄情绪的空间，使得未成年人多乐意在网上驻扎。此外，未成年人非常想了解世界，网络这个平台为他们提供了一个取之不尽的信息仓库，在这里他们能找到自己想要的各类信息。同时，未成年人普遍存在孤独感，众多未成年人更希望寻找到同龄的伙伴倾诉、交流，渴望表现自我，从而使自己被社会认同，但是，对于陌生人的不信任感让他们对外交流的欲望不强。网络这样一个可以不公开姓名的地方使他们可以伪装成各种各样的角色与人交流，网络中林林总总的组织让他们或多或少地找到同好的群体，满足自己的归属感。长此以往，未成年人对网络的依赖感不断增强，更加愿意通过网络来获取信息。

未成年人较为显著的特征便是喜欢模仿他人的行为，通过这样的行为更好地认识自己、将自己同他人区分开以得到他人的认可和接受。未成年人具有强烈的独立意识，希望自己能在社会中占据一席之地，因此，多数未成年人通过效仿成年人的行为方式，努力使自己被成人社会所接受。未成年人对于世界的认识往往不成熟，非常容易陷入迷惑的境地。究其原因，是由于其思维、判断能力尚不成熟，加上信息时代中其接触的言论早已超过自身所能承受和处理的数量。由于性本身就是一个社会敏感话题，各方对于性教育，尤其是针对未成年人的性教育的观点不尽相同，这使得未成年人本身对于性的认识处于懵懂阶段。这个时候未成年人就会利用各种渠道找寻相关信息，门槛较低的网络便成为首选。在网络中，他们可以查阅到无数相关的资料，而性言论本身就能使正处于性发育阶段的他们感到兴奋，他们很容易对这些言论中的观点和行为进行模仿。

未成年人好奇心较强，对新鲜事物接受速度快，不少网络色情网站便将这个群体视为传播色情言论的首选目标。现代社会对于性越来越持开放的态度，在网络上关于性健康的网站数不胜数，人们很容易浏览到涉及性的各种言论，其中就包括色情言论，同时公众对于日常公共场合中性的话题越来越包容，这也降低了未成年人接触相关内容的成本。一些未成年人出于炫耀，在接到网络色情言论后不仅不会及时阻止其继续扩散，反而会在朋友之间相互传递，对色情言论进行了二次传播。对于性知识和色情言论的区分不明使未成年人很容易将色情言论中的一些错误观念当做知识来看待。这种不正常的现象应当引起人们的重视，由这种观念所引起的一系列后果也值得我们深思。

在网上浏览信息时，未成年人不可避免地会接触到网络上充斥着的色情言论，而未成年人阶段是未成年人走向成熟的关键时期，容易受到色情言论中不正确观念的影响。在现实中，迫于道德或者法律的威慑，人们即使对于性知识很好奇，想主动查找、阅读相关资料也会有所顾虑，网络的匿名性使得未成年人可以毫无顾忌地浏览此类信息，也方便他们做出日常生活中不可能做出的举动。一些未成年人对于自身性冲动无法有效抑制，往往禁不住色情言论的诱惑，长期浏览色情网站，甚至接受他人提供的色情服务。网络监管的相对宽松和一直增长的网民数量让人们有理由推测目前浏览网络色情信息的未成年人数量也一直在增长。

对于自身控制力较差的未成年人，网络所带来的新鲜、刺激比较容易使他们沉迷于网络。长期接触网络色情言论给他们带来的生理和心理影响也比较明显。未婚先孕在中国传统道德观中被视为不道德的，不过随着性观念的开放，人们对此趋于宽容。但值得注意的是，少女怀孕在未婚先孕人群中所占的比例呈上升趋势。未成年人好奇心强和性早熟等因素，促使她们的性行为发生时间不断提前。缺乏必要的性知识和安全防护意识，使得未成年少女意外怀孕的发生率越来越高。《宁波日报》曾在 2013 年发表文章，称来自该市妇儿医院的数据表明，最近几年来未成年人的人流数量一直呈上升趋势。其中，15 岁到 24 岁的女孩占了近三成，未成年人流产 2 次以上的占了两成左右，具体人数难以统计。[①] 由于经济原因和害怕被人知道，少女在流产时大多是私底下进行，许多少女选择在设备简陋、医术低劣

① 易鹤，周伟. 12356 干预青少年未婚怀孕［N］. 宁波日报，2013-07-31（B1）.

的黑诊所流产，这样导致的不良后果更为严重。少女流产除了给她们生理上带来极大的危害，心理上的创伤也不可低估。同时，家人的压力也会引发她们患抑郁等心理疾病，这些心理问题也会对她们日后的婚姻生活产生负面影响。由于缺乏思想准备和计划，一些未成年人在面对怀孕时，会采用更为极端的方法——溺婴或者弃婴。近年来各媒体所报道的少男少女溺婴和弃婴案有上升的趋势。

在接触网络色情言论后，部分未成年人表现出对网络色情言论成瘾，这既有自身的原因，又与社会环境有着一定的关系。在现实中，随意谈论“性”被认为是一种缺乏素质的表现。未成年人进入青春期后，性功能逐渐发育并成熟，性意识开始出现，充满了对“性”的好奇、幻想和冲动。在这个阶段，他们愿意谈一些与性有关的问题，开始对周边的异性保持关注，同时也想知道性关系到底是什么。但是，目前由于社会、家庭、学校对性教育认识的不充分，加上部分家长对于子女管束过严，使子女的自由空间较小，同时对于性的话题太过敏感，许多家长在孩子问及性问题时回答方式欠妥当，使孩子们对性知识的获取渠道不通畅，获得的相关信息不完整，对性问题的辨别和认识能力不够，这促使他们利用别的途径获得信息。网络上可随意获取的大量色情言论可以满足他们的好奇心，而一些挑逗性的文字、语言和色情服务又能使他们的生理冲动找到一个释放渠道。久而久之，这些未成年人便养成了依赖网络了解性知识、宣泄性冲动的习惯。

在许多未成年人沉迷网络色情的新闻中，我们可以发现一个共同的特征，即这些未成年人在接触色情言论之后往往在行为上变得沉默，不愿与他人交流，人际关系比较单一，对于亲人的关心回应也不多。在日常生活中，精神上变得萎靡不振，精力不集中，学习成绩下滑，唯一能让他们感到兴奋的活动就是上网浏览色情信息。浏览色情信息不仅使他们得到满足，也能让他们借助这些色情言论逃避现实当中的种种不愉快。长期接触网络色情言论使一些未成年人价值观发生扭曲，对于现实中法律惩罚和道德谴责认识逐渐淡薄，出于炫耀或者获利等目的，他们开始搜集色情言论并加以传播，甚至走上犯罪的道路。

未成年人从受众向传播者转变的原因较多。除了价值观的改变，未成年人自身对社会地位的强烈渴求也使他们寻求和利用各种方式争取得到大众的承认，有些人甚至不惜以触犯法律作为代价。在他们浏览、传播色情言论的时候，社会未能及时给予疏离、引导和谴责，相反一些喜好色情言论的人还鼓励他们这么做，这让部分未成年人对社会关于色情言论态度的判定出现偏差，传播色情言论时更加肆无忌惮。目前色情言论的广泛传播与相关机构反色情侦查、打击及宣传力度不强密切相关。一些网络色情言论中掺杂有极端暴力、淫秽的内容，加上未成年人性荷尔蒙分泌旺盛，性幻想、性渴望十分强烈，也容易冲动，因此未成年人因接触网络色情而犯下的性犯罪屡见不鲜。部分未成年人性侵的对象年龄甚至在10岁以下，这样的行为给受害者的身心带来了灾难性的影响。

此外，一种针对未成年人的网络色情言论越来越受到人们的关注，即内容涉及未成年人性行为的色情言论。这些言论往往打着“萝莉”（泛指15岁以下的女孩）、“幼齿”（通常指10岁以下的女孩）等招牌，堂而皇之地出现在网上，内容分为未成年人之间的性活动、未成年人和成年人之间的性活动。为了吸引注意力，这些言论一般含有性虐待、性侵害等内容。这严重侵犯了未成年人的权利，也对社会的正常运行造成了极坏的影响。

2012年全球华语广播网报道，日本两项调查显示，未成年人对网络的依赖程度不断加深，而过多接触电脑和网络的后果之一就是日本社会性犯罪高发、低龄化。网络传输的内容在传播后随手即删，监管较为困难，这让许多不良信息泛滥。据日本警察厅统计，2012年日本全国未成年人的色情犯罪案件同比增加了9.7%，创下了自1996年开始统计该数据以来的最高纪录。未成年人的色情犯罪受害者一共有 1 264 人，而小学生所占的比例高达 56.3%。低龄少年受害的倾向进一步加剧。[①] 2013 年英国《每日邮报》报道，英国每年因性欺凌、攻击和骚扰等犯罪行为开除 3 000 名学生，其中包括 200 名左右的小学生。有活动家在调查后指出，网络色情的大面积传播成为罪魁祸首，色情导致他们对性存在不切实际的想法，对两性关系造成“破坏性的影响”。超过一半的人说，如果色情内容不那么容易得到，年轻人的成长将更容易。[②]

缺乏对性的正确判断而盲目地浏览色情信息并加以模仿，这种行为不仅影响了未成年人的成长道路，有些行为甚至触犯了刑法，同时对社会风气造成了极大的影响。因此，对于针对未成年人的网络色情传播以及涉及未成年人内容的网络色情言论应当予以打击。未成年人尤其儿童是世界的未来，未成年人处在身体、心理、感情和智力的形成和发展的塑造阶段，这个年龄段的人的特点是可塑性较强，也容易受情绪左右，在判断正确事物上会出现偏差，也容易受各种思想的影响。因此，各国在涉及未成年人尤其是儿童色情方面丝毫不敢懈怠，对于儿童淫秽色情言论规定了更高的标准和更为严格的处罚措施。

被多数国家承认的《儿童权利国际公约》的第 34 条规定：缔约国保护儿童免遭一切形式的色情剥削和性侵犯之害，为此目的，缔约国应采取一切适当的双边和多边措施，以防止（A）引诱或强迫儿童从事任何非法的性生活；（B）利用儿童卖淫或从事其他非法的性行为；（C）利用儿童进行淫秽表演和充当淫秽题材。欧盟于 2001 年颁布了《网络犯罪公约》（以下简称《公约》），其中就儿童色情犯罪做出了详细的解释。该《公约》规定，儿童色情指直观描述未满 18

① 中国之声. 日本青少年渐成“网络控”色情犯罪创新高［EB/OL］. http://china.cnr.cn/guantianxia/201304/t20130402_512278453.shtml，2015-10-04.

② Martin. D，Correspondent. W. Schools expel 15 sex bullies every school day：Even primary pupils driven to assaults by internet porn［N］. Daily-mail，2013-04-01（12）.

周岁的未成年人参与露骨性行为以及疑似未满 18 周岁的未成年人参与露骨性行为，以及直观描述逼真图像，代表未满 18 周岁的未成年人从事任何露骨性行为的内容。儿童色情行为是指通过信息网络系统制造儿童色情内容，意在加以传播的行为；通过计算机系统提供或供应儿童色情的行为；分散转移含儿童色情内容的行为；为自己或他人获取儿童色情内容，持有儿童色情于电脑上或者其他计算机信息储存媒介的行为。

我国《未成年人保护法》第 34 条和《刑法》第 363 条、第 364 条就明确规定禁止向未成年人传播色情物品，传播淫秽物品达到法定情节的构成传播淫秽物品罪；以营利为目的构成传播淫秽物品牟利罪。其中，《刑法》特别强调对不满 18 周岁的未成年人传播此类物品将从重处罚。此外，我国现有法律体系中有《预防未成年人犯罪法》等法律法规保护未成年人的网络权益，对于网络色情言论的传播一律按犯罪处理。

虽然在成年人接触网络色情言论的问题上，没有充分证据表明网络色情言论与成人性犯罪存在着直接的因果关系，同时，由于不同国家不同法律、不同文化的影响，对成年人获得网络色情内容的规定不尽相同。有人认为在商讨和制定以成年人为对象的网络色情相关治理政策时，可以部分采纳内容中立的原则。因此，有些国家对成年人获得色情内容持开放态度。有些国家对成年人获得色情内容的规定与未成年人的规定相同或相似，严加管制。不管对待成年人获得色情内容的做法如何不同，学界和法律界绝大部分人都认为网络色情言论会对未成年人的成长造成不利影响。因此，在涉及未成年人的网络色情言论时，都认为应当采取严厉打击的做法，以保证未成年人健康成长。

2. 言论自由的抗辩

英国的弥尔顿在《论出版自由》一书中最早论及言论自由。密尔的《论自由》则对言论自由做出了较为全面的阐释。在随后的数百年，各国对于言论自由的论述也日趋完善，并将其写入法律之中。1966 年的《公民权利和政治权利国际公约》第 19 条对言论自由有明确规定："①人人有权持有主张，不受干涉。②人人有自由发表意见的权利；此项权利包括寻求、接受和传递各种消息和思想的自由，而不论国界，也不论口头的、书写的、印刷的、采取艺术形式的或通过他所选择的任何其他媒介。"《中华人民共和国宪法》第 35 条规定："中华人民共和国公民有言论、出版、集会、结社、游行、示威的自由。"

根据荷兰宪法学家马尔赛文等人的统计，目前共有 124 个国家明确规定公民享有言论自由的权利。[①] 世界大多数国家规定公民享有言论自由的权利，关于保护言论自由的理论也多种多样。一种是真理论，该理论认为发表言论时受限越少，越能鼓励、激发人们去追求真理，政府不应以法律及其他方式限制人们的言论，而应允许各种观点进行交锋，真理往往就在这样的交锋中脱颖而出，被人们所接受。另一种理论认为，言论自由应当被视为政治自由的一种，是民主政治一个不可或缺的因素，在宪法角度下，言论自由保证了公民拥有针对国家事务以及公共政策发表自己观点、主张的权利，其重点在于允许公民对于政治公开发表自己的见解。如果公民不能自由地对政治及公共事务表达自己的态度，就无法行使作为国家主人的权利。还有一种理论提倡言论内容具有中立性，政府应当允许这些言论的存在和传播，而不应以自身的道德偏好为标准，针对各类言论的内容，通过制定各种治理方式来阻碍其流通。正因为关于自由言论和自由表达的理论多种多样，围绕网络色情治理和表达自由的争论也异常激烈。

互联网作为一项重大发明，大大提高了信息的发布、传播的速度和广度。无论是网上关于政治经济观点的文字、图片，还是音频、视频，都可以视为言论的范畴。随着近年来相关科技的不断进步，作为

---

① 魏永征. 西方传媒的法制：管理和自律［M］. 北京：中国人民大学出版社，2003：10.

互联网终端的个人计算机获得了很大程度的普及，移动网络技术的发展及智能手机的快速普及极大地拓宽了人们接受信息以及发表言论的渠道。网站新闻评论、贴吧、论坛、网络聊天工具的出现使人们在网络上发表言论的门槛逐渐降低，同时也使言论自由得到进一步的体现，互联网的匿名性在一定程度上也保护了人们的发表言论的权利。

从互联网诞生伊始，互联网最受人们关注的特征就是其开放性和去中心化。互联网等新兴媒体所具有的特性使得言论的发送和接受与传统媒体有所区别。从传播的角度看，传统媒体在传播信息时采用的是由专业化媒体向受众发送，信息的传播需要一个中央处理器进行分流。在网络时代，互联网呈现的是分布式的结构，数据和信息只需经互联网服务供应商（ISP）便可以向各终端传输，而不必再像过去那样通过固定的信息处理中心。[①] 网络技术的快速发展不断优化着互联网的架构，目前互联网空间的主要架构建立在一个 TCP/IP（传输控制协议/互联网协议）及相关协议组之上。用户在这里将数据化的信息打包并标上对方的 IP 地址，此数据包就可以借由网络上服务供应商的计算机（路由器）发送到目的地。[②] 互联网这种技术架构对网络言论自由具有很高的价值。

网络色情言论存在引起他人性欲、使人堕落甚至诱发性犯罪等的可能性，对社会的道德观念也会产生巨大冲击。网络色情作为一种网络言论，在对其进行治理时，不可避免地会引发争论。从政府开始着手制定互联网相关法律法规至今，许多人围绕对网络色情言论是否应当采取治理措施进行讨论，其中，对于网络色情应当遵循现实社会中言论自由原则还是社会道德原则的争论最为广泛。概括起来说，

---

① ［美］理查德·斯皮内洛. 铁笼还是乌托邦：网络空间的道德与法律［M］. 李伦，等，译. 北京：北京大学出版社，2007：33-34.

② ［美］劳伦斯·莱斯格. 代码 2.0：网络空间中的法律［M］. 李旭，沈维维，译. 北京：清华大学出版社，2009：43-44.

对于网络色情言论的治理，至少存在两派不同的观点。

一派认为现行的法律法规对于网上色情的规定和限制，从宪法的角度看实际上变相地限制了公民的言论自由的权利，进而影响到实现其他权利。[①] 在作为网络发源地的美国，政府在治理网络色情言论时面临着颇多争议，美国宪法第一修正案强调应当保护公民言论自由。美国《体面通讯法》（*The Communication Decency Act*，简称CDA）争论的焦点在于，有人认为该法在一定程度上限制了用户获取信息的自由权，与第一修正案中言论自由的规定相悖。同时，该法案对色情的界定比较模糊，可操作性差。最后该法案被裁定为违宪而未通过。美国最高法院在判决书中写道：第一，基于网络的特性，网络信息的获取者大多是自己主动点击该信息或者该信息的超链接才接收到信息，如果要求网络信息提供者在发布信息的时候时刻考虑自己所推送的信息是否含有色情内容，这无疑会加重网络信息提供者的负担；第二，该法案限制了成人依照宪法有权传播及接受信息的权利；第三，一些涉性内容，如如何避孕等健康信息，可能被屏蔽。因此，实际上该法案规定过于模糊，而且对使用者过度限定。[②] 此外，对于浏览色情网站的人强制性地要求其出示身份证件也有阻碍言论自由权利之嫌。

另一派赞同对网络色情进行治理。他们认为，网络色情言论是网络时代的精神毒品，具有极大的社会危害性，容易引发人们不道德的性欲望，这足以导致普通人堕落，因此应当对这类言论加强法律治理，将负面影响降到最低。[③] 特别是在未成年人用户占网民比例日渐增多的今天，网络色情言论对未成年人带来的不利影响应当引起我们高度重视。世界上绝大多数国家赞同对网络色情尤其是儿童色情

① 李莎莎. 网络规制立法问题研究——以言论自由保护为视角［J］. 行政与法，2014，(09)：95-99.

② Reno v. ACLU，521 U. S.

③ 鲍轶文. 浅析网络色情的现状及反思［J］. 商业文化，2011，(3)：219.

进行规制。CDA 立法失败后，美国又制定了《儿童在线保护法》(COPA)，又遭失败。几经磨难，最终才出台了《儿童互联网保护法》(CHIPA)。

三、网络色情的分级制度

如何使未成年人免受网络色情的影响，各国一直在进行积极尝试，其中最具有代表性的是分级制度。分级制度发轫于美国电影协会，该协会于 1922 年成立。到 20 世纪 60 年代时，针对各类媒体中日渐增多的色情、暴力等内容对传统道德的冲击，由家长们组成的定级委员会根据电影的暴力程度、裸体程度、性爱场面和毒品使用场面等给予该电影以评价，将内容分为若干等级。在经过讨论和完善后，最终形成了现有的等级制度。

目前，在对性内容进行审查时，将其分为五级：第一级 G 级，指所展示的内容不含令父母等监护人不快的部分，适合全年龄阶段观看；第二级 PG 级，指所展示的内容需要在父母的陪伴下观看，内含部分儿童不宜的内容，但总体上不会超出监护人所能接受的范围；第三级 PG-13 级，该等级中的内容不适合 13 岁以下儿童观看，如果 13 岁儿童观看，则需要父母的陪同。G 级、PG 级和 PG-13 级在委员会中被认定为普通级，内容中虽然会出现脏话、裸体等形象，但大多时间较短，对未成年人的影响有限。第四级 R 级开始，称为限制级，是指审查内容中含有较多的成人内容，如性爱和裸体等，17 岁以下的未成年人观看时，必须要有父母或者成年人的陪同；第五级 NC-17 级，处于该级的内容被定义为成人内容，含有大量的性爱、裸体等色情元素及其他使人不适的内容，该类型严禁 17 岁以下未成年人观看。

紧随美国之后，英国、新加坡等国及我国香港地区也相继推出分级制度，这些分级制度都对成年人群体和未成年人群体进行了区分，对面向未成年人的内容进行了详细的解释，以帮助父母判断哪些适合子女收看，以防止涉及性、暴力等元素给子女带来不利影响。

然而，面对现实中的色情内容逐渐向计算机终端的迁移、透过网络广为扩散的现象，分级制度逐渐延伸到网络领域，分级手段也趋于多样化。对于内容，1994 年在美国成立的娱乐软件分级委员会尝试根据电脑游戏的内容进行分类，其中暴力与色情是重点。值得注意的是，该分级委员会是一家非营利性的机构，其对于审查内容的评级需要经过三个受过对应训练的人员经过协商后确定。根据委员会规定，进行审查的人必须是专业人士，至少参加过儿童教育及相关活动，熟悉相关的内容并以之为依据进行判断。在对游戏进行分级评定后，各类游戏将贴上由委员会评定的级别标签再进行出售。这样的机构在对网络色情进行分级时，充分采纳民间人士的观点，由民众所认同的专业团队进行判定，这样保证了民主的权利，最大限度地减少了政府的干预。目前美国采取的是电影分级和软件委员会分级并行的方式，通过行业自律的形式保证未成年人的健康上网环境。

在允许、鼓励民间力量参与网络言论治理的同时，各国还努力从政府层面出发，试图通过法律手段对网络色情进行有效治理，加大对未成年网民的保护力度。新加坡在 2003 年将原有的广电局、电影委员会和电影与出版物管理局合并成为新加坡传媒发展局，在一定程度上解决了互联网色情管理中多头并存的局面。新成立的传媒发展局依托并继承原有的三个机构的管理原则，加强了对色情言论，尤其是涉及未成年人的色情言论在网络中的规范。

美国曾相继颁布《体面通讯法》《儿童在线保护法》，目的是保护未成年人上网的权益，试图以法律的形式对成年色情言论和未成年色情言论进行隔离。《体面通讯法》规定，“明知接受方是 18 岁以下未成年人，仍向其传播下流信息”，该法案将追究其刑事责任。公开展示冒犯性色情内容，而“18 岁以下未成年人也能够访问到”这些内容，该法案也认为这是一种犯罪。[①]《儿童在线保护法》规定，商业网站运营者提供有害于 17 岁以下未成年人的赤裸裸的性内容是违法的。要求商业网站的运营者在允许浏览者浏览这类内容前，必须提取其身份代码，如作为年龄证明的信用卡号码。[②]

美国政府这两部法律的出发点是对网络空间进行划定，确保未成年人在成长过程中能最低程度地受到有害内容的困扰。然而，这种举措在成年用户和未成年用户之间筑起了一道藩篱。就当时的计算机技术来看，软件的发展速度远远比不上信息传播形式更新的速度，有些知识性的材料很有可能被错误地屏蔽，从而损害了未成年人接受教育的权利。制定法律的政府一方在不经用户讨论的情况下，执意用年龄分段等手段限制未成年人群体接受信息，阻碍了互联网的民主和平等。

经过两次立法失败后，美国终于出台了《儿童互联网保护法》（CHIPA），并于 2001 年 4 月正式生效。这一法案体现了政府策略的决定性改变，决定依靠私人代理、图书馆和学校使用过滤器屏蔽令人讨厌的内容，限制对未成年人有害的言论。《儿童互联网保护法》要求图书馆读者（如成人和儿童）所使用的计算机终端必须安装过滤装置，阻挡网络访问各种淫秽的或涉及形形色色的儿童色情的视频及图片。[③] 这意味着在针对政府层面对网络色情言论的治理进行反制过后，人们开始思考从用户层面对色情言论进行治理，其中最具代表性的是 PICS（网络内容筛选平台）。这类软件隶属于非政府机构万维网联盟。该软件可以通过综合其他人或者在该软件中对所有网站、言论所添加的标签进行过滤判定，而这些标签则支持多重定义。这类软

---

① ［美］理查德·斯皮内洛. 铁笼还是乌托邦：网络空间的道德与法律［M］. 李伦，等，译. 北京：北京大学出版社，2007：52.

② ［美］理查德·斯皮内洛. 铁笼还是乌托邦：网络空间的道德与法律［M］. 李伦，等，译. 北京：北京大学出版社，2007：54.

③ ［美］理查德·斯皮内洛. 铁笼还是乌托邦：网络空间的道德与法律［M］. 李伦，等，译. 北京：北京大学出版社，2007：55.

件不仅可以综合多重标签进行主动屏蔽，还可以在用户进行浏览时提供帮助。

即使摆脱了政府的管制，仍有一些人对这类软件表示担心，认为目前软件不足以识别互联网上的海量信息，更何况单纯地由民众进行选择而不经司法部门认定和参与会损坏其公平性。加上商业竞争，企业可以通过收买大量账号以打压对手，这将导致“网络暴政”现象的出现，即被误导、收买的多数人给一些网站添加过多的负面标签，影响其他用户的判断。加上网络言论的发布者所使用的话语规则各不相同，有些观点甚至自相矛盾，很有可能造成软件对于标签的错判和过度屏蔽。莱斯格对过滤软件等鉴别系统可能导致的虚拟审查忧心忡忡，他认为这些软件虽然是以中立的形式面向用户，但实际上，这类软件无形中给互联网加上了一道审查程序，这无益于网络空间中言论的自由流通，他因此提出了“我们应当取缔过滤软件”的口号。①

在网络这样一个全民参与的空间里，各种观念相互交织在一起，形成了网络时代的新观念：自由、平等、共享。政府对于言论的传统管理模式在这里受到了前所未有的挑战，一味地采取封锁、隔离措施，不仅损害了网民的自由权，还违背了互联网本身的发展规律，不利于互联网的可持续发展。但言论自由不是没有边界的，网络中随手可触的色情言论对庞大的未成年人群体带来的影响不容忽视，这对虚拟环境下的言论自由和道德原则提出了更高的要求。

我们认为，引入全民参与性的分级系统不失为一种好的选择。这种系统首先应该基于自愿原则，即在浏览网页时，用户可以选择是否给该网页贴标签，个人或机构自行决定是否采用其提供的判定标准。其次，标签应该具有透明度，用户在查阅已被贴标签的网页、对标签提出质疑时，软件开发方应当提供详细的鉴定标准和类似的例子。最

① ［美］劳伦斯·莱斯格. 代码 2.0：网络空间中的法律［M］. 李旭，沈维维，译. 北京：清华大学出版社，2009：275.

后，该系统应当是开放的、可协商的，以充分发挥网络民主的优势。一个开放的系统可以鼓励更多的人参加到评级讨论中，从而产生一个为大多数人所能接受的分级体系。

四、网络色情的治理

信息时代的来临无疑给整个世界带来了深远的影响。近年来网络用户的持续性增长说明网络越来越重要。互联网和无线通讯的发展打破了时间限制和空间隔阂，人们可以透过网络相互沟通、发表看法，也能借助其探知外面的世界。我们在体验网上冲浪所带来的快感的同时，也要看到色情言论在网络上泛滥的情况。尽管网络本身的特点使色情言论无法在短时间内完全得到遏制，但这并不妨碍我们治理网络色情，反而说明我们应为此付出更多的努力。

目前我国治理网络色情的法律法规主要有《中华人民共和国邮政法》《未成年人保护法》《治安管理处罚法》《预防未成年人犯罪法》《刑法》《广告法》《全国人大常委会关于批准〈儿童权利公约〉关于买卖儿童、儿童卖淫和儿童色情制品问题的任择议定书的决定》《互联网上网服务营业场所管理条例》《电影管理条例》《印刷业管理条例》《互联网信息管理办法》《电信条例》《计算机信息网络国际联网安全保护管理办法》和《网络安全法》。这些法律法规对涉嫌“淫秽、色情”的行为治理做了相关规定。

为了规范网络环境，我国近年来已开展多项针对网络色情言论的专项行动。2011 年 8 月，中国公安部与美国警方联合摧毁在全球拥有 1000 多万名会员的最大中文淫秽色情网站联盟“阳光娱乐联盟”。该案是中美两国首次通过联合行动破获的跨国网络淫秽色情犯罪案件。“净网 2017”专项行动将打击直播平台传播淫秽色情信息行为作为重点任务，集中开展违法违规网络直播平台专项整治，处罚关闭夜魅社区、微笑直播等一批“涉黄”直播平台，对“LOLO”“馒头”“老虎”“蜜直播”等十多个传播淫秽色情信息的网络直播平台进行了刑事立案侦查。这些行动虽然使网络色情有所收敛，但无法完全禁止网络色情的传播。面对全世界每天新增的色情网站，单一国家监管显然力不从心。受众群体主动跨国搜索网络色情言论。一项对大学生的调查显示，有52.8%的大学生接触过网络色情内容，其中59.4%的学生主动搜索相关内容。[①]

网络空间改变了以往媒体传播和规范的界限，互联网赋予信息的自由流动将传统媒体从上而下的权力打散，分到了用户手中。信息的传递由以前的单向、等级性传播向平等交互式传播转变，随着传播方式的不断更新，这种趋势愈加明显。用户们被鼓励参与到传播中来，其价值意识被强化。而一次次的实践使他们的责任感不断成熟，对自身权力的支配更为理性。当权力机构介入网络空间，试图对言论进行治理时，他们发现无法再沿用传统的治理方式进行管理。目前我国对网络色情言论的规定过于笼统，绝大部分法律法规依然循旧而定，不利于新环境下对新媒体的监管。对比国外的治理经验，根据我国网络色情治理的必要性和目标，我国目前的管理体系仍有改进的空间。

第一，要清晰界定网络色情，逐渐建立内容分级标准。

色情是什么以及用什么标准衡量言论是否为色情，网络内容如何分级，这些问题在各国对色情进行立法时就争论不休。美国最高法院前法官斯图尔特在“雅格贝利诉俄亥俄州”一案中更直接坦陈，“在我看来，这些东西就是素描性的作品。要我进一步去界定，我做不了，也许这个问题我从来都说不清楚……但我见即我知（I know it when I see it）”，[②] 以此来说明认定色情标准中存在的主观性。

① 申琦. 上海大学生对网络色情信息的接触与评价研究［J］. 新闻大学，2012，（1）：87-93.

② Jacobellis v. Ohio，378 U. S. 476（1964）.

尽管我国《刑法》等法律法规对淫秽及色情制定了一定的衡量标准，我国对于网络色情言论的处理依据《刑法》及《关于认定淫秽及色情出版物的暂行规定》《关于认定淫秽与色情声讯的暂行规定》(以下简称《规定》)等法律法规中的标准来认定，但在具体执行中仍存在标准语焉不详的情况。

《刑法》作为权威性的法律，对色情并未给出详细的衡量标准，并且从逻辑关系上来看，色情应当是淫秽的一部分，这可能使得执法单位在判定色情时只能依照“具体描绘性行为”这一准则来处理。随后颁布的《规定》等对色情做了一定的补充性说明，将色情从淫秽中分离出来，与淫秽成为并列关系，且特别强调色情出版物对未成年人的危害，但这样一来就造成了我国刑法中的色情划分与行政法规中的色情标准相互矛盾、淫秽与色情关系混乱的局面；加之，目前没有法律条款对此类现象做出具体解释，从而造成了在网络色情言论治理过程中对色情判定不统一的现象。因此，在制定相关法律时，应当听取网民的意见，明确网络色情的鉴定标准。

《规定》对于何为“淫亵性”的表达依旧不清晰，而“足以引起犯罪”意指内容能引起他人性欲导致性犯罪。但生活经验表明，不同个体在性欲上有着差异，同一个体在不同年龄段的性欲也有强弱之分，因此无从判定色情言论是如何引起主观上的性欲的。现在多采取对其行为的事后影响进行判定，这极大地削弱了法律作为预防犯罪手段的目的性。《规定》对“普通人”这一概念未做出具体解释，如果以某类人群作为普通人的判定标准，未免以偏概全。不同职业、知识背景、文化程度、婚姻状况，甚至不同地域、不同宗教下的个体或群体对于色情的判断标准不尽相同，标准的不统一给治理网络色情信息带来了一定困难。

《刑法》和《规定》对科学性和艺术性的指导标准并不明确。根据《刑法》和《规定》的行文，色情言论与艺术价值、科学价值并不对立，科学、艺术类物品可以包含一定的色情言论，但这也带来了几个疑惑，即某种言论是否具有艺术、科学价值？具有艺术、科学价值的言论是否就可以免于法律制裁？是从整体还是部分来衡量科学性和艺术性？如何权衡某个作品中色情性和艺术性或科学性的比例？明代著名小说《金瓶梅》在国内所遇到的屡次删改、选择性出版等问题充分体现了人们在涉及这类问题时遇到的困惑。[①]

第二，要进一步明确执法主体，或协调不同执法主体的分工协作。

我国在网络色情言论治理方面的模糊性，还体现为对执法主体认定不清。从已颁布的法律法规可以看出，各部门均有执法权，但这样一来就造成了多头管理的局面，在处理相对复杂的色情言论案例时，往往出现执法方相互矛盾的局面。如在打击提供色情浏览及下载服务的色情网站时，就牵涉到公安、司法、工信部等多个部门，行政程序冗长，不利于对色情进行快速治理。目前，面对互联网传播手段日新月异、传播主体不再明晰的趋势，多头管理模式显然无法在第一时间开展有针对性的行动来阻截色情言论的扩散。因此，需大力提高行政效率，最大限度地控制色情言论的影响。

在执法主体方面，应该加大执法力量建设。就我国目前执法力量单薄、专业性不强的特点，有针对性地建设一支专业性较强的打击计算机犯罪的队伍，利用较少的资源，做到对网络色情言论早发现早取缔。执法主体还应当加大对网络素质教育和网络安全教育的宣传，在社会树立全民参与意识及监督机制，畅通举报渠道，有效避免色情言论的持续性扩散。

第三，要加强网络色情治理的制度建设。

与其他国家的情况类似，在互联网发展的早期，我国并没有制定成型的法律对互联网进行管制，这一点是多方面的原因共同导致的。早期互联网所承载的任务较为单一，多被用作收发邮件和网站浏览

① 刘琴. 性、伦理、禁忌——《金瓶梅》与《洛丽塔》的比较［D］. 武汉：华中科技大学，2006.

等的载体，且对于用户的文化水平有较高要求，因而早期互联网用户群较小，对现实社会所产生的影响也有限。可以说，在世界范围内，无政府状态是早期互联网的一大特征。电子技术的快速发展，尤其是制造技术和软件开发技术推动着网络的发展，互联网在全球迅速蔓延开来。互联网的低门槛和匿名性不断地吸引人们加入其中，一些侵犯性言论如憎恨、恐吓和色情言论也相伴而生。对互联网进行管理和治理的声音使得各国政府开始考虑对网络言论进行规范。一些自由论者对于政府的这一举措持反对态度，认为政府管制与互联网的初衷相悖，他们认为："传统的管制方式会阻碍电子交往和思想的自由传播……网络应当确立自身独特的政治结构和相符的标准，以处理自身所引起的纷争。"① 网络负面言论的不断发酵，加快了各国制定针对网络的法律治理的步伐。

以电子为载体、跨越空间的网络信息给日常生活带来了便利，但人们也不得不考虑其衍生的色情言论所带来的负面效应。网络色情言论的泛滥与网络的特性相关，给人们带来方便的虚拟性、瞬时性和异地性等因素加大了侦查此类言论的难度，这主要体现在执法机关取证难等方面。人们对网络信息污染的控制并没有像人们控制现实问题那么及时，因此，要有效地对网络色情等网络信息污染进行控制，建立一套完善而系统的反应-控制机制显得尤为重要。鉴于计算机技术的快速发展和变化，我们应当根据网络色情违法行为的动态特性，实时利用增补条例、司法解释等手段来完善法律体系。例如，《最高人民法院、最高人民检察院关于办理利用互联网、移动通讯终端、声讯台制作、复制、出版、贩卖、传播淫秽电子信息刑事案件具体应用法律若干问题的解释》较好地适应了当今打击网络淫秽色情行为的需要。

第四，未成年人成长和言论自由是制定网络色情治理相关法律

---

① ［美］理查德·斯皮内洛. 铁笼还是乌托邦：网络空间的道德与法律［M］. 李伦，等，译. 北京：北京大学出版社，2007：29.

法规时必须考量和权衡的重要方面。

在治理网络色情时，我们不应忽视言论自由的价值，同时也应充分考虑到未成年人的保护等方面。互联网的开发者和拥护者所倡导的互联网信息自由流通观点获得了一定的认同，绝大部分网民都视网络为新的、免于被各种条例所干扰的虚拟世界，这使得政府机构在计划对互联网进行治理时不得不考虑可能侵犯言论自由的因素。互联网的无国界性使得信息的流通超出了区域性政府所能管辖的范围，无形地削弱了政府的权力，虽然管理方想运用各种手段进行治理，但往往收效甚微。

权力机构在制定相关治理政策时也应当尊重网民的权利，让广大用户参与到相关政策的制定中来，集思广益找到一种办法，使言论在网络这个自由的空间中畅通无阻，同时又能最大限度地遏制网络色情的传播，减少网络色情言论对未成年人的影响。未成年人保护和言论自由的平衡始终是网络立法的基本点。

第五，我们需要进一步完善网络色情治理模式。

我国目前对于网络的治理以政府治理为主，以国家权力和法律机构为主体对网络言论进行治理。尽管这在一定程度上遏制了网络色情言论的扩散和蔓延，降低了其对网络社会的影响，但在打击跨国色情言论方面，由于各国对于色情言论管理的出发点不同，在政策制定、跨国合作上存在着诸多分歧。以中美为例，中国对于网络色情言论管制的出发点是社会道德和正常秩序，因而对于任何色情言论，官方的态度一向严厉，从多次开展的“扫黄打非”行动就能看出一二。美国在管理色情言论时遵循保护言论自由的原则，侧重保护未成年人的健康，对于网络中针对未成年人的色情言论打击力度相当强，而在美国的一些州，针对成年人的色情言论和色情服务则被法律所承认。因而，一些中国国内的色情网站运营商在美国架设服务器，利用美国法律空子向中国国内网民传递色情信息，使得两国难以全面有效展开对网络色情言论的联合打击。

由国家主导的管理模式在进行目的性强的专项治理活动时，可以集中大量国家资源参与行动，从而在短时间内达到目标。从长期来看，频繁的治理活动容易造成对资源的浪费。就目前形势而言，这些集中行动仍有一些可以改进的地方。专项治理难以治本，从首次开展“扫黄打非”行动到“净网行动”，国家机关查处的网络色情等网站越来越多，我们在肯定战果的同时，也应当思考为何网络色情会“野火烧不尽，春风吹又生”。除了重视运用自身权力对色情进行打击，还应更广泛地发挥社会的力量。

目前，我国对社会参与治理的观念依然相对保守，各类自治组织虽然在治理网络色情方面有所成效，但它们扮演的是参与者，而非活动的决策者。这种边缘化的角色使各组织对有令就办习以为常，在其他时间里，则处于半停滞状态，并未对网络色情进行实时监督，对新出现的色情言论及时反馈。政府部门应当重视与民间的沟通，改变以往完全由国家推行的治理，通过大众参与的方式一起提高网络色情治理的效率。对于各种自治组织应当予以信任并赋予一定的权力，加强自治组织的责任感，将政府主导治理模式转变为政府-社会共同治理的多元模式。政府-社会共同治理可以有效地节约国家资源，同时对网络色情做到实时监控，增强网络对于色情言论的过滤功能，确保网络环境的干净。

我们应该确保监督的全方位性。对于网络色情言论，特别是未成年人网络色情言论，应当予以坚决打击。例如，2014 年展开的“净网行动”，从多方面打击网络色情言论，其中包括以“漫画”“图片”等形式传播淫秽色情信息的非法网站以及一些打着“小说网”的幌子经营色情言论的网站；2017 年的“净网行动”以打击直播色情为主。同时也应当从源头下手，对网络运营商采取有效的监管，管理好互联网信息服务，进而建立有效的信息安全保障制度以及信息安全责任制度。加大对经营性网站登记备案工作，对未经注册的网站依法关停。同时对于手机色情言论的传输，应督促运营商提高服务提供商的审查资质，对于违规的采取警告、通报、取消的措施。

我们还必须加强行业自律的制度建设。互联网行业规范由中国互联网协会主导，《中国互联网行业自律公约》（以下简称《公约》）是其重要的自律公约。从近年来所发生的一些典型的网络色情案例来看，《公约》自身的约束力远远不够。一些大型网站为追求点击量，无视《公约》中有关自觉抵制有害内容的条款，公然或暗中传播“擦边球”式的色情信息。事发后，这些网站仅受到执法机关的处理，而缺少协会内部的批评教育。要应对这种情况，建立和完善相应的规章制度，确立自律原则是当务之急。这不仅仅体现在条款的细节应当更加完善，而且应当与我国目前的法律紧密结合。同时，行业内部也需要对害群之马予以惩戒性处罚，有效控制网络色情言论的传播。

第三章　网络谣言及其治理

随着互联网的迅猛发展和普及，网民一改往日单一的受众角色，不断向传播者的角色转变。有些网民利用互联网的匿名性、虚拟性等特点肆意散发虚假消息，制造谣言。在传统的传播模式中，谣言一般以口口相传的方式传播，谣言传播受到地域和时间的限制。利用互联网传播谣言，可谓是给谣言插上了一双翅膀，让谣言的影响力不断扩大，并且在极短时间内爆炸性扩散。常常是一发生重大的公共突发事件，网络谣言便大显身手，其泛滥程度足以威胁到整个社会和国家的安宁。网络谣言是传统谣言发展的新阶段，危害程度大，治理起来难度大。为此，我们必须对网络谣言进行深入分析，研究网络谣言的相关特征和生成条件，以便出台相关政策，铲除网络谣言滋生的土壤，让整个网络更加纯净，更加健康安全，让整个社会更加安定。治理网络谣言是社会经济发展的新问题和新挑战，治理网络谣言已成为民心所向，是国家社会治理的新课题。本章首先梳理网络谣言的定义、特点和分类，然后揭示网络谣言的成因和危害，分析如何应对网络谣言的挑战，概括国外治理网络谣言的成功经验，最后提出治理网络谣言的对策。

一、网络谣言及其危害

谣言作为一种舆论现象早已存在，自人类开始进行信息传播的那一刻起便出现了。只要人类具有探索欲望以及猎奇心理，只要存在传播的路径，谣言的身影就会出现在信息传播中。一方面，网络谣言是在网络空间中传播的谣言，网络谣言与一般的谣言在本质上没有什么区别，只是传播途径发生了变化。另一方面，当谣言和网络结合起来，网络谣言有了新的特征，产生更大的危害。

1. 网络谣言的界定和类型

关于谣言的界定，传播学和社会学上比较常用的一种解释出自《韦伯斯特英文大字典》。该词典将谣言定义为一种未经证实且缺乏真实依据，公众暂时难以分辨真假的传闻。美国社会心理学家奥尔波特认为："谣言传播通常是人们以口头形式进行传播的，且暂时没有可靠的事实依据去证明的一种特殊化陈述。"① 法国学者卡普费雷认为："谣言是未经官方公开证实或者已经被官方所辟谣的在社会中出现并流传的文本或多媒体消息。"② 不难看出，谣言是广为传播的缺乏事实根据的言论。

网络谣言是在互联网上传播的未经证实的且后来被证实为虚假的信息。王国华等认为，网络谣言是在网上生成、发布并在短时间内得到传播的未经证实的特殊信息。在网络环境中，谣言传播有了新的变化。网络将谣言的传播途径由人际传播、口头传播变为网络信息传播。网络谣言与传统意义上的谣言不同的地方在于传统谣言的传播方式主要是口口传播，而网络谣言是通过网络中的信息文字或多媒体信息进行传播。

根据网络谣言传播的内容以及网络谣言对社会造成危害的性质，可以将网络谣言归纳为政治类网络谣言、经济类网络谣言、社会类网络谣言、灾害灾难类网络谣言和生活常识类网络谣言等五种类型。

政治类谣言是为了实现政治目的，以互联网为主要传播媒介，在

① ［美］奥尔波特等．谣言心理学［M］．刘水平，梁元元，黄鹂，译．沈阳：辽宁教育出版社，2003：88.

② ［法］让．诺埃尔·卡普费雷．谣言——世界最古老的传媒［M］．郑若麟，译．上海：上海人民出版社，2008：2.

没有事实根据的背景下，对一些关键的政要人物或事件故意歪曲或者攻击。这类谣言严重影响国家秩序、政治稳定和政府工作，并使公众对政府工作产生猜疑，从而达到破坏政府形象的目的。很多国家都出现过政治类网络谣言，尤其是在国家领导人选举期间，投票双方经常利用政治类的谣言攻击对方，置对手于不利地位。例如，在美国投票选举总统期间，网络政治谣言频频出现，一些网络信息中充斥着大量攻击竞争对手的不实信息。这些网络谣言不仅有损竞争对手的政治形象，也让竞争对手在选民中的威信大受影响，从而间接地提升自己的政治形象。

经济类网络谣言是指个人或机构为了经济利益或竞争优势而在网络上编造或传播与经济相关的谣言。随着信息技术的不断普及特别是自媒体时代的来临，一些个人和机构在网络传播中拥有一定的影响力，他们借助这些影响力对一些企业及产品制造谣言。在商业战场中，企业面临竞争激烈的市场，在有限的市场份额和客户群体中，企业为了争夺市场占有率，可能会利用网络制造一些有关企业形象或产品的谣言，试图给对手予以强烈的打击。比如，近年来娃哈哈集团经常受到各种网络谣言的攻击。2014 年，有人在网上作了一个假试验，称娃哈哈的营养快线饮品烤干后会变成凝胶，这种凝胶不仅“能当避孕套”使用，而且一旦饮用则会引起白血病、贫血、秃发、缺钙、软骨病和智商发育低等问题。截至 2014 年年底，娃哈哈一共搜集到了 6 000 多条与自己相关的虚假谣言。网络谣言的滋生使得大量消费者惧怕购买娃哈哈的产品，导致娃哈哈的销量一夜之间急剧下滑，给企业造成了巨大的经济损失。

社会类网络谣言相对来说范围较广，它来自于社会生活的各个方面，其中最引人关注的要数娱乐明星、体育明星的私人生活的谣言。网络娱乐生活谣言的点击率一直居高不下，也一直是大家热议的焦点。“明星八卦”在一定程度上影响着明星自己的私人生活，也影响着整个社会的舆论导向。有时一些明星往往借用网络谣言炒作自己让大家熟记自己，使自己的明星效应更强烈。若明星真的想摆脱谣言的困扰，关键在于他们是否能在适当的场合和时间合理地为自己辟谣。

灾害灾难类网络谣言与自然界的特殊现象紧密相连，也与人类想要探求未知自然界的心理密切相关。人类往往对自己不了解的自然界充满着好奇心和畏惧感，迫切地想要对此有所了解和认知。有些人正是看准了这样的心理特点，在网络上给自然环境披上了一层神秘的面纱，而一些网民就像抓住救命稻草般一样一味相信这些不实消息，使网络谣言在一定时期内迅速蔓延。例如，震惊全世界的2012年玛雅人“世界末日”的话题，一些人利用这则话题在网络上给“世界末日”涂抹上“各种色彩”，轰动一时。“世界末日”并未如期而至，这些网络谣言也就不攻自破。但其他类型的灾害灾难类网络谣言的后果则不是这么轻描淡写了，比如地震谣言等，这些谣言轻则影响人们的正常生活，重则可能酿成危及社会稳定的重大事件。

生活常识类网络谣言是生活中比较常见且社会大众接触频率最高的一类谣言。这类谣言利用受众知识储备不足，散布未经证实的生活知识，惯用耸人听闻的标题引人注意，且以传播科学健康知识、纠正生活误区的面孔出现，隐蔽性较强。特别是微信时代的到来，微信朋友圈已经成为此类谣言的重灾区。比如，微信朋友圈曾经流行现在也仍然广泛传播的“孕妇需穿防辐射服保护胎儿”“服用维生素C可防感冒”“酸性体质是万病之源”等均属此类谣言。

2. 网络谣言的危害

随着信息技术的高速发展，互联网使信息交流更加便捷，但同时也给谣言装上了“腾飞的翅膀”。网络谣言借助现代科技，在不同的时间、地点和人群中广泛传播。网络谣言传播快，传播范围广，对社会的影响和危害极大。网络谣言就像一颗毒瘤侵蚀着我们的社会，使我们的社会不和谐。网络谣言的危害性表现在散布网络谣言会使整个社会陷入紧张和恐慌，使公众心理蒙上一层深刻的阴影，诱发一系列不良社会行为，干扰和破坏正常的社会秩序，影响社会稳定。网络谣言不仅影响整个社会的群体心态，给社会群体带来恐惧心理，激化社会矛盾，而且还可能腐蚀社会主流价值观。

网络谣言的传播会扰乱社会秩序。在网络信息的传播中，大部分网民通过浏览和转载，使网络谣言在信息反馈中不断复制和传播，谣言的负面效应不断被放大，网络谣言的负面效应传播链不断延伸，危及公民的财产和人身安全，最后甚至可能引发社会震荡，危害公共安全。2011 年，日本福岛发生核电站核泄漏事故，我国邻近日本的某些省份出现了群众哄抢碘盐的事件，而这一切源于食盐能防核辐射的传言。全国多地商场的食用盐很快被一抢而空。当抢购风波刚要烟消云散之时，各地退盐潮流又此起彼伏，因为民众又担心碘盐被核污染不能食用。缺乏传媒职业道德的媒体传播虚假言论，使谣言借助网络大肆传播，不明真相的无辜民众因此蒙受财产损失，使公众利益也遭到了损害。

蛊惑性极强的网络谣言常常被称为“妖言”，所谓“妖言”惑众。网络谣言的出现往往会引起社会恐慌，诱发一系列的社会动乱。这些蛊惑性极强的网络谣言常常利用公众的心理弱点，使人丧失正常的辨别能力，失去理智。2011 年 2 月 10 日，一些人在网上造谣称江苏响水的一家化工厂泄漏毒气即将发生大爆炸，随后当地数万名群众进行了大逃亡。在逃亡的过程中，由于民众的恐慌心理，使得整个地区交通瘫痪，最终导致四人死亡的悲惨事件。一则谣言能使数万名群众举家逃难，造成人死财伤的悲剧。我们在悲痛之余，应当反思相关部门为什么没能及时关注和重视这一事件，没有在第一时间站出来辟谣。当公众不能够通过官方信息传播渠道获得事实的真相时，谣言就会滋生，并可能占据舆论的中心，导致严重的不良后果。

网络谣言的肆虐对政治稳定构成威胁。从古至今，谣言一直是社会政治稳定的大敌。网络政治谣言是指缺乏事实根据甚至是肆意编造的社会政治信息，主要是对政治集团，特别是重大社会政治事件的不肯定或者歪曲。[①] 在某些特定时期，网络谣言可能影响政治的稳定，给政治生活带来巨大冲击。

网络谣言妨碍社会治安，影响国家政治和政权稳定。贵州黔南州瓮安县是一个鲜有人听闻的西南小县城，2008 年因一个小女孩溺水身亡的事件让全世界都知道了这个小城镇。少数人在网上煽动不明真相的群众，公然对当地县政府进行攻击，宣称“三名嫌疑犯都是县领导的亲戚”“死者叔叔在公安局被打死”……这些网络谣言使一些不明真相的民众一直处于焦虑、躁动的状态。民众对此议论纷纷，以讹传讹，极大地影响了社会稳定。民众对当地政府的信任度低，常常站在反政府的立场对其进行攻击。此次行为导致多名群众不幸受伤，此恶劣行径造成了巨大的经济损失，严重有损我国政府的形象，损害了国家利益。

网络谣言可能严重损害政府形象。政府部门和广大网民之间的信息不对称是网络谣言风声四起的罪魁祸首。在一般情况下，如果政府没有及时对网络信息进行核实，网民甚至一些新闻媒介人士宁愿相信网络谣言，并且将这些谣言视为评判事实依据的标准。在信息爆炸式增长的时代，由于网络的开放性和匿名性等特点，网民可以随意发布信息，甚至还有一些不良的网络编辑将这些网络谣言作为撰写评论的材料以期吸引更多的点击率。由于这些信息得不到严格的审核把关，导致网络信息真假难辨，严重扰乱社会秩序，使政府形象受到极大的损害。比如，“秦火火”利用网络在甬温“7・23”特大铁路事件中编造谣言，宣称我国政府花费了 2 亿元人民币的巨资对外籍旅客进行赔偿，此消息一出便引发了民众疯狂的评论。这些失实的网络内容使公众对政府表现出强烈的不满，也让政府的善后行动变得异常被动。

网络谣言可能破坏民族团结，影响民族感情，挑唆民族关系，进

① 朴晶. 网络谣言的社会危害及其防治 [J]. 人民论坛，2014，(20)：142-144.

而对政治稳定造成影响。2009 年 7 月 5 日，新疆乌鲁木齐发生了震惊中外的打砸抢、杀人放火的恶劣暴力事件。以热比娅为首的民族分裂分子是此次暴力事件的幕后真凶，他们利用“清风网”“清风论坛”等非法的国外网站和 QQ 群，伪造了大量的网络新闻视频并大范围传播。此外，他们还利用手机短信等方式散播谣言，利用各种极具刺激性的语言煽动不明真相的少数民族群众，部分民众的情绪被渲染到极限，最终将言语表达转变为实际行动。这起因网络谣言引起的暴力事件破坏了我国新疆地区的民族感情，严重扰乱社会治安，破坏了和谐稳定和经济繁荣的大局面。

网络谣言的泛滥危及正常的经济生活。谣言的出现是一种社会现象，对社会经济生活的危害也相当严重。网络谣言的产生和传播往往涉及人与人之间、个人与集体之间的经济利益，特别是经济类谣言可能对经济生活造成严重的危害。近年来，利用经济谣言，制造骗局，从中获取私利的事件屡见不鲜。中国有句古话“一言丧邦”，说的是“一言”有可能让一个国家衰落，同样，一个谣言的危害就很有可能会让一个企业成为历史的记忆。春都火腿肠在“人肉火腿肠”谣言的困扰下一蹶不振；霸王洗发水因谣言说洗发水含化学药品可致癌，连续多年亏损上亿元。

谣言可以让一个正常运转的企业转眼成为历史尘埃，耐人寻味的是谣言也可能带来巨大的商业利润，给一个行业带来庞大的商业机会。近年来，在网络上兴起的“喝绿茶能防癌症”的谣言瞬间掀起了都市白领购买绿茶的风潮，让绿茶行业销量在一年内翻了几倍，某些企业正是从这类谣言中起死回生，获得了丰厚利润。然而，从长远看，获得丰厚回报的谣言一旦被揭破，给行业带来的后遗症便不可低估，更重要的是不能让谣言成为牟利的手段，成为不正当竞争的手段，导致社会诚信的严重缺失。所以对这类谣言必须予以坚决打击。

网络谣言可能引发社会信任危机。当前，我国正处在改革发展的关键阶段，处于社会矛盾凸显、利益冲突多发的经济转轨与社会转型时期。在这个特殊时期，网络谣言都有可能成为社会震荡、公共安全事故的直接诱发因素。在转型时期，社会矛盾如腐败、贫富分化、资源分配不公等问题，往往能够成为网络议题的重点。常言道“好事不出门，坏事传千里”，大家似乎更关心负面消息而非正面消息，网络谣言属于负面消息，很容易吸引大众的眼球并得到广泛传播。即使是相关政府、权力部门或者个人出来辟谣，有时也无法达到良好的信任效果。网络谣言极大地威胁社会的和谐与稳定，使民众对政府和社会丧失信心。这些网络谣言都是以某种社会矛盾为由而引发的事件。这些事件充分利用广大网民爱好“新、特、奇”信息的心理以及网民内心的不安全感和不确定性的心理特点，编造和散布极具蛊惑性和危害性的谣言，产生巨大负能量，引发社会信任危机。

二、网络谣言的成因

网络谣言的产生和传播受到诸多方面因素的影响，在这些因素的相互作用下，网络谣言得以扩散传播。网络谣言与传统谣言的传播渠道不同，网络谣言主要以互联网为传播渠道，具有传播速度快、影响力大、难以防范等特点。网络谣言的制造者和传播者可能是普通网民，也可能是某些企业或其他机构。网络谣言的产生与网络的技术特征相关，同时，社会管理、网民素养和心理因素等方面的问题也是网络谣言产生和传播的重要原因。

1. 技术因素

随着网络的不断普及，网络信息发布的开放性和匿名性为谣言提供了技术可能性。当今新媒介技术的革新已经成为当今时代的主导力量之一。近年来新媒体行业的迅猛发展，加上中国拥有庞大的人口基数，已经使我国成为名副其实的新媒体应用大国。随着新媒体技术的发展，我国网民规模也在不断地增长，技术使受众在获取信息方面获得前所未有的便利。同时，随着媒介的不断创新发展，移动互联网让谣言的传播畅通无阻，谣言的数量也随之增加，传播的范围更广，其影响就像“蝴蝶效应”一样叠加放大，也让非正式话语空间变得异常敏感、活跃。现代科技的发展造就了微博、微信等一系列传播工具，微博、微信等以其独特的传播方式和渠道，能让很多小事很快成为社会焦点。由于微博是一种点对点传播，情感上容易产生共鸣，一些虚假信息等也应运而生。因此，上网终端的多样化会给网络谣言传播带来更多机会。

从网络技术方面来看，网络的开放性等特征使网络谣言有了得天独厚的传播空间。网络的开放性为网络谣言提供了可乘之机，使政府的监管常常难以奏效。因特网是本着自由连通的原则形成的，开放性是它的一个重要特征。随着信息时代的不断发展，掌上电脑、手机等网络设备越来越齐全，上网变得越来越容易。在互联网出现以前，信息发布相对封闭，相关部门拥有信息的垄断权。网络的普及改变了这种封闭状态，也削弱了相关组织的信息把控权，个人有机会共享越来越多的信息。网络的开放性让每个人能够平等地享用网络，随意获取自己想要的信息。网络的开放性给网络谣言的出现提供了可能，为传谣提供了机会。人们在海量信息面前往往对其中一些信息缺乏基本判断，从而错误地传播谣言信息。面对网络谣言，有些网民由于媒体素养等方面的问题很难辨别其中的真伪，为网络谣言的传播提供了可乘之机。

网络谣言此起彼伏，与互联网虚假的匿名性密切相关。虚假的匿名性是指网民在网络信息的交流中，以为自己身居电脑屏幕背后，别人不知道自己是谁，以为其身份是隐藏的。这种虚假的匿名性观念在早期的互联网时期极为流行。在美国著名杂志《纽约客》上有一幅漫画，上面有一句很有意思的话——“在因特网上，没有人知道你是一条狗。”这句话真实地反映了当时网民虚假的匿名性观念。实际上，网络的匿名性一点也不多于现实世界，人们在网络上的一举一动都可以被网络记录下来。然而，虚假的匿名性观念至今对网民的行为仍起着作用。在这种虚假的匿名性引导下，网民误以为自己的真实身份隐藏了，从而在网络上肆意地发表言论，将现实社会的角色和道德约束抛之脑后。一些网民就是抓住网络可以匿名发表的权限在网上“非真实”地表达，传播一些不实的消息。在我们发现网络谣言的源头时，往往会发现还有更深层的原因在里面。虚拟和现实的相互渗透，让网络谣言的破坏力和危害性在匿名性的幕后成倍增长，严重干扰了网民的判断力，也大大危害了社会的治安与稳定。

虚假的网络匿名性壮大了谣言始作俑者和传播者的胆量，是网络谣言泛滥的重要原因。这种网络匿名性使网络社区日益繁荣，网民在虚拟网络社会中大多不使用真实姓名，使人们在网上可以“畅所欲言”，虚假的匿名性极大地增加了网络用户发表言论的“安全感”。匿名的交流方式本身是一把“双刃剑”，这种匿名方式可以让一些网民更敢于仗义执言，站出来说真话，让网络成为“自由的观点市场”，确保言论自由，在一定程度上能够实现让正义发声；另一方面它又使大量的虚假信息出现，造成了网络语言暴力的形成，为造谣者提供了“庇护所”。

2. 网络谣言特性

网络谣言伴随着网络的诞生相继出现，谣言载体的转变使谣言呈现出新的特征。网络谣言作为互联网时代新的传播形式，与传统谣言相比更具破坏力。很多网络谣言是从线上发展到线下，从网上走到现实，严重扰乱社会秩序，让民众恐慌不安。网络谣言除了具有传统谣言的一般特点，还具有便捷性、迅速性、迷惑性等特点，尤其是网络使个体从单一的受众转变成了信息的发布者、传播者。这些特性导致网络谣言比传统的谣言更易产生和传播。

与传统意义上的谣言相比，网络谣言的传播更加便捷且传播速度快。便捷性和迅速性是网络谣言最显著的特征。时间和空间是信息传播的两大要素。通过传统媒介传播信息的一个特点就是时滞较长，而网络媒介传播速度快是网络谣言相比传统谣言的优势所在。网络媒介极大地减少了信息把关这一步骤，人们可以随意发表想法和意见，极大地实现了信息生产和信息传播的同步，信息提供和信息阅读的同步。随着QQ、微博、微信等新型聊天软件的发展与升级，用户只要发布信息，其好友便可在第一时间获得该信息，阅读、转发并告知他人。网络信息可在短时间内传遍整个互联网并波及现实生活，并且能在短时间内引发众多网民或民众的集体行动。

在网络等传播载体出现之前，信息传播主要是以口口相传的形式进行的。随着时代的进步，报纸、杂志、广播、电视等大众媒介应运而生。传统媒介由于它本身的特点，制约了大多数人的信息表达权力。在传统媒体中，信息必须经过信息的收集、筛选，否则，普通民众很难利用这些媒介制造和传播信息，而且传统媒介的受众大多数文化水平相对较高且具有比较好的辨别能力。因此，在一定程度上，传统媒介制约了信息的传播速度，进而限制了谣言的传播能力。网络技术的应用精简了信息发布的步骤，大幅地缩短了信息发布的时间。用户足不出户，只需一台电脑和一根网线就可以很便捷地与外界同步连接。尤其是自媒体时代的到来使网络信息传递更为便捷，网络媒体的传播方式也更加隐蔽，网民只需动动手指就可通过论坛、微博、微信等个人或公共媒体匿名传播相关信息。在这种情况下，一些人为发泄心中的不满，置道德和法律于不顾，不断地利用各种方式制造和发布谣言，加速了谣言的传播和提高了谣言的普及率。

与现实社会的谣言相比，网络谣言具有更强的迷惑性。在网络中，谣言经过多媒体包装，除了有文字，还有栩栩如生的图片和视频，一切看起来都是真的，所谓“有图有真相”，加上网民辨别真假能力有限，极其自然地相信这些谣言。网民常常相信所谓的“无风不起浪”，认为谣言不是“空穴来风”。一般而言，谣言往往是捕风捉影的，借用一定的事实依据，在此基础上夸大或歪曲事实，或将生活中的一些问题、现象和不满发泄到网上，为谣言的形成和加工提供了丰富的素材。借助这种迷惑性，一些网民刻意编造谣言，引起社会的恐慌；一些人试图利用网络谋求一己私利，用煽动性语言将家常小事无限夸大；更有一些不负责任的新闻媒体为吸引受众眼球争抢点击率，不考虑事实真相，只求卖点，随意传播假新闻，肆意煽动民众，引起轰动效果，严重扰乱了社会秩序，从类似的例子中，我们可以看出网络谣言带有很强的迷惑性，往往会捕风捉影，只有对网络谣言进行有效的遏制，才不致引起整个社会的混乱。

互联网使信息生产方式多样化，传统受众一改以前单一的受众形象成为新闻的制造者和传播者，这使网络谣言的产生和传播变得更加容易。传统谣言是以人为主要媒介进行传播，传谣必须是口口相传。然而，在信息化时代，谣言有了网络这一新的传播载体。网民可以便捷地使用网络浏览自己喜欢的内容，并通过网络社交网站、论坛、聊天软件等手段交流互动，主动生产网络内容。网络时代实现了所有人面向所有人的传播，每个网民既是信息的接收者，又是信息的传播者和反馈者。当网络谣言发布后，能够在极短的时间内急速扩散到世界的各个角落，并将信息“广而告之”。人们可以随时随地在互联网上发表观点和看法，这些观点和看法通过多方转载或评论形成更庞大的意见市场，尼葛洛庞帝曾形象地将网民比喻成“没有执照的电视台”。网民是有着独立话语权的个体，越来越多的网民不仅仅满足于简单的聊天和浏览，他们更喜欢将自己的观点发布在网上，以获得更多人的认同。尤其在自媒体时代，网络无处不在，网民可以从笔记本、手机等便携终端进入网络。有些网民对信息的真假辨别能力较差，再加上一些网站对信息的审核把关不到位，导致网民肆意转发虚假信息，为网络谣言提供了更多的传播机会。网络信息生产方式的改变，让网民将一些未经证实的或有意编造的信息散布在网上变得格外容易。网络谣言通过网站、微博、微信、博客等媒介迅速地向广大网民扩散，在社会中得到广泛传播。网络谣言的传播载体更丰富，传播空间更广阔。

3. 社会因素

从社会因素来看，导致网络谣言的社会原因多种多样，例如，经济竞争、利益冲突、权威部门不作为等。有些网民为了博取眼球，或谋求利益，在网上制造谣言。有些企业为了打击竞争对手，不惜铤而走险，恶意制造谣言，即使事后谣言被揭穿，在谣言传播过程中也可能给竞争对手造成无法挽回的损失。有时，即使这些造谣企业事后得到了应有的惩罚，但从得失计算来看，可能也极为划算。造谣成本低是造谣事件时有发生的一个不可忽视的原因。有些中介公司为了获利，受雇于其他企业，进行职业性造谣传谣。

互联网时代，媒体的竞争也日益激烈，各媒体之间尤其是电视媒体和网络媒体为了赢得竞争，最大限度地争取经济利益，都竞相发布一些有争议的话题抑或是夸张的人物事件，以引起公众的注意，从而赢得更高的收视率和点击率。电视台和网站赢得广告的最主要砝码就是依靠炒作，借助网络“水军”炒作的方式捧红一个个公众人物，或者炒作一个个有争议的事件，就可以赢得公众眼球并成为媒体追求的目标，这就导致网络谣言频发，且屡禁不止。

相关权威部门的信息发布滞后，为网络谣言的产生和传播留下了空间。中国青年报社会调查中心对网络谣言做过一项调查，该调查对 1 714 人进行了在线访问。对“谣言为何泛滥”这个问题，73. 1%的受访者认为是“权威部门信息滞后，致使信息不透明”①。其实，在大多数人中存在着这样一个共识，即“信息公开透明能让谣言彻底粉碎”。受众的文化素质、社会环境状况、心理情况等构成谣言盛行的潜在原因，而信息传播渠道闭塞则是谣言盛行的一个很大原因。网络在某一时段内发布的是尚未确证的谣言，而且这些谣言往往以负面消息居多。此时，在大量的信息面前，如果权威机构不及时澄清事实，加上网民对网络信息的过滤和辨别能力差，他们就会倾向

① 向楠. 媒体调查称 83. 2%受访者确认现在社会谣言多［N］. 中国青年报，2011-09-08.

于相信谣言，“宁可信其有”的心态最终让网民沦为新的谣言传播者。

突发性事件，如自然灾害、事故灾难、公共卫生、社会安全等事件是网络谣言产生的主要素材。政府对突发事件的真实情况是否及时发布，直接影响到民众对谣言的态度。政府可能出于社会稳定等方面的考虑，有时会选择隐瞒或遮掩事实真相，甚至想采取沉默的方式以稳定事态。在这种信息极度不对称的情况下，公众往往捕风捉影，这就为谣言提供了温床。例如，2011 年的温州动车事故中，政府一直迟迟不公布事故发生的原因和遇难人数，从而让相关谣言在网上疯传，既有损当地政府形象，也造成了不良后果。

在信息呈几何式增长的网络时代，官方在网络舆论和事态发展的面前有时也存在时差，信息发布和接收的不对称使网民选择相信谣言，信息管理的滞后为谣言的传播提供了可乘之机。有时，网民认为谣言并不全是没有事实依据的，而是具有相对的针对性。在事情真相大白的时候，不少网络谣言都被证实具有一定的针对性，这种情况在一定程度上加深了受众们的认同感。同时，当谣言泛滥时，政府和专家辟谣的方式往往加深了网民或民众对辟谣内容的反感，有些网民或民众可能会认为政府宣传具有一定的掩盖性和夸张性，反而相信“群众的眼睛是雪亮的”，认为民众的消息、民间消息更具有真实性和可靠性。网民或民众在政治或社会活动中形成的这种定向思维模式使网络信息更易获得社会大众的认可，这就为网络谣言的传播提供了空间。

相关部门信息披露不及时，加上网民防范意识差，网络谣言更加有了可乘之机。近几年来，一些网络传言在全国上下引起较大轰动，“蛆橘事件”的谣言让全国各地的柑橘严重滞销腐烂，“皮革奶粉”传言使国产乳制品受到重重一击，山西的地震谣言让数百万民众集体外出“避难”，QQ 群中的“抢盐风波”惹得全国人民一阵疯抢，响水县的“爆炸谣言”导致 4 人遇难，“有毒香蕉”传言引发民众恐慌，等等。这些谣言都在一定程度上反映出人们对网络谣言的防范意识较差。当谣言铺天盖地时，普通大众由于对相关的谣言知识掌握不够而被动地接受谣言。在这种情况下，如果相关组织和部门能在谣言的萌芽之初采取有效措施及时辟谣，安抚民众的恐慌心理，将真相一五一十地告知民众，就能有效地控制网络谣言的传播，使事态逐步缓和。总之，人们应当对网络谣言提高警惕，做到未雨绸缪，将网络谣言“扼杀在萌芽中”。同时，在网络谣言刚刚破土而出的时候，相关权力部门和组织应当及时采取切实有效的措施，将网络谣言的不良后果降到最低。政府应多渠道地教育民众理性识别和对待网络谣言，提高民众对谣言的防范能力。

网络媒介的“不把关”行为，也是网络谣言得以畅通无阻流传开来的重要原因。与传统媒体相比，网络媒体更具开放性、互动性和草根性，任何组织和机构都可以在网上发布信息。作为网络中的“把关人”，网络媒体应该按照是否符合规范和具有社会价值等标准对信息进行核实之后，才决定是否对其进行传播。在一些高规格的传统新闻媒体中，往往会对消息的真实性和可传性严格把关。然而，在新媒体时代，有些网络媒体关注的中心在于如何吸引人们的眼球，一味地追求时效性，而将对信息内容的“把关”抛诸脑后。更有一些网站为了提高点击率，不顾事实根据，人为地制造一些满足大众猎奇心理的谣言，以集聚注意力。

4. 心理因素

从心理方面来看，网民的好奇心理、恐慌心理、盲从心理，使网络谣言流传有了适宜的心理土壤。美国社会学家 G. W. 奥尔波特和 L. 波斯特曼于 1947 年提出了著名的谣言公式：$R = I \times A$。R 是 Rumor，指“谣言的杀伤力”；I 是 Important，指“信息的重要度”；A 是 Ambiguous，指“信息的不透明度”。信息越重要，越模糊，谣言的杀伤力就越强。网络信息纷繁复杂，网民会选择性地关注那些重大社会问题、民生问题等。此外，网民对符合自己价值观、人生观、生活观的问题格外关注。网络谣言的制造者恰恰利用了社会大众的猎奇心理、恐慌心理、盲从心理等，大肆传播谣言。

网络谣言的迅速传播与造谣者的好奇心理密不可分，大众的好奇心理和娱乐心理也给网络谣言提供了心理基础。网络的普及和生活节奏的加快使人们的生活压力越来越大，为了摆脱生活的枯燥乏味，一些人在闲暇之余利用网络制造谣言找寻生活中的乐趣与刺激。实际上，大多数人是抱着一种单纯的娱乐心理在网络上制造谣言。有些人出于好奇心理和为了提高自己的关注度，在网络上充当“意见领袖”的角色，设法制造一些关于明星人物、政府高官的网络谣言。这些谣言不仅对当事人产生了负面影响，同时也造成了不良的社会后果，严重地污染了整个网络环境。

恐慌心理指人们在面对想象的或现实的威胁时所产生的特定心理反应。恐慌是人的一种自我保护的心理，面对某些特定场景，每个人的心理或多或少地存在着恐慌。在日常生活中，人们会对一些突发性事件产生不同程度的恐惧。在危机事件中，人们往往会做出一些不合理和不合作的行为，这些行为是典型的恐慌行为。正是这种不合理和不合作的行为为网络谣言提供了心理“温床”。非典疫情的爆发、禽流感的流行、自然灾害的频发都曾引起人们的极大恐慌。只要这些事件和人们的生命、财产、利益密切关系，就容易引起人们的恐惧感。如果类似危机事件发生后，官方不能及时发布消息消除民众疑惑，民众往往会感觉自己处于无法预测的环境中，从而感到恐慌。信息的不畅通和混乱容易导致无法有效地控制个体环境，在这种情况下，民众往往会盲目地接收关于突发事件的信息，甚至主观地捏造信息。

盲从心理是日常生活中所说的从众心理，是指个人在群体中，放弃主见，从而做出随大流的行为。随着自媒体时代的来临，信息碎片化和极端化进一步放大了盲从心理。从众心理本身是一种常见的心理现象，是信谣传谣的社会心理基础。当我们面对形形色色的外界信息时，如果没有独立的辨别和警惕意识，就会在不知不觉中随波逐流，成为某些谣言的扩音器。面对谣言，由于对事物发展的后果没有十足的把握，加之法不责众的心理作祟，大部分人选择从众以求心安。轻信与盲从谣言往往使我们付出惨重的代价，一如日本核泄漏所引发的蔓延全国的碘盐疯抢热，“世界末日”的预言让很多人一夜之间把自己的家产全部捐出，等等。然而，要克服盲从心理，人们要树立自信心，通过提升文化素质提高自己的认知水平，培养主见意识。

三、网络谣言的治理

我国提倡公民享有言论自由的权利，尊重公民的言论自由，但这并不意味着人们的言论可以不受任何制约而随意传播。假若网络谣言侵犯了他人的合法权益，损害他人声誉或公共安全，给社会带来严重的后果，那么，谣言制造者和传播者就应该受到处罚或法律制裁。我们可以通过借鉴国外成功经验，立足我国国情，提出具有针对性的网络谣言治理方案。

1. 国外网络谣言的治理

网络已经渗透到社会生活的方方面面，包括政治、经济、文化等领域。网络内容安全是一个国家安全的重要方面，世界各国政府都高度重视对网络不实信息的处理，并根据自身实际情况采取多种多样的有效手段和方式对网络谣言进行治理。

美国是互联网发展最早的国家，也是互联网强国，在网络监管方面有着成熟的经验。美国成立了“白宫网络安全办公室”，负责计算机网络安全，还建立了“全国通信与网络安全控制联合协调中心”，颁布《信息安全与互联网自由法》，授权相关政府部门接管相关网站或禁止对部分网站的访问。美国总共有 130 多部关于互联网的法规，其中包括《禁止利用电脑犯罪法》等。1999年，美国联邦通讯委员会专门成立的执行局负责用信件、电子邮件、传真的方式接受投诉或举报网络谣言等不法行为等。[①] 此外，美国的网络舆情监控系统也比较完善，从发现信息到识别、跟踪、上报都有一套完整的系统。在美国，即便是造谣者匿名造谣、传谣，法庭都可根据受害者的诉讼，要求网站提供造谣者的通讯记录；一旦被法庭裁决核实，法庭将要求造谣者撤销相关谣言，追究其相关法律责任。对于涉及危害国家安全、公共秩序的网络谣言，美国国土安全部、联邦调查局等部门的网络监管机构都可依法进行调查。

英国高度重视网络谣言的监管，强化网民的监督与自我监督行为。英国主要的互联网服务提供商和自律协会共同颁布了网络监管行业性规范《R3网络安全协议》；建立网络谣言的监察基金会热线，公众可以随时向基金会举报非法网站和内容虚假的网络信息，以此引导人们自觉抵制网络谣言。针对《R3网络安全协议》，2012年4月，卡梅伦政府提议同意政府监管互联网，情报部门有权依法监听电话、短信和电子邮件的内容，禁止网络谣言信息的传播。[②]

法国使用自动甄别虚假信息系统等技术手段管理社交网络，除此之外，还采取立法的形式进行有效监管。法国网络法律明确规定，网络言论与其他言论都受言论自由的保护，对一些发布违法言论的网民，最高可判处4.5万欧元罚款和一年监禁。此外，网民和记者自发成立“停止谣言”等辟谣网站，探究事情真相，禁止谣言传播。[③]

德国很重视网络安全和网络内容治理，1997年出台的《信息与通讯服务法》成为全球较早发布的网络成文法案之一。进入21世纪

---

① 多重机制维护下的美国网络安全［EB/OL］. http：//news. sina. com. cn/w/2011-04-19/123722319477. shtml，2015-10-10.

② 黄堃. 英国：行业自律组织处理不良信息［EB/OL］. http：//www. qstheory. cn/special/2011dd/2011wlyy/wlyy/201112/t20111209_128941. htm，2015-10-10.

③ 社交网络与用户责任共担，法国监控管理双管齐下［EB/OL］. http：//news. 8fkd. com/news/p44478. aspx，2015-10-10.

以来，德国逐步完善了10余类法规体系，密切开展网络审查，加强舆论引导，通过主流媒体平台传递社会正能量，运用媒体干预等手段一起监管网络。德国政府主要是通过下级的联邦刑警局和家庭部下辖的青少年有害媒体审核署负责相关网页内容的审核。2009年，德国政府曾要求谷歌公司屏蔽特定网页的不实消息达到了199次。①

墨西哥政府主要采取完善立法的形式对网络谣言进行监管。韦拉克鲁斯州2011年出台的《动乱法》，对网络犯罪量刑提出了明确的标准。凡是在网上制造和发布虚假信息则定为“破坏社会稳定罪”，依法追究刑事责任，可处1年至4年的有期徒刑，并处罚金。塔巴斯科州对利用电话或其他媒介散布虚假信息，引发社会混乱的，最高处以2年有期徒刑并处罚金。②

日本主要通过立法的形式加强网络内容监管。日本总务省借相关行业协会之名如电气通信事业者协会、日本有线电视联盟等发布通知，间接管理电视、电话、网络等，防止谣言传播。日本“3·11”地震发生后，网上出现了一些谣言，政府根据《应对互联网违法信息相关指针》的法令，依法删除违反国家法律及公共道德的谣言，并要求在报道中消除国民公共危机恐慌与焦虑。2015年1月，日本政府颁布了《网络安全基本法》，设置了新的“网络安全战略总部”。③

韩国是世界上互联网普及程度较高的国家之一，有78%以上的韩国公民是互联网用户。作为一个经济发达、电脑和互联网高度普及的国家，韩国网络监管严格，出台数十部法律保护用户权益。1995年，韩国在世界范围内率先成立网络审查机构——信息通信伦理委员会，第一个推行“网络实名制”。韩国出台了《电子传播商务法》，

① 德国采取多种方法遏制网络谣言［N］. 中国青年报，2012-4-24.

② 李贤华. 域外对网络谣言的刑法治理模式［EB/OL］. http：//article. chinalawinfo. com/ArticleFullText. aspx? ArticleId=89126&listType=0，2015-01-24.

③ 李贤华. 域外对网络谣言的刑法治理模式［EB/OL］. http：//article. chinalawinfo. com/ArticleFullText. aspx? ArticleId=89126&listType=0，2015-01-24.

该法案明确规定凡是危害公共利益，利用电子通信设施传播虚假信息者，最高可处5年有期徒刑，并处5 000万韩元罚款。[①]

新加坡网络谣言治理的成就斐然。早在1996年，新加坡就率先颁布了《广播法》和《互联网操作规则》两项法令。新加坡媒体发展管理局鼓励网络行业建立自己的评判标准，及时发现和举报网络谣言；任何个人或团体凡利用网络危害新加坡国家安全的行为必须进行严厉打击和制止，严重造谣者会以诽谤罪被起诉。《广播法》授权媒体发展管理局审查任何传播媒体、互联网、电影、视频等，严格执行互联网操作规则，要求互联网的内容供给商、服务供应商主动承担起屏蔽、过滤相关网站信息和言论的责任，对不实信息进行及时封堵。[②]

从以上可以看出，国外对网络谣言的治理十分重视，对网络谣言的处罚非常严厉。一系列法律法规的颁布使对网络谣言的处罚有法可依，在一定程度上对网络造谣者起到了威慑和警示作用。

2. 我国网络谣言治理的对策

加强对网络谣言的监管和控制，铲除谣言滋生的土壤，建立健全的法律法规，对造谣者和传播者形成足够的震慑力，促进网络的健康发展，对维护社会的井然有序具有重要作用。尽管谣言借助网络进行传播，具有了许多新的特点，这些特点使网络谣言的治理绝非易事。在网络媒体日益发展的今天，公众的民主意识不断增强，公众可以利用网络资源交流互动，政府部门和广大网民之间仍存在信息不对称现象。这种现象加剧了网络谣言治理的难度，使政府在治理网络谣言的问题上面临诸多困难。但是由于网络谣言的巨大社会危害性，我们必须采取行动，严厉打击网络谣言。

我国在网络谣言的传播、有效屏蔽上采取了一些有力措施，但仍

---

① 张青. 韩国：处罚若不猛，谣言就越猛［EB/OL］. http：//news. xinhuanet. com/world/2013-08/29/c_ 117150197. htm，2015-08-29.

② 郑淑荣. 借鉴国外经验整治网络谣言［J］. 中国国情国力，2013，(7)：143-145.

难以从根本上遏制网络谣言的产生和传播。根据网络谣言的特点及产生的原因，我们认为要有效地治理网络谣言，相关行政部门应充分发挥其在网络谣言治理中的主导作用，在网络谣言的预防与发生及发展等阶段中发挥预警、监督、引导、管理等作用；要切实加大对网络谣言的法律治理，全面监测谣言发布的通道；要构建信息发布及扩散预警机制，让网络谣言止于信息公开；要拓展辟谣的通道，加大对网络媒体及其从业人员的管理；要提升网民媒介素养，自觉抵制网络谣言。

第一，行政机关应充分发挥在网络谣言治理中的主导功能，完善信息传播预警机制，加强网络舆情监控，拓展辟谣的通道，让网络谣言止于信息公开。

行政机关应积极主动发挥在网络谣言中的主导作用，提升自己的公信力，确保信息传播和信息接收之间的对称，避免网络谣言给社会和政府形象造成不良影响和危害。然而，我国有些地方行政机关在处理公共事件时不能正确处理，一味地以欺瞒和粗暴的方式封锁消息，从而助长了谣言的传播和进一步扩散。在网络谣言萌芽之初，政府应及时发布信息予以澄清，相关政府机构应积极正视与配合媒体，对在相关事件处理有失误或过错的，及时承认错误，避免被人趁机炒作歪曲事实。在谣言刚出现的时候，政府及相关部门应及时启动应急预案，及时公布事实真相，制止谣言的传播与扩散，最大限度地降低谣言带来的损害。作为信息受众，也应当做出合理的预判，一旦发生公共事件，社会公众应通过正规途径获取准确的信息。

减少网络谣言的重要利器是尊重民众知情权和保持信息公开透明化，封锁埋藏信息只会让事态更加严重，给网络谣言提供可乘之机。规避网络谣言之祸，政府负有不可推卸之责任。面对网络谣言，政府部门应彻底转变一味封锁、暴力禁言、行动迟缓等做法，积极建立并完善一整套网络信息发布机制、网络谣言预警机制和辟谣机制。针对网络虚假信息和疑似谣言，政府应当迅速行动起来，广泛调动媒体、相关职能部门、专家学者等资源对其进行核查，并将核查结论及时通过权威媒体进行发布，第一时间还事实真相于人民。政府应协同网络运营商、主流媒体建立一套对网络信息进行实时监测追踪的预警及处理机制。政府应该积极运用大数据、云计算等信息技术，仔细检查谣言的渠道，对媒体发布的消息严格把关，主动把握网络舆情的发展动向，以便在网络谣言发展过程中的每一个阶段占据有利地位，并适时采取有效的应对措施，最大限度地减少谣言的危害。

政府应建立专门的网络舆情监测系统，对网络上的信息进行全面实时监测并实时跟踪汇报。同时，作为网络关键人物的网络运营商和通信商应实时监管把关，全面建立网络谣言传播的跟踪系统，准确掌握网络谣言的传播情况，定期或不定期地将网络谣言监测报告报送给有关政府部门。

政府应设立相应的辟谣平台，有针对性地破除谣言。政府部门具有无可替代的权威性，设立辟谣平台对制止谣言的蔓延具有得天独厚的作用。当然，对媒体来说，无论是网络媒体还是传统媒体，也可设立辟谣平台，主动充当网络谣言把关人，携手破除网络谣言。目前，我国有关部门设立了辟谣网站，一些媒体也设立了类似的栏目。搜狐网推出搜狐评论“谣言终结者”，龙网推出北京地区网络联合辟谣平台，结合网络上出现的谣言进行调查取证，最后公布真相，对净化网络空间起到了积极的作用。

第二，切实加大对网络谣言的法律治理，全面监测谣言发布的通道。

网络并不是法外之地，治理网络谣言最有效的手段是通过法律的途径实现“依法治谣”。加大对谣言制造者的处罚力度，才能最大限度地减少各种类型网络谣言的传播。要依靠相关法律法规的约束效力，对制造网络谣言的行为进行严格处置。

完善网络谣言的刑法制度，对造谣者的危害程度能够准确量刑，对造成严重危害和社会影响的造谣者进行分级处罚或定罪。对情节严重的网络诽谤、敲诈勒索等犯罪行为和造成严重后果的造谣者予以刑事制裁。我国对谣言的处罚有相关规定，如《刑法》第 105 条对“以造谣、诽谤或者其他方式煽动颠覆国家政权及推翻社会主义制度的”行为定罪处罚。2013 年国家颁布了《最高人民法院、最高人民检察院关于办理利用信息网络实施诽谤等刑事案件适用法律若干问题的解释》，该规定要求“把建设性的批评建议和监督与造谣生事、诽谤等行为划清界限”，[①] 打击网络造谣的生事行为和不负责任的网络言论，并把网络谣言传播行为排除在网络言论自由之外。

完善网络谣言的民事制度。网络谣言往往在短时间内迅速蔓延，给公民和相关组织的名誉和财产带来极大的侵害，并造成极大损失。因此，要尽快建立健全网络谣言的民事制度，要求造谣者依法承担相应民事责任，让民事法律制度成为打击网络谣言的有力武器。

完善网络谣言的行政法制度。网络谣言能在短时间内导致国内一系列的社会群体性事件的发生，对国家安全、社会和谐与稳定造成威胁，相关部门如果对网络监管不力，便会给社会和大众带来极大的负面后果。《治安管理处罚法》第 25 条规定，对“散布谣言，谎报险情、疫情、警情或者以其他方法故意扰乱公共秩序的”行为予以治安行政处罚。我国应建立完善的网络谣言行政法制度，在《治安管理处罚法》《互联网信息服务管理办法》和《网络安全法》等相关法律法规的基础上，明确界定“谣言”“网络谣言”的相关内容和属性，建立健全法律法规，切实加大行政法对网络谣言的治理。

第三，强化网络媒体的社会责任，提高媒体从业人员和网民的媒介素养。

作为社会的监督者，客观报道和传播新闻事实，是媒体的重要责任，自觉铲除网络谣言是网络媒体应当履行的社会责任。然而，为了吸引眼球、抢占卖点，有些网站和媒体喜欢编撰一些“新、奇、特”

① 黄东英. 网络时代的信息传播及管理［J］. 中共云南省委党校学报，2012，13（1）：140-142.

的内容，以实现注意力经济效益的最大化。网络媒体的从业人员要不断加强自身的媒介素养，积极加强对网络信息等大众媒介信息的鉴别与监管，对网络中的一些虚假信息进行有效审核与筛选。通过议题设置引导网络信息朝积极的方向发展，尽量避免出现非理性化的政治情绪，建立一道过滤网络谣言的重要防线。逐步使用实名制规范网络媒体，对在网站上胡乱造谣和发帖造成不良社会后果的追究相应的责任。同时，必须重视使用监控网络谣言的技术，通过开发网络谣言识别跟踪软件等技术手段，对网络信息进行审核和过滤，在第一时间调查、发现并删除各类有害的网络谣言信息。发达国家的经验表明，运用先进的网络技术手段对网络谣言进行删除、屏蔽是治理网络谣言的有效方式。以德国为例，德国联邦刑警局和媒体审核署的职能之一便是对网络信息进行审核和屏蔽。

提升网民媒介素养，使他们能够自觉抵制网络谣言。网民媒介素养越高，社会大众对网络谣言的甄别能力和抵制能力就越强，网络谣言滋生的可能性也就越小。网络谣言问题层出不穷，与我国网民数量众多、媒介素养参差不齐有很大关系。面对眼花缭乱的网络谣言，仅仅实行集中打击无法从根本上杜绝网络谣言的产生，提升网民媒介素养才是根本途径。国民教育体系应力争将媒介素养教育纳入其中，强化网络道德教育，逐步提高国民对网络信息的鉴别意识，养成抵制网络谣言的习惯。政府相关部门应教育公民诚实守信，倡导网民理性上网，规范自己的言论，不造谣，不信谣，不传谣，以良好的心态理性表达，逐步提升自身的网络素养。对广大网民而言，不能主动造谣，也不能轻易信谣，尤其是对一些披着科学、正义和理性外衣的谣言要保持高度警惕；不评论、不传播网络谣言，不做谣言的“二传手”。同时，网民应主动利用身边的渠道和资源参与辟谣。

第四章　网络憎恨言论及其治理

憎恨言论是一种对特定人群带有偏见、憎恨意味的攻击性言论。互联网的普及使憎恨言论越来越广为人知。在 20 世纪 30 年代，憎恨言论主要是以“种族憎恨”的形式出现，随后范围越来越广，包括了“挑衅言论”和“群体诽谤”等。在信息全球化的今天，互联网的交流已经成为人们首要的互动模式。网络信息传播的即时性、开放性、共享性和超国界性等特性，使信息的传播更迅速和更自由，导致不同的文化、思想、宗教信仰和生活方式的激烈碰撞，从而不可避免地造成不同文化世界观、人生观和价值观的矛盾与冲突，憎恨言论便趁机而出。一旦憎恨言论在网络中大肆传播，势必会对人的尊严、群体平等、社会和谐和国家安定造成不良影响。如果放任憎恨言论在网络空间中流传，将会直接损害特定群体的利益，扰乱社会秩序，影响国家安全甚至世界和平。对于网络憎恨言论影响后果的严重性，我们必须加以重视。

我们利用调查问卷，收集和分析有关数据，从传播对象、传播平台以及传播成因等方面，分析我国互联网中存在的憎恨言论的现状，通过研究欧美国家治理的模式，结合我国国情，对我国网络憎恨言论的治理提出相关建议。①

① 龙飘. 我国憎恨言论网络传播的现状及治理模式［D］. 长沙：湖南师范大学，2014.

一、憎恨言论及其分类

随着互联网技术的日益发达，网民开始热衷于在网上表达自己的观点，国内外的学者开始重视网络言论自由带来的一系列问题，对各类有害言论展开了深入研究，憎恨言论就是其中引人注目的一类言论。我们结合现实情况，以已有概念为基础，对憎恨言论进行了界定。

1. 憎恨言论的界定

西方对憎恨言论的研究和治理由来已久。二十世纪二三十年代，憎恨言论主要指称“种族仇恨”言论，这与当时世界各地极端种族组织进行大肆破坏活动密切相关。纳粹主义挑起了德意志民族对少数民族的仇视和恐吓，纳粹党通过各种手段抹黑犹太人和其他少数民族，宣扬种族优秀论，宣称种族问题导致了德国战后一系列的社会问题。纳粹组织宣称德意志民族是优秀民族，犹太民族是劣等民族，认为犹太民族应该被奴役甚至消灭。这样的种族等级划分激化了种族之间的矛盾，憎恨、歧视等不良情绪蔓延，最终出现了种族大屠杀的悲剧。进入 20 世纪 40 年代后，为了维护国家运行的良好秩序，各国结合各自国情对诽谤言论等进行立法治理，“群体诽谤”的概念开始出现。为了有效保护个人和集体的名誉，诽谤法的保护范围逐渐扩大，界定憎恨言论时其范围有所扩展，并将憎恨言论和诽谤言论联系起来。总的来说，20 世纪上叶和中叶，对憎恨言论的界定主要是指“种族仇恨”的言论。

憎恨言论是对特定的群体表达强烈的仇恨情绪的言论，这种言论有时可能演变为暴力事件。这种言论带有偏见和攻击性的言语，将目标群体边缘化，使其与其他群体隔离，对憎恨目标群体成员的身心常常构成极大的冒犯。随着互联网的兴起，憎恨言论有了新的传播空间，甚至出现了所谓的憎恨网站。美国网络伦理学家理查德·斯皮内洛曾对憎恨网站进行了界定，认为憎恨网站是“攻击、侮辱和贬低某个人群，如犹太人、阿拉伯人、意大利人、黑人、白人、同性恋等所有成员的网站”[①]。根据专门监控此类网站的西蒙威森索（Simon Wiesenthal）中心的研究，全世界有 2 300 多家“有问题”的网站，其中由欧洲人创办的极端分子网站就有 500 多家，这类网站常依附在对憎恨言论持宽容态度的美国的服务器上，以逃避欧洲反憎恨的法律。

20 世纪 80 年代，美国开始重视治理憎恨言论，主要原因是憎恨言论的泛滥及其带来的仇恨引起犯罪率的增高，因此考虑立法来治理。“由于他们是黑人、拉美人、亚洲人、白人、残疾人、妇女或者同性恋者，针对他们进行残忍攻击的数量与日俱增，而掌握这种增长的情况几乎变得鞭长莫及。”[②] 据美国联邦调查局公布的数据，2007 至 2008 年两年间，美国一共发生带有偏见的犯罪事件七千余件，主要是针对种族、宗教、性取向、族裔、身体或心智残障的，其中超过 50% 的是基于种族偏见，18.4% 基于宗教偏见。[③] 针对特定宗教、种族、民族血统乃至性取向的偏见和歧视，其实是侮辱个体的人格尊严，常常会激化不同群体间的矛盾。种族压迫和歧视在多元化的美国时有出现，这种仇恨犯罪有时“并非真正关乎仇恨，而是涉及偏见与歧视”[④]。摆在美国面前的现实难题是，一方面宪法第一修正案中保障言论自由的条例决定了不能严格审查所有的宣传活动；另一方

① ［美］理查德·斯皮内洛. 铁笼还是乌托邦［M］. 李伦，等，译. 北京：北京大学出版社，2007：66.

② 杰克·莱温，杰克·麦克德维特在《仇恨犯罪：偏执于血腥的增长态势》中描述了当时美国所经历的仇恨犯罪增长的态势，引起了社会对这一问题的重视。

③ 美国联邦调查局 2009 年 11 月 23 日公布的关于 2008 年度全美仇恨犯罪统计数据显示，去年有关机构收到的各类仇恨犯罪的报告总数比前一年有所增多，其中较为突出的类别之一是针对性倾向的仇恨犯罪数量。

④ ［美］詹姆斯·B. 雅各布，吉姆伯利·波特. 仇恨犯罪：刑法与身份政治［M］. 王秀梅，译. 北京：北京大学出版社，2010：11.

面若不制止极端主义的宣传活动，则违背了宪法第十三条和第十四条修正案中保障群体平等的规定。

国际组织也开始关注憎恨言论带来的严重后果，如可能带来的各种反犹太主义、仇外心理、种族仇恨等。整个欧洲开始开展“反憎恨言论运动”（No Hate Speech Movement）。这一运动发起者为欧盟委员会，由欧盟委员会青年协会组织。该运动的主要目的是保障人权和尊严，保护未成年人，维护一个多元化和平等的社会。

要准确界定憎恨言论，需要和与之容易混淆的挑衅言论、诽谤言论区别开来。美国将言论划分为两类——高价值言论和低价值言论，并采用不同的治理模式。对社会生活造成诸多不良影响的憎恨言论并未被明确划分为低价值言论，但在进行法律判决时，憎恨言论又往往被归入诽谤言论或是挑衅言论，后两者都是低价值言论。由此可见，憎恨言论与挑衅言论、诽谤言论有本质区别，尽管存在某些相似之处。现将后两者与憎恨言论进行对比来区分这三个概念。

憎恨言论与诽谤言论具有相似性。苏珊·布里森将憎恨言论界定为“基于民族、性别、种族、宗教和性取向等特征对个人或群体进行的诽谤或中伤”①。憎恨言论 20 世纪 40 年代期间被叫做“群体诽谤”。西方的法庭认为满足下列四类话语的任何一种均可以诽谤罪名起诉：“降低公众对其尊敬，致使其遭到公众嘲笑、愚弄或揶揄，致使其为高尚社区所不齿，对其职业或专业造成损害”。② 诽谤的确定需要三个要素：原告实施了诽谤行为；确切证据证明损害了某人的名誉；至少一小部分社会上具有代表性的人相信损害了原告的名誉。③ 诽谤问题根据对公和对私的不同，美国法院有不同的判定标

① Susan J. Brison. The Autonomy Defense of Free Speech [J]. *Ethics*, 1998, 108 (2): 312-339.

② 邱小平. 表达自由——美国宪法第一修正案研究 [M]. 北京: 北京大学出版社, 2005: 149.

③ [美] 唐·R·彭伯. 大众传媒法（第十三版）[M]. 张金玺, 赵刚, 译. 北京: 中国人民大学出版社, 2005: 137-138.

准。法院将对私的诽谤言论分为见解性言论和事实性言论。对于见解性言论，如果发表者能够证明其是合理和适当的言论，那么就不构成诽谤，即使该言论损害了他人的名誉。这依据的是合理评论的原则。事实性言论是指言论为真实发生的事情，根据真实抗辩原则可不追究该言论。对公的诽谤言论中，如果诽谤的是国家公职人员，则根据实际恶意原则判定为故意发表虚假言论，扰乱公众视线。因此，在针对对象和诽谤意图上，憎恨言论和诽谤言论具有相似性。

憎恨言论与诽谤言论的区别在于憎恨言论针对的主要是群体，而诽谤言论针对的主要是个人。憎恨言论攻击的不是个人，而是其所在的整个群体，损害包括此人在内的整个群体的名誉，而诽谤言论虽然也存在针对群体的情况，但主要受损的是个人的名誉。尽管二者存在这些区别，但用来判定诽谤言论的实质恶意、真实抗辩等原则，可以作为判定憎恨言论的法律参考。

挑衅言论是向特定的某类群体施加伤害，可能会引起被伤害群体的激烈反抗，主要形式是侮辱、嘲弄或是人身攻击等，严重者有可能危害公共秩序。“对象的明确性、言辞的挑衅性和后果的严厉性”是构成挑衅言论的三大要素。[①] 美国法官弗兰克·墨菲的“挑衅言论原则”认为，某些言论包括挑衅言论在内，既不探索本源，也不解释真理，因此并不存在具体价值，不利于维持社会秩序和道德方面。[②] 因此“禁止和惩罚某些定义明确、限定严格的言论从来不被认为会引起任何宪法问题”[③]。也就是说，此类言论在美国不受宪法第一修正案保护，美国政府可以限制和惩治挑衅言论，依据就是美国联邦最高法院的“明显且现实的危险”原则。同时，法律禁止的言论是指可能直接导致评论对象激烈暴力行为的言论，判定的标准是它

---

① 欧爱民. 言论类型及其法律保护——以美国法为视角［J］. 甘肃政法学院学报，2005，(6)：85-89.

② 弗兰克·墨菲（1890—1949），美国法官。1940 年由罗斯福总统任命为最高法院大法官。他提出了“挑衅言论原则”，认为限制这种没有价值的言论不会违法美国宪法。

③ Chaplinsky v. New Hampshire. 315 U. S. 568（1942）.

可能带来的严厉后果，而不是因为此类言论侮辱、冒犯或伤害了他人而受到限制。

憎恨言论与挑衅言论的区别在于言论导致的后果不同，憎恨言论带来的主要是心理上的伤害，有时不会出现实质的身体伤害，挑衅言论带来的是“明显且现实的危险”。由于憎恨言论带来的危险不一定是立即的、迫在眉睫的，因此对憎恨言论的限制一般更为谨慎。二者的区别还在于言论针对对象不同，憎恨言论主要针对的是某一身份特征的群体，挑衅言论主要针对的是个人。

2. 憎恨言论的分类

随着信息高速化和全球化时代的来临，多种文化和思想观念在互联网上发生碰撞，各种言论层出不穷，一些基于宗教、地域、民族、种族、性别的憎恨言论开始在网络上蔓延。社会上存在各种不同类别的群体，这些群体之所以凝聚成一个整体，是因为该群体具有得到成员普遍认可的价值理念和情感观念，而这往往会带来“我们-他们”的刻板印象。某个群体的价值理念往往不被其他群体的人接受和认可，这种差异就会带来偏见。这种偏见出现在群体与群体之间以及群体与社会之间，最终就可能导致憎恨和攻击。随着网络内容监管力度逐渐加强，网民在信息缺失时，往往容易将长期以来累积的某种愤怒情绪，转移到网络中的某一特定群体，民意民愤表达出现移情的特征。这些愤怒情绪多是非理性的，泛道德主义和泛民族主义便开始出现。①

我们的网络问卷调查显示，许多被调查者曾因为自己的身份而遭受过言语上的攻击和歧视。其中，少数民族中有58.33%的调查者经历过，而宗教徒中的比例为50%，农民中的比例为25%，同性恋或双性恋者中的比例为43.48%。在调查中，尽管有31名拥有少数民族、宗教徒、外籍人士等身份的调查者未曾遭受言语歧视或攻击，但

① 李永刚．我们的防火墙：网络时代的表达与监管［M］．桂林：广西师范大学出版社，2009：192-199.

也有 26 人因自身的身份特征而遭受过。这些数据显示，我国确实存在因为自己具备某类群体的特征而遭受偏见和歧视的人。

憎恨言论包括贬低性的语言和歧视性语言。贬低性的语言主要针对的是不同地域和民族的人群，如新疆人、河南人等。歧视性语言则是针对民工、乞丐、同性恋者等弱势群体。这些憎恨言论严重影响了我国社会的稳定。为了有效地对此类言论进行治理，有必要界定憎恨言论的类别。尽管我国相关法律法规中并没有使用“憎恨言论”一词，但对这类言论做出了相关规定。这类言论主要包括涉及民族、宗教等方面的言论。我们可以根据憎恨言论的目标对象的不同，将憎恨言论分为民族憎恨言论、宗教憎恨言论、性别憎恨言论、地域憎恨言论等。除了涉及民族、种族、宗教、性别和地域的憎恨言论，还有因其他特征如疾病等因素而出现的憎恨言论。例如，曾经出现的肝炎歧视、艾滋病歧视的言论就属于这类憎恨言论。

第一，民族或种族憎恨言论。民族或种族憎恨言论是指对某个民族或种族的贬低性的言论。我国是由多民族组成的大集体，人口最多的民族是汉族，由于历史等原因，少数民族在各方面与汉族存在一定差距，不管是居住地、居住人口还是政治经济方面。一直以来，我国政府的民族政策都是保证各民族团结和谐发展，但伴随着交通的发达和经济的发展，偏远乡镇的人口往发达城市的迁移，密切了不同民族之间的交往，但也容易引发民族间的冲突与矛盾。例如，有些网络媒体和网民给特定民族的人贴上小偷、骗子等负面标签，这就是带有偏见和歧视性的憎恨言论。西方许多国家是多种族的国家，在这些国家除了可能出现民族憎恨言论，还可能出现种族憎恨言论。民族或种族憎恨言论就是这种基于民族或种族的群体身份特征的言论。

第二，宗教憎恨言论。宗教憎恨言论是针对特定宗教人群的贬低性言论。宗教信仰是一种特殊的社会意识形态和文化现象，宗教教徒常对教义产生崇拜、认同和皈依的心理，这种心理可以指导和规范教徒在现实社会的行为。对特定宗教信仰的贬低性言论就会对该宗教人群构成心理等伤害。我国现行宪法明确保障宗教信仰自由，《中华人民共和国宪法》第三十六条规定：“任何国家机关、社会团体和个人不得强制公民信仰宗教或者不信仰宗教，不得歧视信仰宗教的公民和不信仰宗教的公民。”我国的宗教信仰方面的问题虽然不如西方社会那么突出，但宗教憎恨言论问题不容忽视。

第三，性别憎恨言论。美国学者麦金农发现，由于性别的原因，女性的地位和待遇常无法与男性平等，在工作和社交场所常被歧视，时常未被公共生活接纳，女性的能力经常被无视，女性的成就也常被边缘化甚至否认。尽管时代在进步，妇女的地位也在不断提高，但一些人依然对女性抱有偏见甚至歧视态度，不时出现因对象的性别、性取向而引发的憎恨言论，包括对同性恋者的偏见与歧视。性别憎恨言论在我国时有发生，在招工招聘等广告中仍可见此类言论。麦金农指出：“基于宪法对平等价值的保护，尤其是性别间的平等，我们应该对憎恨言论进行限制。”①

第四，地域憎恨言论。我国地大物博，因为地理位置和资源分布不均，各地域之间的发展并不均衡，特别体现在东部与西部、内陆地区与沿海地区之间的差异。人口流动一般是由相对贫困落后地区向相对富裕发达地区迁移，在这种人口流动的过程中，容易形成对某地区人群的刻板印象。例如，可能将某个地方某个人的印象看作其所在地所有人的印象。不同地域之间有着不同的风俗习惯和思维模式，常会出现对相对落后地区的偏见和歧视。或者由于某个地区的人在其他地区出现一些不良行为，而将这种行为视为那个地区所有人的行为。例如，某些地方对河南人的歧视。

① ［美］凯瑟琳·A. 麦金农. 言辞而已［M］. 王笑红，译. 桂林：广西师范大学出版社，2004：107.

二、网络憎恨言论的传播特征和成因

伴随着互联网的蓬勃发展，憎恨言论的传播经历了从线下到线上的过程，憎恨言论的网络传播也经历了不同的阶段，并呈现出鲜明的特征。

1. 网络憎恨言论的传播特征

相较于一般言论，憎恨言论因其言论本身具有憎恨和攻击的性质，有着不同的传播意图、传播方式、目标对象和传播效果。相较于传统媒体，基于互联网平台的憎恨言论具有不同的传播特性。

（1）基于言论本身的特征。

有别于其他言论类型，网络憎恨言论的传播特征可以从憎恨言论的传播意图、传播方式、目标对象和传播效果等四个方面来把握。

从传播意图来看，憎恨言论带有情绪上的负面性和攻击性。根据情绪的等级，憎恨言论的传播意图可分为反感、偏见、歧视、仇视、愤恨五个层次。其中，在憎恨言论传播者情绪中较轻微的是偏见，“偏见不是一元现象……它在不同人中呈现出各种各样的形式。从社会学和心理学的角度看，观念的不同取决于这些观念是否为根深蒂固的个性所致，有时是病理性的，有时是受创伤的经历，或者取决于他们是否仅仅代表符合儿童社会化或者遵照现有的标准”。[①] 不是所有的偏见都是憎恨言论，只有满足以下两个要素时其才转化为憎恨言论：一是偏见达到了一定的程度；二是言论由偏见所激发，并且两者存在因果关系。当偏见演变为对某类特定群体的有区别的对待时，伤害程度也会随之加深，可能会出现歧视、敌对或憎恨情绪。偏见与歧视是在固有的知识和已有的经历中日积月累，逐渐建构起来的一

① 刘擎．面对言论自由的伤害［J］．学习博览，2011，（5）：50-51.

种经验性的行为。

话语背后表达的意图是判断是否构成憎恨言论的关键，判断憎恨言论伤害意图有三个重要标准：故意、明知且自愿。“发表者是带有令人极度反感内容言论的人，他清楚了解该言论所表达的令人极度反感的内容，并且自愿地发表了该言论。”[①] 判定传播者的意图常常具有模糊性，因为不同语境中“极度反感”的程度并不相同。例如，人们相信洛克或夏贝尔的喜剧不属于憎恨言论，因为憎恨言论的传播者必定带有明显的伤害意图，而他们的喜剧是讽刺文学的艺术表现形式，虽然他们的喜剧中涉及种族侮辱和种族偏见的内容，但因为他们是非裔美国人，所以人们依然认为没有攻击性。

从传播方式来看，憎恨言论的表达方式有两类：一类是纯粹言论；一类是象征性言论。在社会建构理论中，象征（symbols）是一个可以代表其他物体的物体，符号（sign）是指在一定环境中被用来代表另一个要素的要素。语言学家索绪尔认为符号是能指（signifier），是语言的声音形象与所指（signified），也是语言所代表的事物概念之间的结合，并通过关联制造意义，“符号与其外在所指物之间的关系是任意的”[②]。广义上的言论形式就包括以象征性的符号或行动来表达自己的思想、观念、主张、态度。根据“奥布赖恩案检验标准”，焚烧国旗、焚烧十字架等就是广义上的言论。

在网络世界或现实世界里，人们都是依赖自身的经验和媒介宣传，将特定的情感和某些象征符号进行联系。在这个与媒介接触的过程中，传播者和他人的共享是情感联系中不可缺少的部分，否则将毫无意义。例如，人们聚集在一起说一个有关讽刺河南人的笑话，那么这群人中的河南人会有身体上或心理上的抗拒，认为这是对河南人的歧视和取笑，是一种憎恨言论，但其他地域的人有可能觉得这仅仅

① 龚艳. 仇恨言论法律治理模式研究［M］. 厦门：厦门大学出版社，2013：35.

② ［英］利萨·泰勒，安德鲁·威利斯. 媒介研究：文本、机构与受众［M］. 吴靖，赵黄佩，译. 北京：北京大学出版社，2005：18.

是一个玩笑话而已。再比如在犹太人社区里，新纳粹分子进行的公开的种族主义演讲，对他人来说有可能是表达自身政治信仰，但犹太人会认为这是对他们的歧视，是一种明显的憎恨言论。

从目标对象来看，历史上的憎恨言论针对的群体限于种族、民族和宗教，而到了近代，特别是20世纪80年代后，女性、同性恋者和身体残疾者都成为了憎恨言论的目标群体。可见憎恨言论通常是社会上的“优势群体”对“弱势群体”的带有偏见、冒犯或攻击意味的言论，其目标主要是“弱势群体”，少数群体或弱势群体的平等和尊严等权利容易受到损害。总的来说，憎恨言论针对的群体通常都具有特定的身份特征，憎恨言论也被称为“身份政治”（identity politics），即“因一种政见而使一个人与另一个人给予一定的特征，如种族、性别、宗教和性取向等因素而共同成为某团体的成员”[①]。这意味着受害群体的身份特征是显而易见的，其成员具有很高的识别性，因为群体里的每个成员都具有同样的特定特征。这些特征包括先天因素和后天因素。先天因素包括国籍、性别、地域等，后天因素包括宗教、职业等。

从传播效果来看，根据拉斯韦尔的“5W”线性传播模式，传播活动五大环节中的传播效果是检验传播活动是否成功的重要尺度。[②] 广义的传播效果包括传播活动对信息的受众所产生的效果以及对整个社会所产生的影响。我们的调查结果显示，50.68%的被调查者遭遇憎恨言论时会很反感，23.08%的被调查者会感觉无力或沮丧。具体结果见图4-1。

憎恨言论的传播带来许多不良影响，一方面，憎恨的目标群体可能会出现短期的睡眠紊乱、噩梦、腹泻、头痛等症状，这是目标群体生理层面的反应。目标群体还可能会出现长期的不良后果，如消沉、

① ［美］詹姆斯·B. 雅各布，吉姆伯利·波特. 仇恨犯罪：刑法与身份政治［M］. 王秀梅，译. 北京：北京大学出版社，2010：10.

② 韩瑞霞. 互联网对拉斯维尔5W模式的冲击［J］. 新闻传播，2009，(9)：124-125.

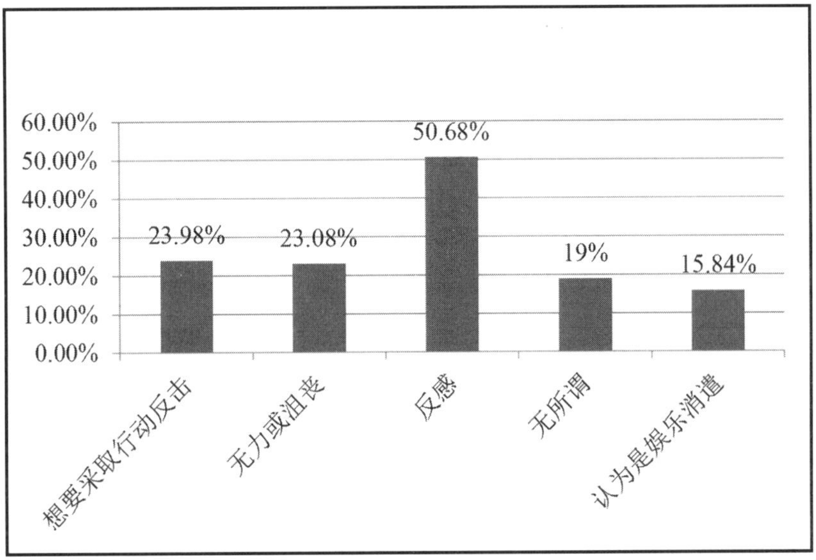

图 4-1 人们遭遇憎恨言论时的感受

怀疑、害怕和难以建立人际关系等，“降低受害者的存在感和价值感，阻碍他们全面地参与包括公共辩论在内的社会活动”①。另一方面，还会出现社会层面的影响。歧视和偏见的情绪会使社会矛盾激化，成为社会的不安定因素，影响社会和谐。当偏见与歧视被手握“话语权”的新闻传媒放大时，其负面效应将危及整个社会。②

（2）基于网络平台的特征。

依据我们的网络问卷调查和个案分析，结合互联网本身的特点，如开放性、共享性、匿名性和跨时空性等，与现实传播相比，憎恨言论网络传播范围广，传播速度快。传播影响力更大，造成的伤害也更大。

第一，憎恨言论传播范围广，这主要表现为传播平台的分散和目标人群的多样。网络上存在各种传播平台，导致憎恨言论传播平台分

① 王辉. 从憎恨性言论的法律治理模式看欧美表达自由之新发展［D］. 石家庄：河北大学，2011.

② 陈徇. 新闻传播伦理与法规教程［M］. 北京：中国传媒大学出版社，2007：123.

散。憎恨言论正是借助这个互联网蔓延，如星星之火一般传遍网络空间。网络传播平台包括网络传播渠道和传播媒介。传播渠道是传播者将内容传播给受众的途径，是传播过程的基本组成部分。传播媒介是传播行为得以实现的物质手段，是“插入传播过程之中，用以扩大并延伸信息传送的工具……”①。调查结果显示，仅有 17.65% 的被调查者表示从未在网络上遭遇过憎恨言论，具体结果见图 4 - 2。46.15% 的被调查者表示是在新闻网站上遭遇的憎恨言论，45.7% 的被调查者是在个人网站上遭遇的憎恨言论，具体结果见图 4-3。憎恨言论通过政府网站、个人网站等各类平台传播，其中以新闻网站、个人网站、视频网站等为主。可见憎恨言论的传播平台十分分散。因此不仅要提升新闻媒体机构的职业道德素养，而且要完善网站的信息审查机制。

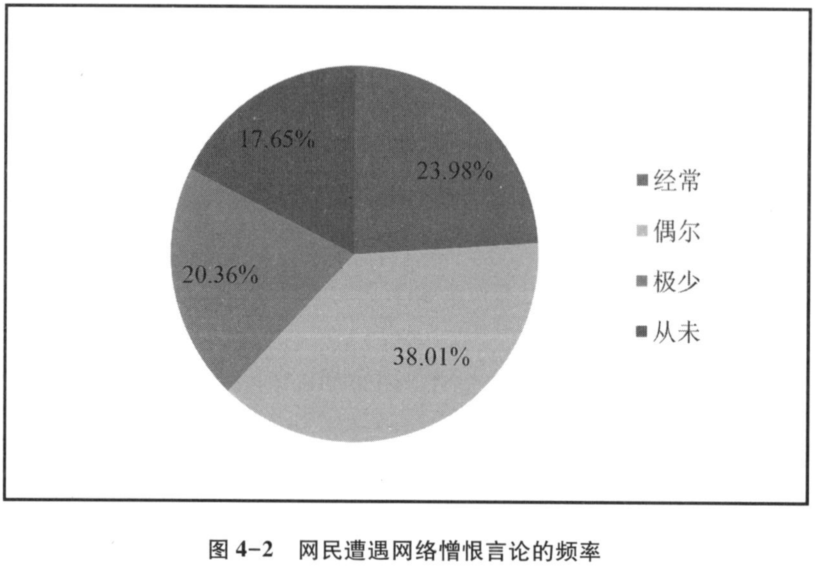

图 4-2　网民遭遇网络憎恨言论的频率

网络憎恨言论的目标对象多样。调查结果显示，最易遭受憎恨言论攻击的是同性恋及双性恋者（34.84%），其他人群依次为少数民族

① ［美］威尔伯·施拉姆，威廉·波特. 传播学概论（第 2 版）［M］. 何道宽，译. 北京：中国人民大学出版社，2010：170.

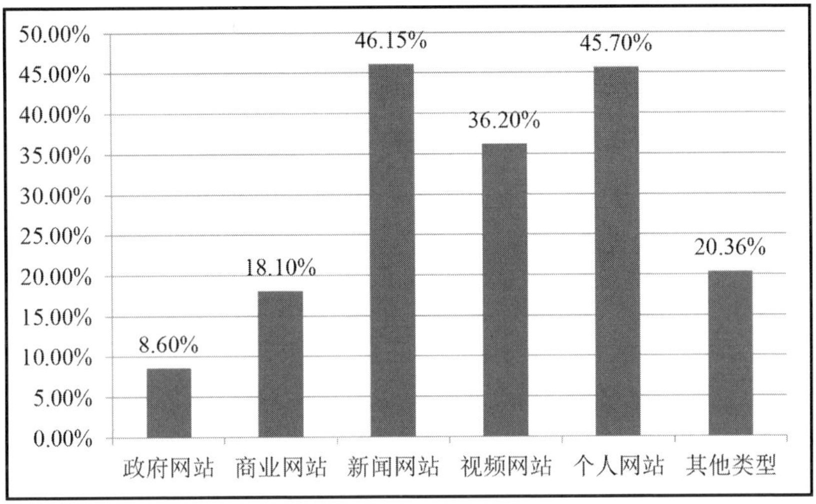

图 4-3　网民遭遇网络憎恨言论的平台分布

（12. 22%）、宗教徒（11. 76%）、农民（10. 41%）。具体结果见图 4-4。由此可见，我国网络憎恨言论包含了性取向、民族、宗教、职业等方面。

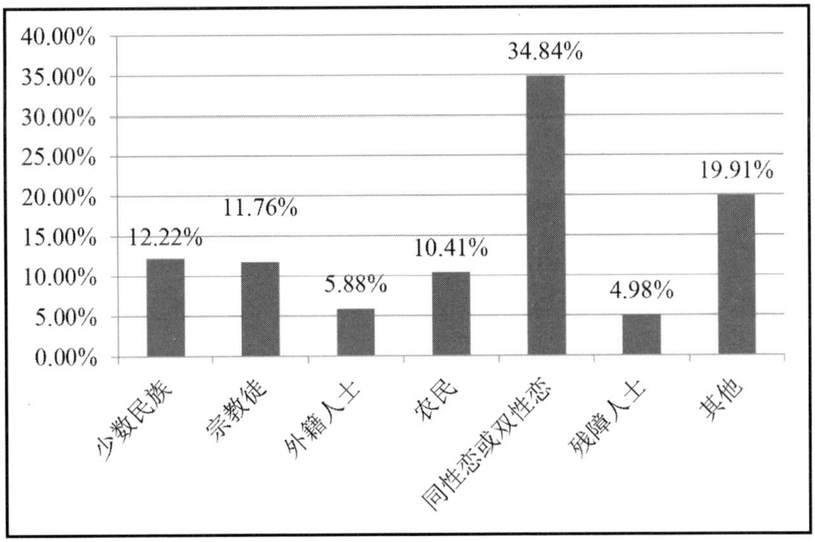

图 4-4　我国网络中易遭受憎恨言论的群体分布

我国网络憎恨言论的对象人群十分广泛，调查结果显示，网络中遭受憎恨言论的群体除以上类别外，还有追星族、官员、富人、公众人物、失业者等。同时，因为我国的人口和资源分布存在不均衡，特别是一些少数民族居住地资源匮乏，经济落后，不同地区的贫富差异和思想观念冲突是地域憎恨言论出现的重要原因。虽然我国的民族政策一直向少数民族和偏远地区倾斜，两极分化的问题也有所缓解，但地域歧视和民族歧视问题仍时有发生，地域憎恨言论和民族憎恨言论是我国网络憎恨言论的主要形式。

第二，憎恨言论传播速度快。网络信息传播已进入高速化时代，传受之间也表现为双向互动与反馈模式。[①] 用户与网络内容之间不再是单向的推送模式，而是双向交流的互动模式。同时，传播过程逐渐被简化，新闻制作不需要再通过搜集、编辑、出版、印刷等复杂的环节，过程被大大精简。Web2.0 时代，网站结构由圈层结构向网格结构转变，传播以多中心的、局部爆炸的信息形式进行扩散，而不再是以几家大型门户网站（如新浪、搜狐、网易和雅虎等）为超级中心。BBS 和个人主页的出现更是膨胀了网民的个人意识，成为了网络去中心化的主要力量，使网民开始拥有网络内容生产和事件扩散的能力。“内容生产工具的简化使得一部分消费者开始掌握生产工具，传播的路径也从中心化向半中心化或者多中心化演变，传播的方向则由单向传播向单向和双向结合的方向演变。”[②] 网络传播速度的加快导致网络主体常不考虑后果地在网上畅所欲言，不经过严谨的思考就会发布内容；网络传播广大的覆盖面，出现了传播的“蝴蝶效应”，信息在短时间内就可以覆盖全球。

2. 网络憎恨言论的成因

憎恨言论网络传播的成因比较复杂，主要原因包括刻板成见、网络传播低门槛、社会原因等。

---

① 李永刚. 我们的防火墙：网络时代的表达与监管［M］. 桂林：广西师范大学出版社，2009：32.

② 李开复. 微博：改变一切［M］. 上海：上海财经大学出版社，2011：19.

第一，主体原因——刻板成见。在《公众舆论》中，李普曼对“刻板成见”进行了定义，他认为外界可以干扰和影响人们的认知和判断，人们往往通过他人加工过后的信息，结合自己的想象，形成对某事的见解，最后得出看法。这种经过扭曲、加工过的信息都“是当事人和知情者共同的产物，其中那个旁观者的角色总是带有选择性倾向，通常还会带有创造性”①。对同一个信息来说，不同文化、社会和教育背景的人见解不一致。拉扎斯菲尔德的研究发现，人们接受信息具有“选择性过程”，倾向于接受符合自己想象和价值观的那类信息，进行选择后人们会符号化某类群体和个人。就算是同一条被符号化了的信息，不同的人会有不同的见解，因为他们有着不同的选择信息的方式和动机，所以解读特定符号化人群时必定有自己的刻板成见。②

我们的调查结果显示，被调查者中 66.06% 的人遭遇憎恨言论时采取不理会的态度，具体结果见图 4-5。67.42% 的被调查者遭遇憎恨言论时不会寻求帮助，仅有不到 32.58% 的被调查者会求助，且知道应该向何处寻求帮助，具体结果见图 4-6。由此可见，憎恨言论得以大肆传播的原因之一是人们的态度，许多人在遭遇因刻板成见而引发的憎恨言论时，会表现出不反击的态度，以及觉得自己孤立无援而不去寻求帮助。

综上所述，我们在判断外界事物时往往结合自己现有的知识或经验，形成刻板成见，随之带来的印象很难改变人们对某类群体的印象。网络繁杂的信息会促使成见加大，导致舆论放大，最终导致秩序混乱。人的成见很难发生改变，一般都伴有强烈的情绪，比如憎恨、害怕和爱等。互联网会放大情绪的体验，在放大爱的同时，憎恨的情

① ［美］李普曼．公众舆论［M］．闫克文，江红，译．上海：上海世纪出版集团，2006：61-62.

② 从拉扎斯菲尔德的工作发展而来的产生对媒介的新视角被称作有限效果论，即认为媒介极少直接地影响个人，大多数人在成年后，都已经牢固地忠实于一些团体的信念或行为。

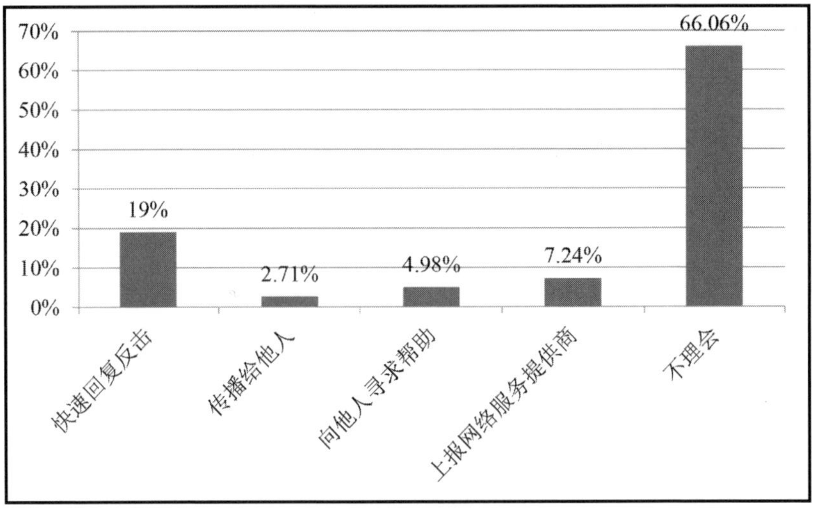

图 4-5　人们遭遇憎恨言论时采取的措施

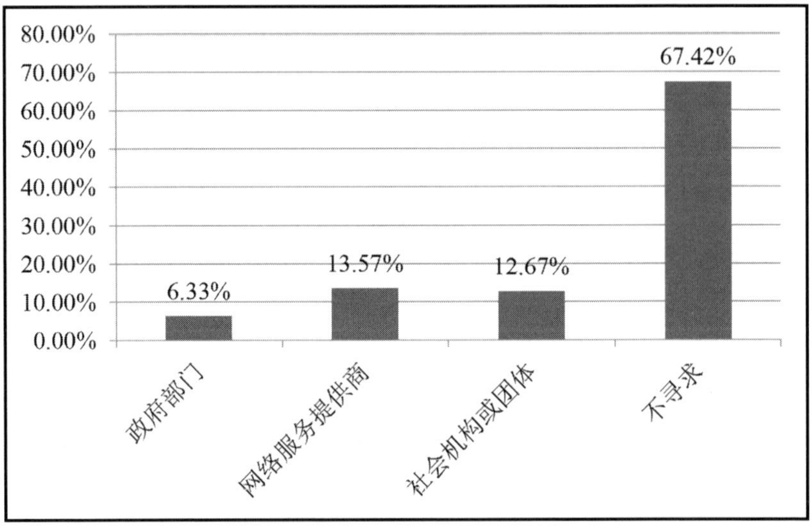

图 4-6　人们遭遇憎恨言论时向何处寻求帮助

绪也有可能被强化。在这种非常强烈的情绪刺激下，网络主体很难接受新信息，固有的、老旧的观点有可能促使传播者发布非理性的、不负责任的言论，甚至带有偏执的憎恨言论。被憎恨言论攻击的对象往往都不反击，也不寻求帮助，这反而使憎恨言论的传播更无所顾忌。

第二，媒介原因——网络低门槛。在自媒体时代，信息可以随时产生，信息发布的主体日益个性化和平民化，各种不同阶层、年龄和身份的人或团体共同活跃在网络中。“私人化、平民化、自主化的传播者们通过网络平台随时随地用文字及声音或图像在互联网上传播信息”，[①] 任何时间、任何地点、任何个体可以使用移动电子设备发布信息，在各种网络平台如微博、论坛或网络社区上自由发表自己的所见所闻。

互联网的普及带来了信息的发布权下放，每个人都是传播者，互联网的主体多样化，同时由于缺乏网络把关人，网络的信息质量没有保障，“非专业人员参与的网络传播，会导致信息的复杂化。信息来源的多样性，会使信息质量也良莠不齐”[②]。憎恨言论传播者可以躲藏在电脑后面，发表带有偏见、歧视、攻击和憎恨的言论。

网络报道的全时性使信息在发布后能够迅速传播世界，尽管有乐观的学者表示互联网最终能成为“谣言粉碎机”，但因为虚假信息被传播后，即使及时被发现并删除，也可能已经有部分网友阅读过，甚至截屏保存或是下载，这必然会误导人们的认知、态度和行为。相较于虚假言论，憎恨言论的辨识和控制更为困难，网络主体往往选择在低门槛的互联网上发泄情感，发布憎恨言论。

第三，社会原因。中国经济进入迅猛发展的时代，与此同时，社会冲突和矛盾也凸显出来。社会各个阶层和团体间都有可能出现某种社会冲突，如民族之间、贫富之间、官民之间等。“群体的怨恨是一种特殊的情感体验，无权势的网民，要释放道德紧张、舒缓怨恨情绪，一种廉价的精神胜利法就是聚焦于某类事件。”[③] 特定的事件往往会激发这些矛盾和冲突，在一些事件中人们表现出来的暴力行为，

---

① 代玉梅. 自媒体的传播学解读［J］. 新闻与传播研究，2011，(5)：4-11.

② 彭兰. 网络新闻学：原理与运用［M］. 北京：新华出版社，2003：19.

③ 李永刚. 我们的防火墙：网络时代的表达与监管［M］. 桂林：广西师范大学出版社，2009：64.

表面上针对某些人群，而实质上不过是人们堆积的社会压力的宣泄，只是被特定的人或事物启动了阀门。[①]

经济水平决定互联网的普及和发展，不同地区之间网络技术的水平差异较大。2017 年《中国互联网络发展状况统计报告》显示，互联网普及率的地域性差异依然明显，我国有 7.72 亿网民，农村网民仅占 27%，尽管上网的农村网民人数越来越多，但所占比例依然不高。[②] 这种网络普及的差异会加大不同地区之间知识和信息的鸿沟，导致不使用互联网的公民容易被边缘化，他们的部分权益会因此受损。

我国的网民结构也存在低龄化、低文化程度、低收入等特征。2017 年《中国互联网络发展状况统计报告》数据显示：我国网民中占比最大的年龄阶段是 10～39 岁，占 73.0%，其中，10～19 岁占 19.6%，20～29 岁占 30.0%，30～39 岁占 23.4%；网民中最大的群体是学生（25.4%），其次为个体户/自由职业者（23.1%）；2016 年至 2017 年，网民学历结构构成进一步低学历化，小学、初中学历的网民比例上升，大学本科及以上的比例有所下降，主要集中于初中、高中和小学学历。[③] 这些个人及群体“既可以轻易跨越信息化的领土边界，又能在瞬间聚集起群情激奋的议事广场；既可以冷静理性表达对单个议题的个人见解，也能快速促成地面集体行动”[④]。教育程度不同，对网络言论的控制程度也不同。

① 彭兰. 关于中国网络舆论发展中几组关系的思考［J］. 国际新闻界，2009，（12）：75-80.

② 第 41 次中国互联网络发展状况统计报告［R］. 中国互联网络信息中心，2018-1：22-25.

③ 第 41 次中国互联网络发展状况统计报告［R］. 中国互联网络信息中心，2018-1：25-27.

④ 李永刚. 我们的防火墙：网络时代的表达与监管［M］. 桂林：广西师范大学出版社，2009：45.

三、网络憎恨言论的治理

互联网技术逐渐成熟，网络信息呈现零散化、交互性、个性化和多样性等特点，网络信息传播的形态主要是转发、原创和交互这三种方式。[①] 憎恨言论的传播经历了点式传播到线式传播和面式传播，憎恨言论的治理也经历了从自然状态发展到规范化治理的阶段。

在互联网出现以前，憎恨言论基本上是呈点式传播，信息往往是在一个较小的范围传播，如 20 世纪 30 年代的德国种族歧视问题，20 世纪 80 年代美国仇恨犯罪的泛滥，国内有关河南人的负面报道等，这些言论都未能形成大规模的传播，呈现零散分布式传播的特点。这与传统媒体的特点有关，传统媒体传播者一般为具有资质的专业人员，在传播信息时有严格的把关机制，会对信息进行筛选和审核。

国际互联网出现后，憎恨言论从点式传播走向线式和面式的传播。2001 年到 2010 年，网络舆论进入大爆发的时代，如美伊战争、SARS 爆发、“宝马车撞人案”、孙志刚案、刘涌案等重大事件中，网络舆论极大地影响了事件的发展。伴随着互联网的普及，大众言论走向了原创化和个体化，网络舆论开始由边缘走向主流。[②] 同时，网络还有一个很重要的特点是匿名性，许多网民以言论自由为据，不注意自己的言行，随意发表言论。2006 年，《中国青年报》与腾讯新闻网联合进行了一项调查，调查总人数为三千余人，调查结果显示网络上的言论内容中有 62.6% 的“主观上有恶意制裁别人倾向”，此外还有 57.4% 的“出口成‘脏’”。[③]

---

① 杨璐露，吕坤良. 论网络信息传播及其伦理准则的确立［J］. 情报科学，2006，（2）：180-184.

② 谢文雅. 十年间我国网络舆论的发展与引导［J］. 今传媒，2010，（9）：128-129.

③ 谢小亮. 六成多网友认同主观恶意是网络暴民首要特征［J］. 中国青年报，2006-9-18.

2010年，中国网络文化爆发了最大的一次冲突，事情起因为2010年5月30日发生在上海世博韩国馆的韩国明星团体粉丝的“踩踏事故”，出现了大规模的声讨韩国明星及追韩粉丝的爆吧等活动，即69圣战。6月9日晚数万名网友相约聚集在知名论坛和网站，发表了大量的偏见、攻击、憎恨言论，抨击韩国明星团体及粉丝，造成了网站系统的瘫痪。可见，进入互联网时代后，憎恨言论的传播已由最初的点式传播走向线式甚至面式传播，传播规模愈来愈大，传播范围愈来愈广。

除了民族憎恨言论，地域憎恨言论也有不少事例。2012年，一名在香港地铁进食的内地游客与香港本地居民发生争执，相关视频被传上网，并疯狂传播，引发了一场香港人与内地人之间有关素质的骂战，争论中可见许多非理性的、偏激的憎恨言论。地域憎恨言论中还有如对河南人的歧视。在网络上河南人被描述为坏心眼的、素质低下的、没有信任感的、缺乏道德的、恶性犯罪多的形象，许多网友描述曾被河南人欺骗的亲身经历，这些都逐渐妖魔化了河南人的形象。

憎恨言论在互联网发展初期处于自生自灭的传播阶段，目前已经走上规范化治理之路。不断涌现的网络不良言论往往带有不良情绪，会带来不良后果，损害个人权益，也会不利于社会的安定和谐，社会各界开始意识到规范网络不良言论的重要性。世界上并不存在绝对的言论自由，判断自由界限的标准是能否保护公民权益和维护社会安定，因此必须重视损害个人尤其是公共利益的憎恨言论。为了实行网络言论的规范化，2013年9月最高人民法院和最高人民检察院明确了在互联网中“捏造事实诽谤他人”的法律判定，对办理利用信息网络实施诽谤、寻衅滋事、敲诈勒索、非法经营等刑事案件适用法律的若干问题进行了解释。这标志着我国开始重视不良网络言论，为遏制网络不良言论，从立法层面上来采取措施，实行网络言论的规范化管理，对憎恨言论进行治理。

1. 网络憎恨言论治理的理由

憎恨言论的治理面临一种棘手的冲突，这就是如何平衡言论自由和憎恨言论治理。言论自由应该得到保护，但我们也不能忽视憎恨言论带来的伤害和不良后果，必须对憎恨言论进行治理。

首先我们必须注意到言论自由的非绝对性。相较于传统传播，网络传播有着许多优势，如全球化的规模，服务性的功能，时空的压缩等。网络表现出了言论自由独特的价值。第一，权力的平民化。“传媒上的每一次进步，都对人民与政府间的对话有极大的影响”。[①] 网络媒介下放了话语权，可以更方便地收集民意，也可以为网民在互联网中获得言论自由提供更多的机会。第二，传播的“高速公路”。信息网络传播效率大大提高，传播成本包括信息发布的过程都大为缩减，网络信息传播的及时性特征远胜于传统媒体。第三，思想的“竞技场”。在“观点的自由市场”理论中，当“正面的”和“负面的”两种思想互相碰撞后，正义的力量才最终会打败邪恶。“经验证明，与掩盖罪恶相比，暴露更有利于消除罪恶，而言论自由就是暴露罪恶的途径。”[②] 解决矛盾冲突的一个重要且必要的条件是言论自由，因此解决公共问题需要采用公开自由的方式。第四，社会的“减压阀”。巨大的现实压力面前，人们需要一个宣泄口来减压。如果缺乏这种减压阀，就可能出现更多的矛盾和冲突，言论自由可以给人们释放情绪、抒发情感提供机会，从而可以减轻压力，减少社会矛盾的发生。因此，合理治理憎恨言论，减少憎恨言论的社会风险，对言论自由的保护必不可少。

作为人类重要的基本权利，言论自由的价值不容忽视。然而，真正意义上的绝对自由是不存在的。如果满足所有人的绝对言论自由，他人的利益势必会被损害，真正的自由恰恰是在一定的限制下才能

① 比尔·盖茨. 未来之路［M］. 北京：北京大学出版社，1996：337.

② 赵娟. 为什么言论必须自由——手段与目的意义上的考察［J］. 江苏社会科学，2005，(5)：155-160.

得到保证。自由应该接受法律的约束，而且不应侵犯他人权利。例如在美国，当国家或公共秩序存在“明确且现实的危险”，出现利益冲突时，也会对言论自由进行一定的限制，包括新闻自由在内的所有自由。“并非人人爱怎样就可怎样的那种自由（当其他任何人的一时高兴可以支配一个人的时候，谁能自由呢?）”①，憎恨言论可能会伤害他人，也可能侵犯其他主体的权利，因此不能以言论自由为依据要求绝对的自由。

其次，我们必须注意到憎恨言论的伤害性。憎恨言论一方面可能使主体的传播权利受到侵犯，一方面会带来严重的后果。憎恨言论带来的伤害是一种沉寂化的效应，也有可能带来群体极化，“一经媒体刊出，伤害的就可能不仅仅是当事者个人，而是一个团体、阶层、种族及区域”②。首先，被理解、被倾听权的被忽略。在传媒接近权理论中，社会上的成员指的是社会上的所有一般成员，包括主流群体及少数群体在内都可以也应该利用传播媒介阐述主张、发表言论和开展各种活动。传媒的义务和责任是向每一位受众开放，还包括给予主体被倾听和被理解的权利。因此，公众应该拥有自由表达自己信息的权利，而倾听和理解他们的声音则是社会、新闻机构以及政府的义务。憎恨言论的受害者的声音常常容易被忽略。在构建和谐社会的过程中，被历史性边缘化的公民在公共传播中发布的声音能够被倾听是必不可少的。其次，“被憎恨”群体的沉寂。“被憎恨”群体往往是社会中少数群体或是弱势群体，就算他们发表了自己的言论，但“即使他们发言了，他们的言辞也缺乏权威性，这似乎无异于他们什么都没有说”③。社会意见的形成是一个螺旋上升的模式，即少数意见会愈见沉默，优势意见不断高涨，处于少数派的人群会趋向于不表

---

① ［英］约翰·洛克. 政府论［M］. 叶启芒，瞿菊农，译. 北京：商务印书馆，1996：36.

② 贾岳，储靖农. 禁绝媒体语言歧视［N］. 中国新闻出版报，2006-04-28（003）.

③ ［美］欧文·M. 费. 言论自由的反讽［M］. 刘擎，殷莹，译. 北京：新星出版社，2005：13.

达自己的意见，这主要是从众或是害怕会孤立的心理，[①] 并且舆论的冲击会进一步加剧信心和动力的丧失。最终“被憎恨”的弱势群体声音被埋没，沉寂了下去，而言论的攻击会使他们的自尊心受损，安全感被破坏，导致这一群体离主流社会越来越远，最终被边缘化。最后，“被憎恨”群体的极化。群体极化是指群体在决策过程中会偏向极端，冒险或保守的极端都有可能，因为群体本身都具有某种特定的偏向爱好。草根阶层的匿名表达使网络舆论偏向冒进，具有一定程度的非理性。人们往往喜欢在网络中找寻志同道合的朋友，然后形成团体，网络就是这样模式化的社区，团体之间判断个人和群体的价值常会贴标签。刻板成见常会影响团体的内部，因此群体的狂欢和迷乱在大众时代常会出现，而在偶然事件中被某些共通情感整合起来的群体会产生巨大的爆发力，带来严重的后果。由此可见，累积的憎恨情绪会加深社会裂痕，破坏社会美德。

网络憎恨言论甚至可能导致暴力型社会运动。回顾人类历史，与憎恨言论有关的悲剧不在少数。被称为“头号反犹煽动者”的尤利乌斯·施特莱歇尔在长达 25 年间不断煽动反犹情绪，鼓吹反犹言论，犹太人被大屠杀的惨剧与此间接有关。1994 年，非洲国家卢旺达也发生了与憎恨言论有关的惨剧，三位媒体负责人营造种族憎恨的氛围，使用手中控制的媒体，宣传图西人的负面形象，最终导致成千上万卢旺达平民死亡的惨剧。我国是多民族的国家，许多少数民族还保留着自己的语言和信仰。地理位置的不同、生活方式的不同、思想观念的差异等都会导致矛盾的发生。我国的民族和宗教问题具有历史性、复杂性和国际化等特点，一直都比较敏感。民族分裂分子如“藏独”和“疆独”分子开始利用互联网，挑动憎恨情绪，企图分裂国家。

① 郭庆光. 传播学教程［M］. 北京：中国人民大学出版社，1999：219.

2. 网络憎恨言论治理模式

憎恨言论治理模式的选择与对待言论的双重属性（自由性和伤害性）的态度密切相关。世界各国的憎恨言论治理模式各有特点，大体上可以概括为两种模式：以美国为代表的宽容派和以欧洲为代表的严格派。前者倾向于言论的自由性，后者倾向于言论的伤害性。

劳伦斯·莱斯格认为，在现实空间中规范人类行为有四种约束力：法律、规范、市场和代码（架构）。[①] 他认为，这四种约束力在一定的道德价值观下协调合作，同样适应于互联网空间。法律可以直接制裁某些行为，比如惩罚诽谤和谣言，开展对版权和专利的保护；网络规范由网络礼仪和网络社交行为等组成；市场可以调节人们对网络和网络内容的接触；架构则是借助网络代码实现对互联网的治理。莱斯格的网络行为规范模型对憎恨言论治理模式的分类有重要参考价值。美国模式倾向于依靠市场、代码和规范的作用，欧洲模式倾向于依靠法律的作用。

美国属于倾向言论自由的宽容派，对于憎恨言论的治理主要依靠自下而上的治理模式，由个人及行业进行自律。憎恨言论的治理，美国经历了由宽容憎恨言论——限制憎恨言论——宽容憎恨言论三个阶段。20 世纪 40 年代初，美国法院不主张对憎恨言论进行限制，持相对宽容的态度，依据宪法只有当憎恨言论构成明显的、现实的危险时，才能进行限制，主要依赖“明显且现实的危险”原则。自 1942 年“查普林斯基诉新罕布什尔州案”到 20 世纪 60 年代中期的民权运动，在这 20 余年间美国法院系统重申对言论自由的限制，对憎恨言论的态度发生了由宽容到限制的巨大转变，确立了新的审判原则，明确淫秽、亵渎、诽谤、侮辱及挑衅等言论不受言论自由保护。因为与限制这些言论可以带来的社会利益如维持社会秩序和道

---

① ［美］理查德·斯皮内洛. 铁笼还是乌托邦：网络空间的道德与法律（第二版）［M］. 李伦，等，译. 北京大学出版社，2007：2.

德规范相比，放任言论自由并不更有益于社会，对探寻真理也没有太大的价值。其后，民权运动爆发，美国社会逐渐倾向于言论自由，开始更加关注言论自由的价值。大法官布伦南认为，公共讨论应该是不受限制的，应是强而有力且开放的，由“查普林斯基案”的相对严格的态度转变为较为宽松的。可见，美国建国历史曲折，曾饱受压迫，使美国人深刻认识到言论自由的价值和言论自由不受克减的重要性。[①] 因此，美国对憎恨言论的态度是偏向宽松的，强调保护言论自由的价值。

在对不良言论进行治理方面，美国也做出了不少的尝试。首先，法院遵循双轨理论，对不同形态的言论施行不同的审查标准，主要包括基于内容的治理模式和内容中立的治理模式。如果要治理某一言论所表达的内容，那么法院必须实行较为严格的审查。内容中立的治理模式是指法律不限制言论所表达的思想，或者对某议题的讨论，而只治理言论发表的方式，法律的治理措施对于这种言论一般较为宽松。其次，法院针对基于内容的治理会考察其是基于议题的治理还是基于观点的治理。一般来说，基于议题的治理会遵循双阶理论，将言论区分为高价值和低价值，治理高价值言论与宪法不相容；而宪法第一修正案不允许基于观点的治理。最后，法院对低价值言论的治理较为严格，这主要是根据美国联邦最高法院对有关言论自由的案件的判决。低价值言论主要包括商业言论、色情言论、猥亵言论、挑衅言论、诽谤言论和煽动违法言论等，可将憎恨言论纳入低价值言论。其中主要援引“查普林斯基案”治理挑衅言论；采用实质恶意原则、真实抗辩和合理评论原则治理诽谤言论；遵循“明显且现实的危险”原则治理煽动违法言论。

目前，美国依然存在紧张的种族关系，歧视和憎恨问题层出不穷。憎恨言论的现实影响被低估，未将憎恨言论明确纳入低价值言

① ［美］安东尼·刘易斯. 言论的边界：美国宪法第一修正案简史［M］. 徐爽，译. 北京：法律出版社，2010：8.

论，这极大地阻碍了憎恨言论的受害者充分地、真正地融入美国社会。2017年发生在弗吉尼亚州夏洛茨维尔市的骚乱事件，表明放任憎恨言论可能会给美国带来极大的不稳定。这次事件已引起民众极大的关注，也可能会改变相关政策和法律。

与美国模式相比，欧洲对憎恨言论的治理较为严格，更专注憎恨言论的社会危害性，更倾向于依靠法律，实行自上而下治理模式。这主要有两个方面的原因。其一，欧洲历史上曾发生种族大屠杀，这深深地伤害了整个欧洲特别是德国的民众，人们对种族憎恨言论深恶痛绝。其二，目前欧洲的网络憎恨言论现象比较突出，欧盟委员会开展的“反憎恨言论运动”调查显示，1 274名英法公民中，在网络中遭遇过憎恨言论的人占78%。[①] 因此，憎恨言论必须受到重视，特别是互联网中的憎恨言论。

在欧洲，如果某种言论有可能伤害到某一少数群体，那么他们会表现出高度的敏感和警惕。威胁、谩骂、非难、侮辱或故意骚扰等交流形式是不允许的，而针对种族、文化背景、国籍、肤色的憎恨言论也是被禁止的。“即使是意见，当发表意见的情况足以使意见的发表成为指向某种祸害的积极煽动时，也要失去其特权。”[②] 在欧洲国家中，言论自由地位较高的国家是丹麦，但从2000年起该国大约有40人因憎恨言论被法律制裁。欧洲各国的相关法律法规中都可见有关憎恨言论的规定，可见欧洲大部分国家都对憎恨言论采用立法的方式进行治理。《公共秩序法案》明确禁止发表针对群体的种族、肤色、国籍、血统的憎恨言论。《欧洲人权公约》《公民与政治权利国际公约》《消除一切形式种族歧视国际公约》等国际公约明确规定必须限制传播自由在一定范围内，严厉禁止和处罚煽动种族歧视、敌视或强暴以及涉及国家公共安全或他人名誉和权利的言论。

① Survey results, Young people's experience and attitude towards hate speech online [DB/OL]. http://www.nohatespeechmovement.org, 2015-10-10.

② [英] 约翰·密尔. 论自由 [M]. 许宝骙，译. 北京：商务印书馆，1959：65.

在西方国家中，首个对网络危害性言论专门立法进行治理的国家是德国。德国通过立法对憎恨言论进行严格治理，人的尊严作为人的一项重要的宪法权利写入了德国《基本法》，人的尊严甚至具有高于言论自由的地位。德国《刑法典》第 130 条规定，煽动针对少数群体的仇恨和暴力的行为无需产生显示的危险就可受到法律惩罚。第 185 条至第 187 条明确了惩罚针对群体侮辱、诽谤的条款。根据这些条款的规定，满足以下四条的属于憎恨言论需要承担相关的刑事责任：①以少数群体为攻击对象；②该目标群体不同于一般公众，具有自身的特征；③遭到攻击的是整个群体，而不是群体中的某个个体；④言论针对的是该群体的固有特征，如民族、种族或其他特征。[①] 德国《民法典》也对憎恨言论的发表者应承担的民事责任做了相应规定。

以德国为代表的欧洲国家在言论自由和个人尊严之间，倾向于对个人尊严的尊重，采用严格的自上而下的以法律和政策为主导的治理模式。这种模式的支持者认为合理限制非真理和反民主的言论是必要的，当然言论自由有一定积极的价值，政府应积极作为更好地履行保护言论自由的义务。

3. 网络憎恨言论治理的对策

通过总结目前世界上主导性的憎恨言论治理模式，可以为我国治理网络憎恨言论提供参考的样本。在对憎恨言论进行治理时，我国可以借鉴和综合这些治理模式的优点，提出适合自己的治理模式。

目前我国的法律法规尽管没有使用“憎恨言论”这一术语，但在其治理的言论类型中涉及了憎恨言论，并主张对这类言论进行严格治理。我国将与憎恨言论相关的言论归为危害国家安全、煽动民族仇恨与民族歧视等言论，并对之进行严格监管。我国相关法律法规明

---

① 龚艳．仇恨言论法律治理模式研究［M］．厦门：厦门大学出版社，2013：157.

文禁止的此类言论包括：危害国家、集体利益，煽动民族仇恨、民族歧视，破坏社会稳定等。例如，《中华人民共和国刑法》第 249 条规定：煽动民族仇恨、民族歧视，情节严重的，处三年以下有期徒刑、拘役、管制或者剥夺政治权利；情节特别严重的，处三年以上十年以下有期徒刑。第 250 条规定：在出版物中刊载歧视、侮辱少数民族的内容，情节恶劣，造成严重后果的，对直接责任人员，处三年以下有期徒刑、拘役或者管制。《中华人民共和国治安管理处罚法》第 47 条规定：煽动民族仇恨、民族歧视，或者在出版物及计算机信息网络中刊载民族歧视、侮辱内容的，处十日以上十五日以下拘留，可以并处一千元以下罚款。另外，1997 年出台的《计算机信息网络国际联网安全保护管理办法》，2000 年颁布的《中华人民共和国电信条例》和《关于维护互联网安全的决定》，以及 2002 年出台的《互联网出版管理暂行规定》皆涉及了互联网出版关于载有煽动民族仇恨、民族歧视，破坏民族团结，或者侵害民族风俗、习惯的内容的禁止性规定。2017 年 6 月 1 日起施行的《中华人民共和国网络安全法》规定任何个人和组织使用网络应当遵守宪法法律，遵守公共秩序，尊重社会公德，不得危害网络安全，不得利用网络从事危害国家安全、荣誉和利益，煽动颠覆国家政权、推翻社会主义制度，煽动分裂国家、破坏国家统一，宣扬恐怖主义、极端主义，宣扬民族仇恨、民族歧视。

我国对憎恨言论的治理模式更倾向于欧洲模式，实行自上而下的以法律法规为主导的治理模式。由于我国互联网发展较晚，针对网络的立法仍处于发展阶段，对憎恨言论治理尚没有系统的、具体的、针对性强的法律和法规，具体实施过程又比较类似美国自下而上的自律模式，依靠媒体行业准则和个人道德。这意味着我国对憎恨言论的治理模式兼具欧洲和美国两种模式的特征，表明我国重视法律规范、技术规范和道德规范等在治理网络憎恨言论中的作用。

对网络憎恨言论进行治理，我们应立足我国国情，借鉴欧洲模式和美国模式，借助莱斯格的网络行为规范模型，充分发挥法律规范、技术规范和道德规范的作用，既自上而下通过法律规范，又自下而上通过技术和道德规范，实现对网络憎恨言论的有效治理。

第一，要重视法律规范在网络憎恨言论治理中的权威作用。

法律是享有立法权的立法机关制定，由国家强制力保证实施的规范总称，每个社会都通过法律来保障公民的权利和义务。网络空间并非空穴来风，是基于现实空间形成的，但它也具有新的特征，法律法规应当对此做出及时的反应。“网络空间的现实存在、社会关系的变化必然导致调整社会关系的法律现象产生变动。网络空间中存在的各种法律现象尽管同现实空间的法律现象保持着必要的联系，但新的空间领域需要新的调整方式和规范。”[①] 对网络进行立法可以实现对公众的现实和网络权利的保障。我们的调查结果显示，94.11%（包括非常赞同及赞同者）的人认为保护人格尊严很重要，88.69%的人（包括非常赞同及赞同者）认为憎恨言论应该引起重视，具体结果见表 4-1。

表 4-1　人们对保护人格尊严及治理憎恨言论的态度调查

	很赞同（%）	赞同（%）	无所谓（%）	不赞同（%）	极不赞同（%）
保护人格尊严很重要	64.25	29.86	4.99	0.45	0.45
憎恨言论应该引起重视	50.23	38.46	9.05	0.9	1.36

关于人们对立法治理憎恨言论的态度的调查结果显示，61.54%（包括非常赞同及赞同者）的被调查者认为应该立法，具体结果见图 4-7。

以某一弱势群体为攻击对象，用攻击性、侮辱性的和冒犯性的言论来攻击其成员的社会和人身价值的言论，应该受到惩罚。憎恨言论

① 韩大元. 因特网时代的宪法学研究新课题［J］. 环球法律评论，2001，(1)：52-56.

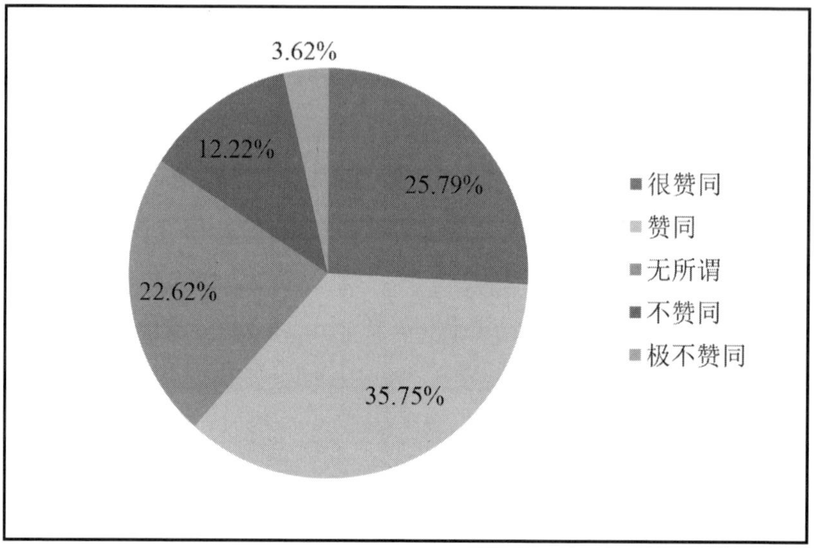

图 4-7　人们对立法治理憎恨言论的态度调查

传播带来负面效果表现为传播者的攻击意图和导致暴力冲突的程度，以这个作为依据来判断憎恨言论的治理力度，也就是说可以采用治理力度与伤害后果相符的原则。因此，在治理网络憎恨言论时，我们根据其造成的后果进行区别对待。由于对憎恨言论做事先审查的危险性较大，因此根据其带来的后果进行事后惩处更具有可行性。第一，判断憎恨言论的伤害性。伤害性的判断标准包括：传播者攻击的对象是无辜的，传播者明知会带来的不良后果，传播者是具有完全的认知能力和预见能力的行为人，憎恨言论产生了伤害结果。第二，判断言论带来的伤害类型。如果网络憎恨言论造成的是对个人的伤害，伤害的类型有身体层面的伤害和情感层面的伤害。根据不同层面的伤害，予以法律惩处。第三，如果言论损害了国家或社会大范围的利益，则必须进行严厉的法律惩处。

仅仅采用硬性的法律对憎恨言论进行治理是远远不够的，一方面存在实际施行的困难，另一方面有可能规范过度而难以保证言论自由的权利。对网络憎恨言论的治理难度更大，因为网络中的冲突不是“面对面”的，很难确定是否存在“即刻且现实”的危险。网络已经成为大众表达意见、交流思想的重要平台，赋予了公民更自由的发言权，这也增大了治理难度。为了创造一个良好的舆论环境，遏制憎恨言论的传播，应该在法律上明确憎恨言论的范围和判断标准。

第二，要重视技术规范在网络憎恨言论治理中的独特作用。

对网络而言，技术规范主要表现在代码或架构（architecture）等方面。代码或架构是对人的行为进行约束的限制，但这种限制与法律法规和市场不同，就像自然界中天然形成的山脉、河流以及人工建造而成的房屋、桥梁等。这种规范力是物理性的，是自我执行的。代码是网络世界的“架构”，主要包括互联网的程序和协议。网民的行为受代码的约束和控制，开发和使用过滤技术等可以对憎恨言论进行治理，例如互联网内容筛选平台（PICS）和其他过滤软件，通过代码可以限制人们对某些网站或内容的访问。

过滤技术常常通过网站或网页的标签来实施，使用过滤技术和贴标签必须遵循自主、自律、公正和透明四个原则，要求我们以负责任的态度对待治理憎恨言论的代码，这与个人和行业的道德水平的提升也是分不开的。自主原则要求我们不能简单地强制推行贴标签和使用过滤系统，给自己网站贴标签应由网页制作者自主决定，应赋予公众决定是否安装过滤器的自主权。自律原则要求网站自律，用诚实和准确的态度来贴标签。公正原则要求鉴定网站的第三方做出的鉴定应该灵活，可以接受外部的合理审查，并且必须达到公正、准确和一致。透明原则要求屏蔽软件和鉴别方案必须具有足够的透明度。[①] 过滤软件在实际运用中存在许多困难，例如，在不同语境下，言语是否是憎恨言论，以及憎恨的程度可能因人而异。“在肉食者面

① ［美］理查德·斯皮内洛. 铁笼还是乌托邦：网络空间的道德与法律（第二版）［M］. 李伦，等，译. 北京：北京大学出版社，2007：60.

前吃肉，不可能冒犯肉食者，但是，素食者可能觉得这种行为具有冒犯性”。[①] 许多憎恨言论在很多时候处在灰色领域，定性是模糊不清的，当传播者和受众拥有不同的信仰、情感或态度时，因憎恨言论受到伤害的鉴定就变得极为复杂。因此。相较于色情言论，憎恨言论的鉴定需更谨慎和更准确。

第三，要重视道德规范在治理网络憎恨言论中的关键作用。

斯皮内洛极其重视道德的规范作用，认为道德规范属于社会规范，是一种软性约束力，主要通过其规范包括网络礼仪和社交习惯等对网络行为进行约束。作为一种单独的规范力，道德规范对治理憎恨言论具有重要的作用。需要特别指出的是，核心道德价值作为一种具有辐射性的规范力，是其他规范力的规范力。斯皮内洛认为，在莱斯格网络行为规范模型中，处在四项规范力之上的是核心道德价值，不管在哪种空间，现实的还是网络的，人类行为最高的规范是人类的繁荣，人性内在的“善”对网络空间有结构性的或指导性的作用。斯皮内洛指出，网络空间的终极管理者是道德价值，而非工程师们的代码，也不是政府的强制法令条款。[②] 我们关于公众对道德治理网络憎恨言论的态度调查显示，85.07%（包括很赞同和赞同）的调查者认为治理网络憎恨言论道德引导比法律惩处有效，具体结果见图 4-8。

重视道德规范及其核心价值在治理网络憎恨言论中的作用，可以从自律意识、舆论引导、提高媒介素养等方面入手。

强化自律观念，包括网民和网站的自律。网民应严格要求自身在网络中的言行，秉守慎独精神，在网络伦理道德范围内实施自己的行为，规范自己的语言，对自己的言行承担道德上的责任。[③] 通过自

① ［美］特雷尔·拜纳姆，［英］西蒙·罗杰森．计算机伦理与专业责任［M］．李伦，等，译．北京：北京大学出版社，2010：329.

② ［美］理查德·斯皮内洛．铁笼还是乌托邦——网络空间的道德与法律［M］．李伦，等，译．北京：北京大学出版社，2007：7.

③ 朱亚进．浅谈网络监管与网络伦理并重条件下的网络发展［J］．职业，2013，（20）：55-56.

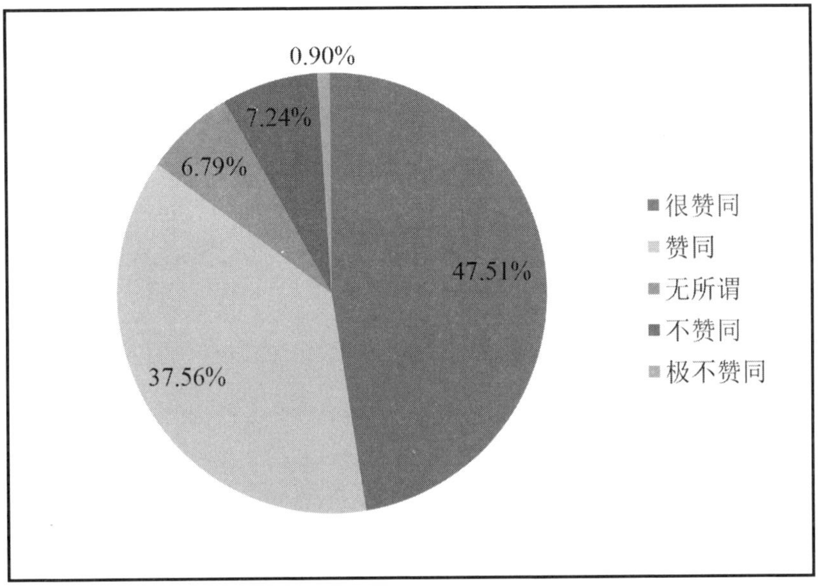

图 4-8　人们对道德治理网络憎恨言论的态度分布

律，网民在发表不良信息时会有更多的思考，从而减少网络憎恨言论。网站管理者应成为严格的把关人，拥有基本的职业道德素质，不能为追求传播信息的速度和及时性而牺牲信息的真实性和公正性，特别是大型网站，更不能传播有强烈攻击性和冒犯性的言论。

正确引导网络舆论。在我国与世界经济接轨的过程中，我国传统理念与西方价值观的冲突时有发生。在这种矛盾和冲突中，我国网民容易接触并受到西方价值观的影响，并可能出现道德困惑。我们应利用社会主流价值观对舆论进行正确引导，培育良好的公共话语环境，使之理性客观，并具备交互性、礼仪性和中和性。

提高公众的媒介素养。媒介素养指媒介主体正确地、建设性地享用大众传播资源的能力，目的是使个体能够充分利用媒介资源，提高公民获取、理解、判断信息的能力。[①]“作为媒介环境中的特殊一员，

① 冷治夫，刘新传. 由“网络暴民”现象引发的对媒介素养教育的思考［J］. 东南传播，2008，(9)：30-32.

公民除了维护传媒受众公正、平等的知情权之外，自身的素养也是营造健康媒介环境的重要一环。客观、公正、真实的报道是中外传媒共同追求，也是‘传媒公民’的基本素养。”① 媒介素养高有助于主体控制自己的言行，道德素养好有助于将自身的行为约束在合理的范围之内。当个体可以对自己的情感和认知进行良好的掌控时，就可以控制网络憎恨言论的传播，即使憎恨言论已经产生，也可以将不良后果控制在一定范围内。

媒介能力是获取、分析和传播讯息的能力。媒介能力的提高不限于媒介相关专业人士，非媒介专业的公众也应该提高媒介能力。媒介能力的提高应该从基础教育方面入手。政府、社会团体尤其是教育机构应当给公众提供提高媒介能力的机会，公众也应该积极参与互联网道德和安全教育培训等活动。我们关于对待加强互联网道德或安全教育培训的态度的调查显示，79.18%（包括很赞同和赞同）的调查者表示应该加强此类培训，具体结果见图 4-9。

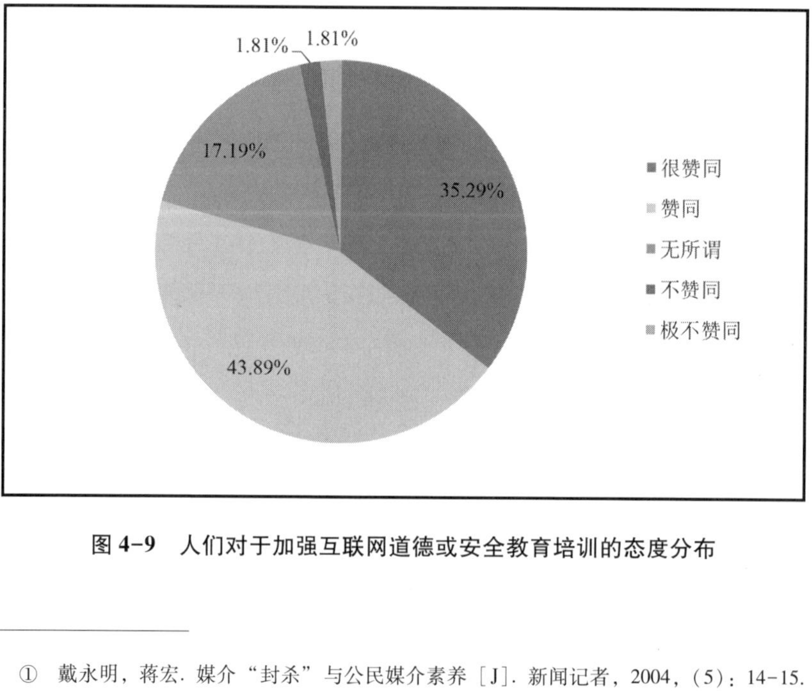

图 4-9　人们对于加强互联网道德或安全教育培训的态度分布

① 戴永明，蒋宏. 媒介“封杀”与公民媒介素养［J］. 新闻记者，2004，（5）：14-15.

充分发挥道德规范在网络憎恨言论治理中的作用，应遵守不伤害原则、尊重原则、公正原则等基本伦理原则。不伤害原则要求"公民个体的利益和意愿，不能伤害社会共同体其他成员的感情，包括公民主体的自主性、人格尊严与利益等"①。这是以不造成对他人不必要的伤害为原则，是人类最基本的道德。密尔认为伤害是对个人正当利益的阻碍或侵害，"当意见的发表情况足以使意见的发表成为指向某种祸害的积极煽动时，发表意见的特权也要失去"②。憎恨言论针对的常常是弱势群体，如以性别、民族、地域、宗教信仰等为特征的群体，不伤害原则是保护弱势群体免受伤害的重要原则。在人类基本的伦理原则中，底线是不伤害原则。尊重原则要求在任何时候都应尊重人的尊严和自由。康德强调了人的尊严，认为"人在任何时候都是目的，永远不能仅仅看做手段，因为人格有着无上的价值，因而人必须是被尊重的对象"。③ 共同的社会价值取向也是以人为本，尊重个体的独立人格、尊严和正当利益，追求人的自我完善和发展。公正原则要求维护各方利益的均衡，保证社会上每个成员获得公平的待遇。憎恨言论涉及群体的利益关系，容易导致不公正和不平等，因此，治理憎恨言论及其危害应当引入公正原则。憎恨言论在网络中传播的一个原因是利益冲突，公正原则可以维护利益平衡，并实现公共利益最大化。因此，在对憎恨言论进行治理时，应坚持不伤害原则、尊重原则、公正原则。在这些基本伦理原则的指导下，从法律规范、技术规范和道德规范三个方面对憎恨言论进行治理。

总之，针对网络憎恨言论的治理，我们应该是在不伤害、尊重、公正等基本伦理原则的指导下，参考欧洲自上而下的法律规范模式与美国自下而上的自律规范模式，结合我国的具体情况，采用综合性

---

① 晏辉，等. 公共生活与公民伦理［M］. 北京：北京师范大学出版社，2007：202.

② 黄伟合. 英国近代自由主义研究——从洛克、边沁到密尔［M］. 北京：北京大学出版社，2005：51.

③ ［德］康德. 道德形而上学原理［M］. 苗力田，译. 上海：上海人民出版社，1986：81.

的政府主导的多元治理模式，通过提升法律规范的公正性和技术手段的可靠性，重视道德的力量，有效地治理网络憎恨言论。网络憎恨言论的治理应在多方的合作下进行，充分发挥各方的积极性，平衡各方利益，在政府与社会、公众之间建立信任关系。只有这样，网络憎恨言论的治理才能达到预期的效果，使网络成为一个公平正义的空间。

第五章　网络商业言论及其治理

商业言论是指言论主体为了获得交易机会，利用一定的传播媒体对其所提供的商品或服务所作的描述性言论。[①] 在互联网时代，网络的开放性和时空的跨越性，使资本追逐利益的本性在这个平台上暴露无遗。商家充分利用这个舞台发表自己的商业言论，以求在市场竞争中获得优势。本章我们主要从网络广告失范现象、网络软文广告、网络推手、网络不正当竞争等四个方面讨论网络商业言论及其治理。

一、网络广告失范现象

随着互联网技术的发展，广告业务在网络空间中拥有了一席之地。与报纸、杂志、电视、广播等传统媒体广告以及户外广告相比，网络广告具有日益明显的优势，已成为现代企业进行营销推广的重要阵地。但是，由于经济利益的驱使，一些企业丢掉了职业操守，在发布网络广告时丧失道德良心。网络虚假广告、违法广告、侵权广告时有发生。网络“牛皮癣”问题、弹窗广告、垃圾广告、隐性广告并不鲜见。网络广告的失范和无序，不仅损害了用户的合法权益，给社会带来不良的影响，也阻碍了广告业自身的发展。因此，网络广告失范现象不能不引起人们的关注。

---

① 昇叶. 商业言论的表达自由和限制［D］. 杭州：浙江工商大学，2012：9-10.

1. 网络广告的类型

网络广告起源于美国。1994 年 10 月 21 日，美国著名的 Wired 杂志推出网络版 Hotwired，首次在网站上推出网络广告，立即吸引了 AT&T 等 14 个客户在其网站主页上发布旗帜（banner）广告，这标志着网络广告的正式诞生。我国的网络广告起步稍晚，我国第一个商业性网络广告于 1997 年 3 月出现在网站 Chinabyte 上，也是旗帜广告。Intel 公司和 IBM 公司是在我国互联网上最早投放广告的广告主。[①] 历经多年的发展，随着网民的增多，网络广告已经成为我国互联网产业的支柱性商业模式，同时也成为企业进行市场营销的重要手段。

网络广告可分为广义网络广告和狭义网络广告。广义网络广告是指网络时代出现的与网络有关的所有广告，包括公益性信息、企业的商品信息，企业自身的互联网域名、网站、网页等。狭义的网络广告是指广告主通过付费方式在互联网上发布的，异步传播的含有声音、文字、图像、影像和动画等多媒体元素，可供上网者观看收听，并能进行交互式操作的商业信息传播形式。[②] 狭义的网络广告实际上就是商家、企业在网络上进行市场营销的手段，这是本章讨论的主要对象。

根据不同的划分依据，网络广告可以划分为多种类型。按照网络广告的传播载体进行划分，网络广告包括网页广告、电子邮件广告、搜索引擎广告、软件广告等。

网页广告是指放置在网站网页上的广告。网页广告通常以文字、图片或视频为载体。浏览网页是网民上网冲浪的主要方式，所以网络广告大部分是出现在网页上的。当用户打开网络浏览器时，这些广告会显示在浏览器或 APP 的界面上。企业的网页广告可以放在自己网站的网页上，也可以放置到其他公司的网页中，或放置在个人的微博、微信等社交媒体中。企业一般通过网络广告公司代理运作，在大

---

① 魏超. 网络广告［M］. 北京：中国轻工业出版社，2007：6-7.

② 刘友林. 网络广告实务［M］. 北京：中国广播电视出版社，2003：9-10.

型门户网站上登网页广告，常常选择知名度高、访问量大的网站，比如新浪、搜狐、网易等。网页广告形态多样，主要类型有以下几种：横幅广告、弹出式广告、编辑式广告、分类广告、赞助广告、链接广告、插播广告等。

电子邮件广告是指通过电子邮件向用户发送的广告信息。发送电子邮件广告首先需获得用户的电子邮件地址，一般而言可以通过两种方式收集用户的电子邮件地址。一种是通过各种途径获得大量用户的电子邮件地址，一种是电子邮件列表订阅的方式。对后者而言，用户一般是主动提供电子邮件地址的。也有一些专门的网络公司广泛收集互联网用户的电子邮件地址，并将其归类，然后将其卖给需要的广告主。电子邮件广告有的直接发送，有时也通过附带发送的形式，比如通过用户订阅的电子刊物、新闻邮件、免费软件以及软件升级等其他资料一起附带发送。也有的网站采取注册会员制，将广告与网站更新信息一起发送给会员。例如，当你在某网站注册成为会员后，它就会将你订阅的信息和部分广告内容发到你的邮箱里面。

搜索引擎广告是指广告主根据自己的产品或服务的内容和特点等，选择相关关键词，撰写广告内容，自主定价投放的广告。网络上的信息包罗万象，浩如烟海，在网络中获得自己需要的信息实非易事。自从有了搜索引擎，情况发生了巨大变化。正如谷歌自己打的广告，“子曾曰：知之为知之，不知 google 之。”搜索引擎为用户查询信息提供了极大的便利，备受用户的青睐。正因为搜索引擎方便高效，搜索引擎一度成了使用最广泛的网络服务。搜索引擎公司充分利用巨大的流量，推出了搜索引擎广告。随着 google、百度、搜狗等搜索引擎的成功推广，再加上广告主对搜索引擎广告的追捧，搜索引擎广告成为当今最热门的网络营销手段之一。当用户搜索广告主投放的关键词时，其广告就会在搜索结果中显示出来。搜索引擎广告包括关键词广告、竞价排名广告、地址栏搜索广告和网站登录广告等形式。通过搜索引擎竞价排名可以使浏览量快速增加，通过搜索引擎优化排名可以让企业获得更多的新客户。与其他网络推广方式相比，搜索引擎广告是给广告主带来新客户的最佳手段。

软件广告是指软件开发者把含有广告代码的插件或链接内嵌在软件中，当用户安装软件时，插件就会同时被安装到电脑上，而且内嵌的广告标识会显示在软件的界面。用户如果使用该软件或点击界面上的广告按钮，广告信息就会自动弹出，或者调用浏览器打开广告信息页面。[①] 在移动互联网上，软件广告也同样存在。打开手机客户端软件页面，映入眼帘的是一幅广告画面，点击跳过后才正式进入软件内容界面。目前在市场当中通过客户端软件盈利的公司大致有影音播放类、下载类、IM，目前在客户端软件当中的广告形式分别有展示广告以及文字链和视频广告。[②] 随着越来越多的免费共享软件的流行，网络广告也见机行事，大量的广告挤入客户端软件中，分广告市场的一杯羹，并催生了一些不规范的广告，甚至出现了所谓的流氓广告。2006 年，由于各种插件以及软件疯狂地弹出广告，引起了受众的反感，并引起了反流氓软件的行动。在这之后，流氓软件有所收敛，客户端软件广告投放次数减少，各种软件广告开始小心谨慎，规范自己的广告行为。

2. 网络广告的特征

随着网络技术、数字技术的发展，依赖网络媒介的网络广告拥有众多传统媒体无法拥有的优点，已经受到众多用户的青睐，众多广告公司都成立了专门的“网络媒体部”，以开拓网络广告的巨大市场。网络广告具有诸多超越传统广告的优势和特色，如网络广告的互动性、超时空性、多维性、经济性、可测评性、靶向性。

互动性是网络广告一个极其鲜明的特点。网络传播不同于传统媒体信息的单向传播，而是信息的双向互动传播。用户可以自主选择

---

① 高菲. 浅析我国网络广告的现状及类型［J］. 理论前沿，2014，(2)：217，220.

② 陈楚. 客户端软件广告增长缓慢［EB/OL］. http：//tech. sina. com. cn/i/2009-03-23/16422934420. shtml，2015-10-04.

他们需要的信息，满足个人对不同信息的需求。例如，用户可以点击广告画面，打开广告链接，进而了解更多关于商品的信息，也可以查询相关产品的信息。与此同时，也可通过网络在线聊天的方式向该卖家询问各类有关问题，得到满意答复后，可通过电子商务手段实现商品购买。购买后还可以对相关产品进行一定的评价，让商家可以更多地了解用户的反馈信息。网络广告是一种双向传播的广告方式，提高了沟通的效率，增强了用户与广告主之间的互动。

网络广告具有传播不受时间限制的超时空性。互联网是全球性的信息传输网络，网络广告具有不受时间和空间限制的特点。在传统媒体上发布广告受时间和空间的限制，而且更改较难。例如，报纸广告刊印后，就无法更改。因为报纸派发出去，就成为历史性刊物。对于网络广告来说，更改就比较容易，只要将新制作的广告内容替换即可，并且更改成本低。互联网广告还打破空间的界限，传播范围突破本地和本国范围，其受众遍及全国甚至全世界，扩大了广告的传播范围。

多维性是网络广告的重要特色。网络广告的多媒体、超链接技术，可以使商家将自己的产品尽可能详细地展现在用户面前。它还将文字、图像、声音、视频完美地结合在一起，传递多感官的信息，让受众全方位地感受商品和服务，增强了广告的说服力。随着网络广告的逐渐成熟，广告表现形式以及内容更加多层次、多元化，更具创新性，也就会取得更加满意的传播效果。

网络广告的靶向性是传统广告不可比拟的。网络广告不仅可以面向所有的网络用户，而且可以根据用户的网络行为习惯和需求细分市场。网络广告可以灵活地实现时间、地域和种类的定向投放，对消费者进行明确归类在一定程度上保证了广告的宣传推广效果。比如，在汽车网站上主要发布汽车广告，在房产网上主要投放推销房子的广告。网络广告还有“推”的功能，比如当你搜索某款产品后，你登陆其他网站，网站页面上会出现与之前搜索相关的产品广告。网络广告在针对性的基础上增加了智能化和人性化的特性，网络广告内容与浏览者喜好、访问历史等信息自动进行匹配，使网络广告的到达率得到提高。

网络广告的效果具有可测评性。传统广告的效果测评是通过收听率、收视率、发行量来评价，这与广告的实际到达率有一定的误差。比如，报纸的发行量只能说明卖出去了多少份报纸，但无法确定受众是否有效地看到广告版面，受众可能直接跳过广告版面，也可能根本就没阅读当天的报纸，直接将其扔进垃圾篓。所以，报纸广告的有效阅读量是很难计算的。网络的访问量相对于来说更加可靠，用户只要打开页面就会产生访问量，用户不可避免地就会看到页面上的广告。除此之外，用户还可以在第一时间进行意见的反馈，将更真实、准确的信息反馈给商家。

网络广告也具有很高的经济性。网络广告的成本较传统媒体的成本来说，要低很多。网络广告的千人成本一般是报纸的五分之一，是电视的八分之一，经济性强。随着电子商务的发展，部分网络广告具有立竿见影的效果。购物者浏览相关的促销广告后，萌生购物的念头，将产品加入到自己的购物车内，付款后就完成购物。这一系列连贯性动作，是很多网络用户都有过的体验。

3. 网络广告的失范行为

互联网为广告主提供了一个全新的平台，与传统的报纸、杂志、电视、广播等四大媒体广告以及户外广告相比，网络广告具有诸多得天独厚的优势，互联网正展现出一个绚丽多彩的广告世界。然而，有些商家为了追逐利益，违反基本的道德规范和法律规范，导致网络广告内容泛滥、无序发布等不良现象，严重损害了网络广告的形象。也就是说，网络广告的失范现象主要表现在广告内容失范和广告无序发布等方面。

网络广告内容失范主要表现在广告内容虚假、违反国家《广告法》的规定、侵犯个人权利等问题。

内容虚假是网络广告最为人诟病的问题。网络虚假广告蔓延在各个领域，包括美容整形、医疗服务、药品、医疗器械、化妆品、房地产、旅游等。明明是一件普通的保健品，被宣传成“包治百病”的神药；网上买了套化妆品，买回来比对才知道是“高仿”；宣传时说全程游览 7 个景点，住宿三等舱为 6~8 人间，配有空调和彩电，但实际上游客住的全部是 10 人间，没有空调和彩电，景点也缩减到只有两个。商家为了追逐利益，不惜采用夸张、造假的手法进行宣传，严重损害了消费者的合法权益，造成不同程度的经济和心灵的伤害。虚假广告作为一种不正当竞争的商业手段，以次充好、以假当真，污浊了正常的竞争环境，严重扰乱了市场经济秩序。遭遇多次广告欺骗后的公众，变得不再信任广告，甚至是厌恶广告，导致广告业的信任度下降，阻碍了广告业的良性发展。针对这些失范行为，《广告法》明确界定了构成虚假广告的五种具体情形：商品或者服务不存在的；商品的性能、功能、产地、用途、质量、规格、成分、价格、生产者、有效期限、销售状况、曾获荣誉等信息，或者服务的内容、提供者、形式、质量、价格、销售状况、曾获荣誉等信息，以及与商品或者服务有关的允诺等信息与实际情况不符，对购买行为有实质性影响的；使用虚构及伪造或者无法验证的科研成果、统计资料、调查结果、文摘、引用语等信息作证明材料的；虚构使用商品或者接受服务的效果的；以虚假或者引人误解的内容欺骗、误导消费者的其他情形。

网络广告内容违法也屡禁不止。这些含有违法内容的广告，危害的不仅仅是个人，而且对整个社会造成不良影响。我国《广告法》明确规定广告不得有下列情形：使用或者变相使用中华人民共和国的国旗、国歌、国徽，军旗、军歌、军徽；使用或者变相使用国家机关、国家机关工作人员的名义或者形象；使用“国家级”“最高级”“最佳”等用语；损害国家的尊严或者利益，泄露国家秘密；妨碍社会安定，损害社会公共利益；危害人身、财产安全；泄露个人隐私；

妨碍社会公共秩序或者违背社会良好风尚；含有淫秽、色情、赌博、迷信、恐怖、暴力的内容；含有民族、种族、宗教、性别歧视的内容；妨碍环境、自然资源或者文化遗产保护；法律、行政法规规定禁止的其他情形。广告也不得损害未成年人和残疾人的身心健康。

网络广告内容失范还表现为侵犯个人权利，如隐私权和肖像权等。隐私权和肖像权是公民的基本权利，但是有些广告主为了扩大宣传效果，获取更多的经济利润，在未取得他人同意的情况下，滥用他人的隐私与肖像。2013 年 8 月，著名演员徐静蕾发现在自己不知情的情况下，她的肖像出现在某电器的宣传杂志上，并且该杂志在全国各大商场均有宣传。电器公司和该家杂志在未经徐静蕾授权的情况下，擅自将其肖像进行营利性使用并广泛宣传，侵犯了她的肖像权，同时侵犯了她作为影视导演、演员、公众人物许可他人使用自身肖像获得经济利益的权利。除了名人之外，普通大众也有此遭遇。如武汉市黄女士的女儿和女婿结婚迎亲的照片，被婚庆公司发布到微信朋友圈，做成功案例的典范，并且还附上一些宣传用语。该婚庆公司在照片上传前后都未获得当事人的同意。

网络广告失范行为不仅表现在广告内容失范方面，而且表现在形式上的无序发布等方面。牛皮癣广告、弹窗广告、垃圾广告是网络广告无序发布的典型表现。

网络牛皮癣广告是网络广告无序发布的突出表现。“牛皮癣”本来是指在车站、街道、厕所、小区等公共场合非法张贴或者涂写小广告的现象。[①] 在网络论坛、博客、微博和一些聊天群上，到处充斥着牛皮癣广告。相比传统牛皮癣广告，网络牛皮癣广告显然更加省力和节约成本，免除了印刷这个环节，在网上复制粘贴即可搞定。网络牛皮癣广告的制作也比传统牛皮癣广告更为精良，常常搭配各种彩色图片，可谓图文并茂。当你在网上织了一条“祛痘反孔计划”的微

① 百度百科. 城市牛皮癣［EB/OL］. http：//baike. baidu. com/view/446242. htm？fr = aladdin，2015-10-04.

博后，立马有陌生的网友前来围观，并且有关切的慰问，当然少不了“中肯”的建议，“亲，我有一个朋友用了一个月时间就无痘痕”。更加温馨的提醒是评论中还附有相关的链接地址，打开一看原来是淘宝地址，看到一个千疮百孔的女性和一个白皙粉嫩的美女比照图，除了“有图有真相”，还有相关祛痘产品呈现。这种无处不在的小广告就是网络牛皮癣。牛皮癣广告见缝插针，让公众防不胜防，它不仅打扰了公众的正常网络生活，而且它的隐秘性还可能设下陷阱让消费者上当受骗。别有用心的人提供的网址，一旦点击就会让用户的电脑中毒，或者密码被盗。

弹窗广告是最令用户反感的广告发布方式。弹窗广告是指用户打开网站后，无需用户点击就会自动弹出来的广告。[①] 弹窗广告包括流氓弹窗广告，即当用户打开网页时，出现弹窗广告，当用户关闭这些弹窗广告时，又会弹出新的广告。更可恨的是，当弹窗广告被不法分子利用时，如果你不小心点击了弹窗广告，就等于捅了马蜂窝一样，无数的弹窗向你蹦出来，无法将其关闭。轻则中断当前的正常程序，重则须重装系统，丢失所有资料。美国麻省理工学院媒体实验室知名科学家伊凡·佐克曼在《大西洋月刊》上撰文称，自己20年前发明的弹窗广告给网络用户带来了很大的麻烦，并为此表示道歉。其实弹窗广告创立的初衷并不是这样的，它是向广告主提供价格低、曝光效果好并能主动定向推送的广告。但是，随着弹窗广告的普及与发展，才渐渐走上了歪路。除大型门户网站在弹窗式广告的使用上比较遵守规则，多数非正规的小网站，都在肆无忌惮地植入弹窗式广告，强制用户查看。这种做法不仅耗费了网民的上网时间，侵害了信息选择阅读的权利，在一定上破坏了上网者的情绪，而且植入了病毒的弹窗广告还会对用户的电脑以及电脑里的信息造成难以挽回的损害。

---

① 王君知. 网络弹窗广告的伦理思考［J］. 湘南学院学报., 2011, 32（6）: 22-25, 50.

垃圾广告也是让人生厌的广告。垃圾邮件广告是指通过群发方式发送给成千上万网络用户的、不请自来的电子邮件广告。[①] 垃圾邮件可分为三类：一类是不法商业分子盗取、非法收集、倒卖大量电子邮件中的用户资料，然后通过群发软件给用户散发广告；一类是存在一些政治目的的垃圾邮件；还有一类就是近年出现的病毒与垃圾邮件联合攻击用户的垃圾邮件。网络垃圾广告最早出现在 1993 年。当时美国两个移民律师劳伦斯·康得和马尔瑟·西格尔为他们的绿卡法律服务向数千个 Usenet 的新闻组发送了相同的广告。之后，其他企业迅速发现了这种宣传方式的巨大潜力。网络传播价格低廉更加促成了这一方法的广泛运用，因为许多网络服务供应商只对网络访问收取一定的费用，对信息的发送者而言，发送 1 000 条信息和发送 1 条的花费是没有区别的。互联网的普及使电子邮箱渐成垃圾广告的集散地，加上网络管理上的滞后和技术上的便利，到 1997 年垃圾邮件开始泛滥成灾了。中国互联网协会发布的《中国网民权益保护调查报告 2016》显示，半年时间内，网民平均每周收到垃圾邮件 18.9 封，垃圾短信 20.6 条，骚扰电话 21.3 个。骚扰电话是网民最反感的骚扰来源，“电脑广告弹窗” 和 “APP 推送信息” 紧随其后。[②] 这些电子邮件数量多，发送频繁，并且用处不大，成为网民的众矢之的。北京金山软件公司概括了垃圾邮件的六大危害：占用大量传输、存储和运算资源，造成邮件服务器拥堵，降低了网络的运行效率；由于我国被其他国家视为垃圾邮件的温床，我国许多 IP 地址遭到封杀；严重干扰用户的正常生活，耗费收件人的时间、精力和金钱；垃圾邮件一旦被黑客利用，危害更大；严重影响电子邮件服务商的形象；传播色情、欺诈、反动等内容的垃圾邮件已对现实社会造成危害。[③]

---

① 李伦. 网络传播伦理［M］. 长沙：湖南师范大学出版社，2007：56.

② 中国互联网协会. 中国网民权益保护调查报告（2016）［EB/OL］. http：//www. isc. org. cn/zxzx/xhdt/listinfo-33759. html，2018-1-8.

③ 崔军强，李燕博. “祸国殃民” 垃圾邮件对我国有六大直接危害［EB/OL］. http：// news. sohu. com/2004/03/31/05/news219680579. shtml，2015-10-04.

互联网的特性既能助力广告的腾飞，也能阻碍它的发展，关键是看广告主如何运用和把握网络广告。网络广告的失范行为造成了许多的负面影响，受到用户的排斥，不利于广告业的发展。广告主要尽量规避失范行为，网络广告只有在不欺骗、不打扰、不侵权的情况下，才能够得到公众的认可，得到用户的喜爱，达到预期的效果。

二、网络软文广告与网络推手

网络软文广告和网络推手是处在模糊地带的两种网络商业言论。与那些显而易见违反法律的商业言论不同，这些言论或行为从表面上看来具有某种存在的合理性，但深究起来，这些言论具有某些消极影响。澄清其中的模糊问题，加强对它们的监管，对维护网络内容秩序具有重要意义。

1. 网络软文广告

软文广告是相对于硬性广告而言的。关于软文广告的界定，业界还没有一个统一的定论，目前普遍认同的定义是：软文广告是指企业通过策划，刊登在报纸、杂志或网络等媒体上，可以提升企业品牌形象和知名度、促进企业营销的文章，如新闻报道、深度报道和案例分析等。[①] 网络软文广告的精妙之处就在于一个“软”字，初看它似一篇知识性或娱乐性的文章，实则是一则广告。它追求润物无声的传播效果，当你阅读一篇软文广告时，你也许以为在阅读新闻或一般性文章，其实你已被软文广告操纵了，不知不觉中接受了它的广告企图。

一条秀照片、发牢骚、讲段子的明星微博，一篇正儿八经的科普文章或是新闻稿件，一则情深意切的博客，在这些看似个人的、真实客观的信息背后，可能是植入了可以获得巨大商业利益的“软广

① 吴晔. 对当下媒体“软文”的思考［J］. 新闻战线，2008，(2)：69-70.

告”。网络这一低成本、高效率的信息发布平台为软文的发展带来了新的强劲动力，软广告在这个广阔的平台上肆意驰骋，无论你身在何处，都可以见到软广告的身影，只是有时候被它的隐蔽性所蒙蔽，在不知不觉中深受其影响。

网络软文广告比传统的软文广告具有某种优势，可以运用多种文体，资讯报道、论坛发帖、博客文章、评论、留言，等等。网络上的各种文本编码形式都可以灵活用于软文，甚至可借助图片、视频等多媒体的信息作为辅助，使软文的传播效果进一步加强。[①] 在一定意义上可以说，网络软文广告是对硬广告的一种补充。相对于硬广告来说，软广告具有一些特点，如渐进式的叙述，渗透力强；商业味道淡，可信程度高；广告投入成本低，时效性强；消费者可以增长知识，扩大视野。网络软文广告的运作方式也多种多样，如用户体验式表达、内容生活化或故事化、网络推手的操纵等。

网络软文广告常常以用户体验式表达的方式呈现。互联网用户体验式软文是以第一人称书写与使用产品有关的直接或间接的经历或感受。尼尔森发布的全球广告信任度调查显示：“中国在线消费者会不同程度地信任他人或者熟人所推荐的商品。”[②] 用户体验式的网络软文包含的信息有以下几类：第一，对产品进行直接推荐。这类软文通常较短，大多数文章在开篇就将要推荐的品牌或产品名称列出，重点介绍产品的优点。第二，评论或评级。这类软文往往以消费者的角度影响其他人，主要是利用商品的评论评级机制发软文。如今消费者面对的产品种类越来越多，点评网站对该商品的评论便成了一些消费者进行消费前的参考。在该类网站中，用户对某种特定产品使用体验所发表的评论或打分评级对其他潜在消费者来说是一种隐形的排行榜，一定程度上影响了购买决策。第三，分享对产品的使用体验。该类软文着重对产品所带来的功效进行描述，并从使用者自身出

① 周小叶. 三赢的可能性——软文现象辨与析［D］. 上海：复旦大学，2010：40-41.

② 纪佳靖. SNS 广告传播研究［D］. 石家庄：河北大学，2010：5.

发，描述使用过程中自己的体会。第四，建议性说明。这类软文的特点在于对产品的缺陷着墨较少，大部分篇幅都落在以一个乐于助人的消费者角度，对商家或其他消费者进行善意提醒上。[①]

内容生活化或故事化是网络软文广告呈现的重要方式。互联网世界里信息爆炸，要想留住读者眼球，强化网民对其的关注与记忆，则必须将这些文字用一个强有力的线索贯穿，这就是故事化或生活化。通过讲述一个生活化的故事，引起读者的情感共鸣，将产品贯穿于整个故事中，使产品的“神秘性”给消费者造成心理暗示。讲故事不是目的，故事背后的产品是关键。以 Zippo 打火机为例，通常对于这个品牌的印象来自于关于它的故事，例如，Zippo 挡子弹的故事、Zippo 和渔夫的故事、Zippo 与飞行员的故事、Zippo 和洗衣机的故事、Zippo 充当信号灯的故事等。Zippo 的品牌在很大程度上是靠这一个个小故事树立起来的，在这些故事流传的同时，也将 Zippo 的品牌理念和形象深深地印到了每一个人的脑海中。这些小故事至今还在互联网等各种媒体间传播着。

网络软文广告常常依托网络推手的操纵。网络中的软文仅靠单枪匹马是无力战敌的，要让其产生一定的效果，必须要集团作战，于是催生了一类专门从事于网络软文操纵的团队，这就是所谓的网络推手。网络推手是互联网媒介生态中出现的一种新的公关角色，他们在幕后通过隐性的策划，制造话题，操纵网络舆论，扩散目标议题，从而达到广告营销的目的。[②] 在相关的软文发布后，推手或是以用户的身份，发布相关的体验信息，以提高产品的信任度；或是以路人甲的身份，从对产品的初次印象，表达对产品的好感。网络推手常常主动与网友进行交流互动，促使网络软文赢得更大的关注度。关注度起来后，网络推手便及时关注软文的动态，检查网民的评论与回复，如果是有利于产品传播的回复就继续顶，对于负面的回复就进行相关

① 周小叶. 三赢的可能性——软文现象辨与析［D］. 上海：复旦大学，2010：42.
② 代夏. 网络软文传播机制与效用研究［D］. 西安：陕西师范大学，2013：16.

处理，或邀专家进行解释，或者直接删除负面帖。随着时间的流逝，对于那些逐渐淡化的软文，推手们将从其他的切入点，进行新的软文发布，让之前的推广信息重新“火”起来。

网络软文广告具有硬广告不具备的某些优势，对产品的深化认识能起到独特的作用。“软硬兼施”是各个商家极为重视的推广手段。在软文广告的实操过程中，由于网络自身的一些特性以及网民对软文的爱恨交织的情绪，也出现了一些变种，如标题党现象、“枪文”等。

标题党几乎与网络论坛同时出现。早期这类群体在论坛上发帖时，由于担心所写帖子无人问津，达不到传播目的，有时就拟一个与自己所发内容部分相关，但又比较夸张的标题，以吸引网民们的点击，提高阅读量。这种靠与内容不十分贴切的标题博得眼球的人被称为“标题党”。[①] 随着网络的进一步发展和网民数量的激增，帖子的数量也跟着暴涨，标题党的数量逐渐增多。“标题党”在取标题时，采用一些极端或者耸人听闻的手法，例如一些含有暴力、色情等负面内容的字眼等都被用于标题。网上有一个帖子，标题是“老婆说，嫁了个二手的老公，车不能再二手了”，其实它的内容不过是某品牌车的试驾报告。这是一个典型的标题党现象，标题与内容吻合度几近为零。

软文变“枪文”是网络软文广告极易出现的问题。网络软文广告是一把双刃剑，关键是看人们如何利用。正当地使用它就是软文，不正当利用它就是“枪文”。软文是通过对产品和服务的一系列正面性或看似公正客观的宣传，直接或间接地提升企业影响，以提高产品销量。而“枪文”的目的在于打击竞争对手，用种种攻击性言论炮制竞争对手的负面形象，从而打压对手。与软文相比，“枪文”是千方百计挖空心思发现对手产品或服务的缺陷，有时甚至是刻意制造

① 林静. 网络新闻“标题党”现象解析［J］. 新闻大学，2010，（12）：121.

一些负面消息，然后通过网络社区、新闻网站等，不断地刊载、转发使事件扩大化，从而引起广泛的关注和舆论发酵。作为具有明显攻击性和目的性的"枪文"，在商业竞争中属于不正当竞争的手段，传统媒体一般不会随意刊登这些内容，但互联网把关权的分散性和匿名性等特点却可以让其大面积传播，大行其道。

由软文发展到"枪文"，其间透露出了商家之间的不正当竞争以及营销界和公关界的变异，体现了相关从业人员的职业素养有待加强。"枪文"不仅危害了相关的企业和个人，也对网络生态环境造成破坏，污染了网民的网络生活，我们更加需要探讨如何去更好地引导和规范。网络软文广告的最大杀伤力是其隐匿性以及广告融合于各种文字当中，无论是相关部门和网络中的编辑，要想对这些广告的行为和目的进行辨识，是一件复杂且困难的事。从网络内容治理的长期角度出发，网络软文广告必须得到一定程度的规范，加强行业自律，才能保证市场的正常运转。

2. 网络推手

互联网为众多草根提供了一个理想的发声平台，如今已成为传播舆情、反映民意的重要渠道。伴随着网络技术的快速发展和完善，网络舆情的影响范围不断扩大，反馈速度不断提高，网络逐渐成为人们获知各项事情的场所。作为网络大国，我国已然成为世界上为数不多的舆论超强磁场之一。在这样环境中，任何突发事件从发生、传播到演变为全民共同参与讨论的话题，需要的时间比传统媒体要短得多。今天有"XX 妹妹"突然走红，明天就有"XX 姐姐"在媒体各大板块上随处可见。当你还在探究"贾君鹏，你妈妈喊你回家吃饭"的由来时，其他网民已经在"深扒""极品小月月"了。在舆论声浪推动的过程中，可以看到不同的人对此做出不同的反应。理性分析、无脑跟风、聚众狂欢等，淋漓尽致地展现了中国网民的"脸谱"。随着网络舆论影响力的不断增大，一个新的群体——网络推手也随之诞生，并引起了广泛关注。

这个群体人数越来越多，分工也越来越细。从策划话题与撰稿到发帖、顶帖恰似一条生产线。网络推手常常在网络空间充当意见领袖，刻意制造话题，围绕话题在网上进行大肆炒作，策划网络群体性事件。[①] 可以说，他们的行为隐蔽，操作“艺术”，容易混淆视听，蒙蔽网民，导致私人问题公共化、普通问题政治化，妨碍政府引导网络舆论的主导作用。[②] 因此，网络推手是一个亟待解决的网络内容治理问题。

网络推手又被称为网络推客、“网络炒手”、网络策划师。目前，关于网络推手还没有明确的概念阐述。一般而言，他们是懂得网络推广策略并能熟练应用的人或组织，以网络为平台进行策划、实施并推动特定对象，在网络舆情中充当“意见领袖”，使之产生影响力和知名度。[③] 他们不仅策划推广商品和个人，还善于制造网络事件，对网络话题进行炒作营销，在一次次引爆互联网议题中扮演着重要角色。可以说，网络推手都是资深网民，与普通网民存在一些明显的区别。一般而言，网络推手非常熟悉网络操作规则，深谙受众心理，拥有丰富的网络资源。

网络推手深谙网络操作规则。网络推手比普通网民更加依赖网络，如果给网民划分等级，那么网络推手应属于“骨灰级”。互联网在赋予每个人发言权利的同时，并没有给每个人分辨消息的能力，这使得许多人难以区分什么是真正的新闻，什么是炒作。网络推手在网络空间浪迹多年，具有敏锐的网络嗅觉，深谙网络传播之道。网络推手通常是先制造能够吸引眼球的另类的或有争议的话题，通过在网络上发帖、跟帖和顶帖，将话题的热度持续推升，行使设置网络传播议程的功能，达到与传统媒体议程设置互动的效果。因此，熟悉各种

① 王来华. 论网络舆情与舆论的转换及其影响［J］. 天津社会科学，2008，(4)：66-69.

② 肖文涛，林辉. 群体性事件与领导干部应对能力建设论析［J］. 中国行政管理，2010，(2)：54-58.

③ 李晓蕾. 网络推手道德失范对社会的危害［J］. 青年记者，2013，(35)：5-6.

网络渠道的操作规则是网络推手最终成功营造网络舆论热点的第一步。

网络推手也深谙受众心理。通过一些经典案例的分析，不难看出，网民所关注的大多是一些社会矛盾的焦点。这些焦点之所以引发关注，是因为通过对其评论可以表达自身的观点。网络推手擅长分析网民的心态，积极迎合网民的心理需求，他们知道什么样的炒作对象能更容易被受众接受。他们在策划事件时，将热点议题加入其中，通过议程再设置等手段，煽动网民的非理性情绪。在策划“善行”网络事件时，网络推手利用弱者的遭遇，激起网民们的同情心。通过文字和图像、视频等方式将炒作对象表现得更加贴近大众，使网民更愿意去了解炒作对象，以期迅速炒热事件；或者为了制造网络舆论及满足网民追求新奇和刺激的心态，恶搞炒作对象，比如“凤姐”“芙蓉姐姐”等网络红人。以炒作对象的形象配合推手早已策划好的、足以颠覆三观的台词文案，在短时间内吸引网民的眼球，引起广泛关注度。

网络推手一般都拥有丰富的网络资源。网络推手常年混迹于网络，掌握各种线上线下资源，通过网络论坛、博客、QQ 群、网络新闻、搜索引擎、微博、微信、朋友圈等多种渠道将炒作的人和事进行病毒式传播。他们在网民中大多具有一定的知名度和号召力，很快能召集大规模的专职、兼职发帖队伍，形成“网络水军”来推广炒作对象。

网络推手主要通过利用网络议程设置炒作话题、策划炒作策略、与传统媒体合谋等方式来运作。网络分散了传统媒体在议程设置上传播信息的权力。从 3Q 大战的爆发可以看出，普通用户也可以通过集中讨论的形式自行设定议程，这已成为网络推手们营销策划的框架支撑。由于网络推手深谙网络受众的心理，他们会有选择性地寻找和制造能够引起网民兴趣的人或事件，制造话题，通过在论坛疯狂发帖和跟帖、顶帖，将话题顶入到网络社区的议程设置之中，期待第一时间引起网民的关注。无论是过去还是现在，网络推手喜欢把信息平台锁定在论坛。因为在网络论坛中意见多元且分散，再加上有匿名的ID作为掩饰，网络论坛可谓提供了一个相对畅所欲言的平台。同时，在网络论坛里可以无限次地复制转载，将自己的话题放大，将区域性的话题开展成全国性甚至全球性的话题。

除了通过设置网络议程将制作的内容推出去，网络推手还要策划炒作策略，将炒作对象的热度最大化。那些具有争议性的话题或人物，如“仇富”“炫富”，往往是最具有炒作潜质的。即便炒作对象没有话题，也要制造话题。在炒作过程中，网络推手深知需要保持正反观点的平衡，这样才能引起网友发帖和跟帖。对负面言论较多的人物，网络推手会组织撰写一些正面言论的文章，或者转换话题，或者删除一些负面言论。对于热捧的人物，网络推手会有意制造一些负面言论，制造有争议的话题，或发表负面言论，让论战双方形成一种相持的格局，以保持热点话题和人物的持续曝光率。

网络推手活跃在网络空间，但他们也非常重视与传统媒体合谋，寻求背书和某种权威性。当网络推手一手包装策划的网络红人红极一时时，网络推手开始借助具有一定公信力的传统媒介来推广自己的“产品”，他们会适时地与传统媒体沟通，将“产品”广而告之。传统媒体对网络推手这种策划包装的行为不会拒绝的原因在于，今天的传统媒体在议程设置上也在某种程度上依赖于网络。于是，网络红人的热度继续升温，推动网络红人走出虚拟的网络世界，网络红人开始参加电视节目的录制，到某现场参加活动宣传，走入现实中的大众视野。这时网络推手趁机将产品或品牌推出，将其他人的注意力转移到所推之物上，达到营销的目的。

经由多年的运作和操盘，网络推手逐渐走向职业化、商业化和产业化。目前，网络推手已经走向职业化。早期的网络推手大多是网民偶然的个人行为，如“木子美”等的自我炒作。随着网络商业应用的增加，一些企业开始雇请网络推手为其产品策划正面形象，提高知名度，或利用网络舆论打压竞争对手，搅乱正常市场秩序；有的还与敌对势力一道，雇佣网络推手，用以误导网民，引发不满情绪，进而煽动群体性事件，引发政治矛盾。现在的网络推手不再是仅靠发文字和图片，等待运气，偶然走红了。他们开始自觉地迈向市场，俨然成为一种新兴的职业。网络推手从一开始的自我否认，到如今以营销公司、公关公司的名义招揽生意，专门为企业提供病毒式营销和网络危机公关等服务，网络推手已实现职业化和公司化。

网络推手也已经走向商业化。著名网络推手老浪曾谈到，网络推手产生的效果是“成本低、速度快、影响广、互动性强，从形式到内容，从受众到价值将彻底改变”。[①] 网络推手已不局限于推广“草根明星”，而是已经将自己的业务拓展到了推广企业品牌等方面。网络推手的工作包括方案撰写、合同签订、网络炒作、效果评估等。软文篇数、首页文章、见报文章、点击率等都是效果评估的重要指标，也是收费标准的主要依据。[②] 网络推手的工作流程已经完全商业化，与现实空间中的广告营销无异。网络推手承担了内容的采集、制作和传播等多重角色，整合了内容制作、传播和营销等环节，将传统现实社会中冗长的商业链条缩短到一个人的手中。[③]

网络推手开始走向产业化。面对网络舆情的来势汹汹，政府、企业和个人越来越重视网络的舆论导向。品牌营销、产品推广、信息删除的需求越来越多。越来越多的网络公关公司和网络营销公司敏锐地嗅到了该行业有利可图，纷纷加入到网络舆论产业中来。网络推手常常行走在法律和道德的边缘。目前对网络推手尚无明确的法律约束，对于网络推手的处理也无法可依，这就导致网络推手的运作日益增多，规模更大。

---

① 杨先倩. 从“使用与满足理论”的角度来解读“网络推手”［J］. 广西职业技术学院学报，2009，2（3）：67-70.

② 燕道成. 网络推手的传播学反思［J］. 中国青年研究，2012，(04)：60-64.

③ 银娜. 解析网络推手现象——从网络造星谈起［D］. 武汉：华中师范大学，2009：170.

网络推手从问世之初就充满争议。诚然，他们可以提高产品知名度，增加产品销售量，可以使网络成为草根造星的天堂，一些公众遭遇不平时也可以通过网络推手运作而引起社会各界的关注。同时，一些公众关心的社会事件在网络推手的推动下和网民的集体响应中能够得到妥善解决，如“罗彩霞被顶替上大学”事件、“躲猫猫”事件以及“南京天价烟”事件。然而，网络推手的负面影响是显而易见的。有些网络推手唯利是图，对商业利益的追逐，使网络推手丧失了社会道德责任感，谁给钱就为谁干活，已成为商业企业甚至一些政治组织利用的工具。网络推手缺乏自律，将社会公德和传统美德抛诸脑后，游走在道德的边缘，喜欢以虚构、欺骗、打击他人的手法，制造舆论焦点，获取利益。

网络推手编造虚假信息，制造虚假舆情。例如，2009 年“女孩别针换别墅事件”。当大家不断跟进事态的发展时，这一事件却被证实是网络推手策划的结果，网络推手公然玩弄了网民的感情。目前，人们对网络舆情的认识存在偏差，以为网络民意是真正的民意。其实，网络推手在制造虚假的网络民意中起着重要作用，网络推手可以通过编造虚假信息制造网络舆论，混淆视听。网络推手“隐蔽自己代表利益集团的身份，制造虚幻舆论来浑水摸鱼”。[①] 网络推手制造的虚假舆论与真实的网络民意常常交织在一起，鱼龙混杂，真假难辨。因此，必须分辨网络民意是否存在网络推手的炒作，否则，难以认定网络民意的真实性。真正的民意是自发形成的，民意形成的前提条件是民意的表达必须是自由的，没有限制的。然而，在网络推手无孔不入的今天，许多看似网民自由表达的意见，实际上是网络推手刻意策划的虚假言论。网络推手用金钱雇佣水军发帖，这其实就是资本操纵所谓的“民意”。资本操控的“民意”常常是企业在网上进行不正当竞争的主要方式。

① 陈力丹. 以“信息公开”管住“网络推手”[J]. 新闻世界，2010，(9)：1.

网络推手激发不理性情绪，传播低俗内容。2011 年“广州眼癌女婴的母亲闹市跪行救助”事件，就是由网络推手利用现实社会中仇富、窥私等负面情绪所策划而成的。在该事件中，经过网络推手策划，一名富家子弟发帖，怀疑眼癌女婴的母亲是骗子，声称如果该母亲愿意在广州大道上跪行 1 000 米，他将捐款 2 万元。引发大量网友围观和谩骂。网络推手喜欢以反社会、低级趣味、谩骂等非常态方式，制造“反对性议题”，迎合网民潜在的非理性诉求，尽其所能用另类、夸张、无底线的方式，追求轰动效应和曝光率，最终目的是追求金钱或物质上的回报。“反对性议题”夸大社会的阴暗面，放大错误价值观和审丑的影响，激发人们的负面情绪，危及社会主流价值观和道德观，导致人们美丑、善恶、荣辱、高尚低俗观念的错乱。“芙蓉姐姐”的推出及其体现的价值观混乱给未成年人带来了极大的负面影响，成为现代社会文明的杀手。①

网络推手加剧了网络信任危机。在网络推手的世界里，似乎不存在不能炒作的对象，即使是一些真实的事实都能为他们所用，通过事实的转换制造噱头，用来吸引网民和公众的注意力。网络推手有时刻意把真实的、正能量的事实策划成具有吸引力的网络事件，这些事件在华丽的包装下，对广大网民具有极大的欺骗性。例如，“中国最美的深山女教师”经网络传播后，瞬间获得了大批网民的感动和敬佩，赢得了“人美心更美”的赞美词，还获得了许多慷慨的捐款。这本来是一个感人的故事，但网络推手的介入改变了事情的性质，“最美女教师”最终沦为网络推手追逐自身利益的道具，成了欺骗网民的吸金石，其结果只能是消费网民的信任，导致网络信任危机。新闻、贴吧、论坛、博客、QQ 群、聊天室、网络视频被称为网络推手的“七大武器”。② 人们最信任传统媒体的信息，确切地说是信任传统媒

① 燕道成．网络推手的传播学反思［J］．中国青年研究，2012，（04）：61．

② 庄瑞玉．网络红人或者网络热门事件的背后，大多有“网络推手”操纵的影子——网络推手遭遇信任危机［N］．深圳特区报，2009-4-7（A11）．

体平台和新闻的真实性，而推手们上演网络版“狼来了”的故事，摧毁了网民对网络媒体的信任。这种信任危机可能导致网民“万事皆疑”的心态，现在只要有一个网络热点事件出现，网民就会先问问自己这是不是网络推手策划的。网民开始担心上当受骗，缺乏对真实事件的兴趣和信心，在该付出同情、该出手相助时无动于衷。说到底，网民信任危机实质上是一种反炒作的心理，这种心理一方面可以减少网络推手的活动空间，另一方面却会使网络平台的信任度大打折扣。

网络推手常常触及道德和法律底线。目前，网络推手逐渐走向职业化、商业化和产业化，但网络推手的道德自律和行业规范并没有同步取得进展。网络推手为了追求商业利益尽其所能挖空心思用“非主流”、“非常态”、夸张、猎奇的方式恶性炒作，挑战道德底线，钻法律空子。同时，网络推手不顾社会公德、职业道德和传统美德，行走于道德和法律的边缘，加之网络推手进入营销领域的门槛比较低，这就在某种程度上助长了不正当竞争。在利益的推动下，网络推手不再满足于策划媒介假事件捧红特定的对象，他们还可以为雇主发布虚假信息，制造雇主竞争对手的不利言论，操控网络舆论，诽谤、侮辱和打击竞争对手，成为“网络打手”。网络的谩骂和欺骗往往会引起竞争对手经济和商誉的巨大损失。

网络推手占有公共资源，利用公共信息的真假虚实玩弄网民于股掌之间，造成了巨大的负面影响。为消除网络推手的负面影响，必须健全相关法律法规，制订甄别网络推手行为的标准，对网络推手制造的负面议题进行严厉的管理和治理。同时，要加强网络道德自律的教育和宣传，防止网络行为主体的道德滑坡，强化网络主体的责任意识，切实规范网络主体的网络行为和营销活动。

三、网络不正当竞争

竞争是商品经济的本质属性，也是经济活动的常态，它贯穿商品经济发展的始终。在商品经济竞争中，竞争者之间地位平等，必须遵守公平公正和诚实信用等基本法则。然而，随着互联网技术的不断发展，互联网普及程度的持续提高，网络环境下的商业竞争更加激烈，传统商品经济中的不正当竞争开始延伸至网络平台。根据我国《反不正当竞争法》，不正当竞争是指经营者违反《反不正当竞争法》的规定，损害其他经营者的合法权益，扰乱社会经济秩序的行为。不正当竞争是利用违反商业道德和商业惯例的手段参与竞争，赢得竞争优势。不正当竞争行为是违背诚实信用的伦理原则，损害其他经营者和消费者利益的行为。

网络环境下的不正当竞争行为是市场主体为争取交易机会或者获取交易上的优势，以互联网为平台而实施的违反良善风俗、商业道德、诚实信用原则的竞争行为。[①] 也就是说，在网络不正当竞争行为中，竞争主体在网络上利用违反诚实信用伦理原则的手段，侵犯他人的合法商业权益，或者用违法手段扰乱正常的网络经济市场秩序。网络商业是由传统商业发展而来的，就商业行为本身而言，它并不具有特异性，与传统的商业性本质上是相同的，因此《反不正当竞争法》的基本原则同样适用于反网络不正当竞争行为。

从近年来的网络不正当竞争案例来看，大多数网络不正当竞争行为属于传统领域不正当竞争行为的网络移植，如虚假宣传、仿冒、商业诋毁、侵犯商业秘密、虚假有奖销售等。有一些网络不正当竞争行为是随着互联网的出现而出现的新情况，如域名、网络链接、搜索

① 赵军. 网络市场不正当竞争行为的法律治理模式［J］. 特区经济，2010，（6）：230-231.

引擎、软件等领域的不正当竞争行为。其中，“3Q 大战”最引人注目。

“当您看到这封信的时候，我们刚刚做出了一个非常艰难的决定。在 360 公司停止对 QQ 进行外挂侵犯和恶意诋毁之前，我们决定将在装有 360 软件的电脑上停止运行 QQ 软件。我们深知这样会给您造成一定的不便，我们诚恳地向您致歉。”2010 年 11 月 3 日晚，中国最大的即时通讯运营商——腾讯公司给所有 QQ 用户发出著名的一封信。这封信不仅使得“XX 做了一个艰难的决定”的句式红极一时，引来网友竞相仿句，同时拉开了“3Q 大战”的序幕。在腾讯公司发布声明后，360 针对性地推出了“WebQQ”的客户端。随后双方动作进一步升级，腾讯公司在 WebQQ 推出后不久就关闭了服务，使客户端无法运行。11 月 10 日，在众多网民的呼声和相关部门的直接干预下，两家互联网公司达成和解，互相支持对方的软件。法院就“腾讯起诉 360 隐私保护器不正当竞争案”做出判决，要求 360 禁止发行 360 隐私保护器，并赔偿腾讯公司 40 万元。据统计，腾讯在香港的股价急转直下，损失近 106 亿元，奇虎公司也损失了近 1/3 的用户。

市场只有在良性竞争环境下才能良好、持续运行，资源才能更加合理分配。对经营者来说，良性竞争可以促进他们将注意力转移到提高产品质量和服务质量上来。只有经济系统的良好运行，才能促进整个市场经济体系健康、有序地发展。不正当的竞争属于恶性竞争，不仅不能达到预期的目的，反而存在严重的危害性。

网络不正当竞争扰乱了市场经济秩序，破坏行业健康发展。无论是在网络上假冒他人注册商标，还是充当“网络打手”散布虚假信息毁谤竞争对手，网络不正当竞争的危害性首先体现在扰乱公平竞争的市场经济秩序，造成竞争秩序混乱和不公平竞争。短期来说，从事不正当竞争者看似占到了极大的便宜，但是从长远的角度来讲，它积累到一定程度后会引起市场规律的反作用，因为它削弱和窒息了市场经济竞争机制应有的活力和作用，阻碍了行业发展，最终受到影响的就不只是经营者和消费者，还包括整个社会。

网络不正当竞争侵犯了他人的人格权以及企业的商品声誉和商业信誉。企业雇用网络公关公司打压竞争对手的例子屡见不鲜。公关公司通过恶意制造假新闻、恶意跟风炒作等形式在网络上四处传播竞争对手的负面消息，损害企业的名誉。商业毁谤的真相一旦公之于众，不正当竞争者本身的公众形象就会大打折扣。比如，在“蒙牛陷害门”事件过后，蒙牛黑公关的做法也遭到社会谴责，然而损失的不仅仅是中国两大乳业巨头的商业信誉，国内其他乳制品生产企业的形象也被同时抹黑，整个行业的可信度被网民们严重质疑，更多的消费者抱着“宁可信其有”的态度纷纷购买国外的乳制品。尽管最后澄清此次是陷害行为，但国内乳制品的市场占有比已经显著下降。

网络不正当竞争滥用公共资源，降低了互联网的公信力。在网络不正当竞争中，各种夸大事实、隐瞒真相的消息层出不穷。久而久之，当面对这一类消息时，持怀疑态度的网民数量不断增加。网络中消息来源甚多，网民们无法判断这是否是有意而为的，既想对此发表意见，又担心成为免费的公关人员，从而引发公众对于网上信息真实性的信任危机。

网络不正当竞争损害消费者、网民的合法权益。不正当竞争者打着“为消费者着想”的旗号，损害消费者的自由选择权。有些不正当竞争者通过网络公关公司在网上发帖，通过搜索屏蔽等手段，阻止不利于自身的负面信息公开传播，或者炒热不利于竞争对手的信息，达到操控网络舆论的目的。

网络不正当竞争是传统商业中不正当竞争行为在网络中的延续。网络不正当竞争与传统不正当竞争有相似也有不同，在一定层面上，网络不正当竞争是传统的不正当竞争从现实空间转移到虚拟空间继续发酵的“历史遗留问题”。同时，需要结合网络发展的基本特征、运行机制来综合分析网络不正当竞争的成因。网络传播的特性、市场的畸形需求、商业伦理的缺失、相关法律法规的不健全等都是网络不正当竞争行为产生的重要原因。

网络不正当竞争行为是以互联网为媒介和平台而实施的，因此，在探究网络不正当竞争行为的成因时，不得不提的是网络传播的特性在网络不正当竞争行为产生中的作用。网络传播的低成本使得实施不正当竞争的机会大大增加。网络传播的即时性、国际性、匿名性等特点，使实施不正当竞争行为不仅成本低廉，而且能突破时空的限制，这为网络不正当竞争的产生提供了更多的可能。如犯罪分子既可通过攻击对手服务器等方式窃取对手的数据资源，也可以通过恶意策划、炒作、雇佣人员制造假民意的行为诋毁对手信誉，恶意抢注商标域名等等。在赛博空间里交易不用面对面，节省了交易成本。网络上的不正当竞争比传统领域中的不正当竞争更具破坏性，影响更为恶劣。同时，网络传播技术易于充当不正当竞争的手段。网络技术在为人们进行商业交易提供便利的同时，也为不正当竞争埋下了隐患，某些个人或商家为了攫取市场份额，不惜利用这些技术抹黑对手，抢占市场。面对这样的现象，目前我国法律尚缺少针对性的条款/规定，这使得一些人肆无忌惮地钻空子，雇佣甚至开设网络营销公司，利用技术漏洞进行不正当竞争的相关交易。另外，网络把关人作用弱化，使网络不正当竞争的行为更加肆无忌惮。传播学奠基人之一卢因提出的把关人理论认为出现在大众传媒中的报道是经过媒体从业人员筛选而来的。传统媒体中的把关人角色主要由具有专业知识背景的媒体人来担任，互联网的出现大大分散了把关人的权力，使一些不正常的言论也能在网上出现。网民们或主动或被动地被网络营销所裹挟，充当不正当竞争言论的发声器。各网络门户网站、论坛管理人员有的缺乏辨别信息真假的能力，有的出于利益驱动，与网络公关公司合谋充当“网络推手”，制造虚假舆论。

市场的畸形需求是网络不正当竞争滋生的土壤。任何新事物或现象的产生都是源于某种需求需要满足。一般而言，企业除了在技术方面提高产品的核心竞争力外，还会致力于品牌文化的建设，这种与产品硬实力相对的软实力，发挥的作用更加长效。但是，这种方法对于时间和成本要求较高。一些缺乏长期的合理的公关规划的企业为了在竞争中获得优势，快速、低成本地获得最大利益，开始寻找新的途径，甚至寻思走歪门邪道。于是，这种畸形的市场需求催生了网络不正当竞争行为。[①] 反观“3Q 大战”，它的发生并非偶然，而是整个行业内部积弊的大爆发。无论是作为即时通讯工具的 QQ，还是作为安全工具的 360，都宣称是为了保护用户电脑的安全扫描用户文件。事实上，这场看似旨在维护用户隐私的打斗其实不过是一场借维护用户隐私之名遏制对方竞争优势的商业大战。

商业伦理的缺失是不得不引起重视的网络不正当竞争的成因。谋利是企业的正常诉求，然而，为了确保整个商业社会的良性运转，谋利必须在法律和道德的约束之下进行，必须遵守与法律联系紧密而又超越法律之上的商业伦理。郑风田曾严词批评道，“中国市场经济发展时间短，很多现存的公司从激烈拼杀的年代走出来，还没来得及建立商业伦理道德的概念。”网络不正当竞争说到底就是企业在市场竞争中所采用的与商业伦理相悖的手段，不正当竞争常常是快速发展的经济和相对滞后的商业观产生的矛盾所造成的。“3Q 大战”看起来是一场打着“为了维护用户隐私”旗号的商业竞争，实际上已经违背了商业伦理原则，突破了商业伦理底线。商业伦理是企业发展壮大的生命线，只有能够承担社会责任、践行商业伦理的企业才可能在竞争中获得优势。公司应有的社会责任和伦理道德意识，构成了企业与社会融合并存的催化剂。[②] 无论企业之间竞争如何激烈，利益如何冲突，都应该遵守市场法则，遵守商业伦理，承担社会责任。在网络中，企业也同样应当如此，不能参与不正当竞争，应切实履行网

① 李春苗. 从伊利蒙牛商战到腾讯 360 交恶［J］. 人民论坛，2010，(33)：48-49.

② 牟扬. 网络商战的法律纠纷分析［J］. 职业，2011，(24)：91-92.

络时代的企业社会责任。

网络不正当竞争现象时有发生与相关法律法规的不健全密切相关。网络不正当竞争由于自身遵循商业逻辑，依旧可以被视为不正当竞争的一种，因此可以依照与商业相关的法律对其进行处理。但作为网络言论的一种，它往往涉及数据安全、个人隐私、虚拟财产等方面。在执法过程中，由于网络不正当竞争的主体、范围和责任与传统的不正当竞争有一定区别，因此需要参照与网络相关的法律法规进行综合治理。从互联网引入我国至今，我国政府就积极开展网络立法，到目前为止已出台数十部有关网络管理的法律法规，但从覆盖面来看，我国法律还无法涉及网络的每个方面；再加上一些违法行为尚无法准确定性，对于ISP的约束力度不足等缺陷，这给网络商业言论的治理带来了难度。此外，网络不正当竞争的法律治理面临着诸多挑战。网络技术创新所带来的法律问题远远超过网络立法速度，使网络立法处于滞后状态；网络既是意识形态领域，又是重要的文化产业，它不仅是通信工具，也是重要的新闻媒体，单靠一部单行法不足以容纳复杂的法律调整对象。例如，商业主体在任意地点的互联网中发布言论，所需要的只是上网硬件和网络接入。近年来不断成熟的IP地址遮掩等技术使地址追查更加困难，有时甚至出现抓错人的局面。互联网的分权特性将发布、修改权分配到用户手中，对于一些侵权的行为只能通过事后调取后台数据才能查证，从而错过了最佳的时机。各国对于网络言论的宽松程度不同使各国执法部门经常无法对国外恶意行为进行追究，这也是困扰各国执法机关的一个难题。

互联网中的行为可以看成现实社会行为的延伸。在以网络技术为支撑的经济时代，传统行业纷纷在网络平台上开展业务，有竞争的地方就会有不正当竞争的存在。日新月异的网络技术被不法分子利用，成了获利的工具，法律治理的滞后又使得他们有了可乘之机，可以在网络上大展拳脚，搅乱网络市场的正常秩序。网络传播的匿名性、即时性和低成本，使不正当竞争行为更为猖狂，甚至衍生出更多更具危害性的不正当竞争行为。因此，在网络传播时代，不正当竞争非但没有收敛，反而渗透到网络的方方面面。不对其进行治理，不仅会进一步损害企业和个人的利益，还会打压市场的正常发育，降低消费者的信心。

四、网络商业言论的治理

我国一直以来极其重视网络商业言论的治理，但网络商业言论的治理仍任重道远。对于网络商业言论，没有一部专门的相关法律为执法部门提供专业性参考。目前针对商业言论的法律大多是针对传统媒体上的相关商业言论的，而且分布零散。《广告法》《广告管理条例实施细则》《反不正当竞争法》等均有关于商业言论的规定。就网络商业言论而言，2010 年 7 月 1 日起实施的《网络商品交易行为及有关服务管理暂行办法》，规定工商行政管理机关可以对网络商品交易进行监督、管理。对于销售侵权商品、违法广告及不正当竞争行为等在线经营行为，还主要参照《广告法》《反不正当竞争法》《商标法》《产品质量法》等来监督管理。网络在快速发展，特别是网络商业言论形式不断变化，而这些法律法规没有对网络监管做出具体规定，在查处依据上无法满足工商机关对网络商业实行监管的需要。对有关法律责任的规定不够明确，给虚假信息留下了法律漏洞。同时，对网络商业言论的管理依然沿袭传统媒体的管理方式，显然不利于对网络商业言论的治理。

我国对商业言论治理主体的规定有待进一步明确。以《广告法》为例，第六条规定“县级以上地方工商行政管理部门主管本行政区域的广告监督管理工作，县级以上地方人民政府有关部门在各自的职责范围内负责广告管理相关工作”。对审查程序则仅限于事先审查，并未为事后追究提供具体的方案。网络的低门槛大大弱化了事先审查这一权力，不少广告未经审查便在网络中四散传开，一些风气不良、有争议性的广告借由网络进入人们的视线。这不仅不利于执法部门对广告进行治理，也侵犯了人们选择信息服务的权利。对于网络商业言论，除了工商部门进行监管外，还牵涉到商务、工信、公安等部门，但这些部门大多不能全天候地监控网络商业言论，且多部门多头管理存在信息反馈不及时、职能交叉和监管空白的弊病，给网络商业言论的监管带来了相当大的难度。

就我国商业言论的管理模式而言，主要依靠行政管理，由行政部门主导商业言论规范。这是基于历史原因，当时市场经济体系并不完善，且无相关法律来规范，主要用行政手段来规范市场行为，以保证市场秩序稳定。随着市场经济，特别是网络经济的进一步发展，以行政管理为主导的管理模式所产生的弊病逐渐显露出来。首先是监管手段薄弱。管理机构沿袭传统经济模式下的治理手段，且人员配备不足，监管手段单一，已不能满足网络经济治理的需要。其次是缺乏对消费者的有效救济手段。网络商业企业的地址难识别，消费者维权难。

为加强我国对于网络商业言论的治理，不妨参考其他国家和地区相对成熟的商业言论治理制度，以完善我国现有的治理体系。美国早期并没有把商业言论纳入第一修正案的保护范畴。因为人们认为商业言论只是用来传递商业信息或招徕生意的手段而已，它只是市场经济中产品及服务市场上的一部分，并没有达到第一修正案所规定的言论的要求，因此不在第一修正案的保护之列。直到 1980 年的中央哈德森电器公司诉纽约公共服务委员会一案，最高法院才提出管理商业言论是否合宪的检验步骤：①商业信息是否存在误导性的内容或涉及违法活动？如果是，那么它将不受宪法保护，而且可能被禁止。②政府是否声明通过限制该言论可以获益？③限制是否直接增加了这种利益？④限制是否未超过增进政府利益所需的程度？如果后面三个问题得到的是肯定的答案，法院将允许对该商业言论采取限制措施。这一原则已成为商业言论判定及治理的准绳。

作为互联网发源地的美国，对于网络商业言论比较重视，对如何治理也做出了较早的尝试。1995 年，美国政府就公布了《NII 知识产权白皮书》，对美国知识产权法能否适用网络时代进行探讨，并在法律、技术、教育等方面给出了建议。① 1998 年颁布的《千禧年数字著作权法案》则对网络侵权、不正当竞争等做出了规定，规定网络服务供应商和行为人均要承担责任。在救济措施方面，“在美国，有 49 个司法地区规定了一般赔偿。此外还有 34 个司法地区规定了消费者还可以获得额外的公共罚款。同时在联邦法层面，美国联邦贸易委员会通常的做法是要求当事人签订协议来补偿消费者的损失。根据有关法律，如果厂商违背协议，那么，美国联邦贸易委员会有权对每一次违反认可协议的行为判处不超过 1 万美元的公共罚款”②。美国相关部门在交易之前便制定事前协议，目的在于防止交易双方采用违法行为完成交易，且针对可能出现的后果，各地也根据自身情况制定了相对应的救济体系。

与美国相比，欧洲法院更加支持商业言论，这在欧盟的各类法律中都有体现。其中《欧洲人权公约》（以下简称《公约》）第 10 条就肯定了商业言论。③ 其中有两点较为重要：第一，《公约》第 10①条所采用的描述就将商业言论包括其中，而《公约》第 10②条则给出建议，允许各成员国可以对广告给予必要的审查。第二，欧洲各国自组成欧盟开始，首要目标便是欧洲经济一体化，所以保护商业言论与欧盟的目的相符。在欧盟，各成员国除德国建立宪法法院外，并没有违宪审查制度，因而当成员国的法院无从对一些商业言论进行判决时，欧洲人权法院将会审理、裁决这些涉及《公约》中基本权利价

① Information Infrastructure Task Force, Intellectual Property and the National Information Infrastructure: Report of the Working Group on Intellectual Property rights (Sept, 1995), p17.

② 欧爱民. 破译宪法的实践密码——基本理论·分析方法·个案考量［M］. 北京：法律出版社，2006：192.

③ Coca v. Spain, 18 Eur. Ct. H. R. (ser. A) (1994)

值的争议言论。在人权法院，法官将根据《公约》第 10 条来判定案中的商业言论是否应该受保护。这一规定在肯定言论自由必要性的同时，对言论自由的边界做出限定，旨在指导人们正确行使权利，在主张言论自由时必须遵守这一底限。① 作为欧洲法院重要的指导性法律，在审议这些提交给欧洲人权法院的涉及商业言论的案件时，法官仍以《公约》第 10 条规定为依据。与美国法官裁定的“三个是否”原则不同，欧洲人权法院在审查管制言论时，提出了另外三条标准：①原告所提观点必须是由法律规定，即后果可预见性；②原告所提要求符合合法目的；③在民主社会是必需的，即一种紧迫的社会需要。只有满足这三个标准，才能对商业言论进行限制。由此可见，商业言论自由对接受者或者公众利益造成损害时，欧美均依据基本权利价值的方法对商业言论实行审查。宪法所确立的价值秩序在商业言论治理的条款及其他解释中，具有极为重要的意义。

法律法规应约束不正当的网络商业言论，但正当的网络商业言论应当受法律法规的保护。当商业言论未损害用户或互联网整体利益时，传播主体理应享有发表观点的权利，不必受到法律的过多干涉。如果传播主体所发表的商业性言论对他人利益或公共利益带来威胁甚至损害时，法律就应当对其采取治理措施，以避免造成进一步的负面影响。我国关于商业言论治理的相关法律还存在一些有待完善的地方，例如，执法主体不明、处罚依据及措施相互冲突等问题。这种情况可能导致各部门对商业言论治理责任的旁落。我国近年来在网络中传播的商业言论呈递增趋势，如果我们对这些形形色色的言论采取统一禁止或放任自流的态度，就可能阻碍市场经济和电子商务的发展，亦无法保障受众的接受权。针对我国目前的情况，以及结合国外经验，我们需要进一步加强治理网络不正当竞争行为。

我们需要制定专门用于治理商业言论的法律，明确具体的审查

① 张志铭. 欧洲人权法院判例中的表达自由［J］. 外国法译评，2000，(4)：38-69.

标准，使商业言论的概念具体化，从而使执法部门做到有法可依。目前执法部门在遇到类似问题时，往往会遇到由所依照的法律效力不同带来的争议或是法律关于商业言论的认定和处理标准不清晰的情况，这不利于执法部门快速、精确地对商业言论进行治理，难以达到有效约束的目的。相比而言，一部专门且明晰的法律对于执法部门将是极大的帮助，相关执法机构便可以依据规定对商业言论做出判断，以确保网络商业环境良好运行。对于违法的商业言论，执法部门可以以法律为依据，用较短时间便能完成对言论及传播主体的判定，对传播主体进行相对应的处理。值得注意的是，现今网络所带来的影响远远大于其他媒体，因此根据相称原则可以采用更为严格的处理办法，使传播主体对其行为后果承担相应的责任。这既可以保证法律的权威，又能维护商家及消费者的利益。在崇尚言论自由的网络空间，立法机关在制定法律时，应对商业言论的合理范围确定一个较为适用的审查标准，以保证公众利益的最大化。

我们需要进一步加强政府、企业和公众的良性互动，组建专业性的商业言论审核机构。我国商业言论的审核是由行政机构完成的，没有专门的组织对商业言论进行审核。商业言论自身牵涉到社会不同层面，具有专业性强、形式多样等特点。普通消费者由于专业所限，大多无法分辨信息的真实性，且网络所带来的信息洪流也让他们无法第一时间进行辨别。网络公关公司的出现使公司遭遇负面信息后可以迅速地将其从网上抹去，消费者想要拿到证据进行维权十分困难。针对这种情况，应当成立专门的审核部门来保障消费者利益。例如，当网络商业言论出现时，英国的广播广告中心、广告标准局、电视审查中心三个部门对其进行审查与判定。美国则由联邦贸易委员会对商业言论进行统一审核，要求传播发布方必须提供真实且合法的信息。同时，各政府部门委员会在审查时提供帮助，对自身相关领域内的商业言论进行协助审查。针对我国目前发布、传播违法商业言论的行为日益严重的情况，应成立由政府人员、广告专业人士及民间代表所组成的审核机构，以杜绝虚假及恶意信息干扰消费者的情况，为消费者的购买行为做出相应参考，维护消费者及企业的合法权益。此外，在预防违法网络商业信息方面，民间可以组织若干专业性组织，加强自律。这些组织一方面可以加强网络商业群体的守法意识，另一方面也可以为政府与民间之间的沟通提供一座桥梁，有助于网络经营者和政府之间进行良好的互动。

我们需要进一步建立健全信用评级体系。信用评级制度应当包括企业诚信状况，产品生产批号、生产日期等信息。网络用户可以在特定网站查找到这些信息，方便消费者及企业做出决定。与此同时，政府有关部门应监督认证这类信息的生成与公告。可以建立一个政府网站为这些信息提供发布平台，由经营者上传自身信息和产品信息、产品质量报告等，由工商、行业组织等审核，然后发布在网上供查阅。只有确立完善的信用等级制度，最大程度降低网上不实信息给消费者的误导，才能使消费者在网络上接触商业言论时有所参考。同时，建立网络商业主体准入机制，可以将一些非法商业公司和公关公司拒之门外，净化网络环境。网络管理及工商部门应确认申请者的执照、商业活动历史等，只有经工商行政部门批准的经营者才有资格在网上进行相关的商业活动。在信用评级体系中，应强调合法、公平的重要性，对违法商业言论施以惩罚措施，包括警告、罚款、永久清退等，以避免不正当竞争所造成的对企业、消费者的不利影响，达到净化网络商业环境的目的。

第六章　网络知识产权及其保护

作为一种无形财产，知识产权具有二重性，它既是一种绝对权利，又是一种相对权利。前者是指知识产权具有垄断性和排他性；后者是指知识产权并不排斥他人对知识的合理使用和共享。知识产权的二重性表明，知识产权始终存在着自由共享和限制使用的矛盾。我们可以将网络中自由共享和限制使用的矛盾称为“数字困境”。随着国际互联网的产生和发展，知识产权面临的数字困境愈加明显，在网络空间里，促进自由共享与加强知识产权保护的呼声此起彼伏，交相呼应。尤其在我国，一方面，侵权行为大量存在；另一方面，强保护导致了权力滥用和垄断现象的出现。面对这些问题，我们不得不思考我们应如何看待和处理“数字困境”？应遵守什么样的知识产权伦理原则？

一、网络知识产权及其二重性

网络知识产权不同于传统知识产权，它大大延展了传统知识产权的内涵与外延。但是，如同传统知识产权，网络知识产权具有二重性，它既是一种绝对权利，又是一种相对权利。我们要正确对待网络知识产权，就必须把握它的二重性，二重性是我们讨论网络知识产权问题的起点。

1. 网络知识产权的界定

知识产权是指公民、法人或其他组织依法享有的对自身基于脑力劳动所创造的智力成果的专有权利。知识产权有广义和狭义之分，广义的知识产权主要是指人类所有的智力创作，狭义的知识产权通常是指著作权和工业产权两部分。[①] 一般而言，知识产权的狭义概念使用较为广泛。著作权包括作者的版权、信息传播权等；工业产权则包括专利、商标、反不正当竞争等。[②]

网络知识产权是指由数字网络发展所产生的与之相关的各种知识产权，主要包括网络著作权、网络商标权、网络专利权和网络反不正当竞争。其在内涵和外延方面远远超出了传统知识产权，囊括了各种软件、多媒体作品、域名和电子版权等重要部分，而这些成分是传统知识产权所没有的。

第一，网络著作权。作品的数字化实际上是通过计算机将作品的原有形态进行数字转化实现的。我国 2000 年通过的《最高人民法院关于审理涉及计算机网络著作权纠纷案件适用法律若干问题的解释》中规定了作品的数字化问题，认为数字代码形式是作品的表现形式之一，拥有原作品的权利人同样拥有该作品的数字化著作权，传统著作权的权利内容同样适用于数字化作品的著作权。此外，数字化作品的著作权包括信息网络传播权、技术措施权、权利信息管理权等。

信息网络传播权指以无线或有线的方式向公众提供文字、视频、声音等作品与信息，使公众可以在选定的时间和地点获得文字、视频、声音等作品与信息的权利。信息网络传播权是一种具有排他性质的财产权，在国际上，被公认为是一种新型的著作权，具有网络传输、复制权、发行权、表演权等权利交叉的特点。我国在 1991 年实施的《著作权法》中就已对“信息网络传播权”做出了规定。1996 年的《世界知识产权组织版权条约》（WCT）第 8 条则将所有“交互式”的网络信息传播行为的专有权利囊括其中，为新技术带来的新

① 郑成思．知识产权法教程［M］．北京：中国人民公安大学出版社，1995：1.

② 郑成思．知识产权若干问题辨析［J］．中国社会科学院研究生院学报，1993，（2）：1-9.

型传播行为提供了“伞形解决方案”。

技术措施指任何能够有效控制受著作权保护的作品并能有效保护著作权所有者权利的措施，包括信息加密技术、防泄密技术、信息自动恢复技术、防火墙技术、信息智能技术等。技术措施权属于著作权保护的范围。1996 年世界知识产权组织（WIPO）实施的《世界知识产权版权条约》（WCT）以及《世界知识产权组织表演和录音制品条约》（WPPT）都将技术措施纳入版权的保护范围。我国《著作权法》的第四十七条也对此做出了明确规定。

关于权利信息管理权，我国《著作权法》第四十七条做出了明确规定。权利信息管理权是指附加于作品复制件上或当作品向公众传播时显示出来的有关著作权和权利人的信息，旨在在网络上有效保护和管理自己的著作权。我国《信息网络传播权保护条例》第二十六条将其定义为：“权利管理电子信息，是指说明作品及其作者、表演及其表演者、录音录像制品及其制作者信息，作品、表演、录音录像制品权利人的信息和使用条件的信息，以及表示上述信息的数字或者代码。”权利管理信息主要有四种：作品本身的信息；作品著作权人的信息；适用作品的条件和期限信息；识别和链接以上信息的标记或数字信息。

第二，网络商标权。域名在商界被誉为“企业的网上商标”，其重要性不言而喻。在互联网被商业化的时代，域名已经具备个人的或商业的标识符号的功能和作用。域名是对应于互联网数字地址的层次结构式网络字符标识，用于数据传输时标识计算机的电子方位。WIPO 于 1999 年 7 月发布题为《因特网域名和地址的管理：知识产权问题》的报告，就域名的保护提供了系统的、权威的政策性建议。美国国会 1999 年通过了《反网域霸占消费者保护法》。到目前为止，我国先后颁布实施了《中国互联网络域名注册暂行管理办法》《中国互联网络域名注册实施细则》《关于审理涉及计算机网络域名民事纠纷案件适用法律若干问题的解释》等法规，为与域名相关的案件的审理提供了较为明确具体的法律依据。

第三，网络专利权。随着计算机的广泛运用，一种新型的知识产权权利客体产生了，这就是计算机软件。在这之前，世界上很多国家认为计算机软件是数学公式，不将其纳入专利权保护范围，直到美国Diehr案件的发生，计算机软件是数学公式的观点才被推翻，“当一项包含数字公式的权利要求是将该公式应用于某种结构或者过程，而该结构或者过程作为整体，起着专利功能时，该权利要求就符合了专利法的规定”[①]。我国已将计算机软件纳入著作权保护范围。对于是否应将它纳入专利保护范畴曾存在争议，不过从我国的具体实践来看，只要计算机软件具有可专利性，就可以申请专利并受到保护。

第四，网络反不正当竞争。搜索引擎为用户提供检索服务，在浩瀚的信息海洋中为人们解决了“知识迷航”的问题。广为人知的搜索引擎有“百度”“谷歌”“雅虎”等。但是，一些搜索引擎使用人工干涉的方式影响搜索结果，如百度事件。百度采取竞价排名的方式，按照用户支付价格的多寡，人为排名，一些排名靠前的付费企业欺诈消费者，而一些不愿交钱的企业被有意屏蔽。这种不正当竞争行为，导致了搜索服务中不准确甚至虚假信息的出现，误导了使用者，带来了严重的道德和法律问题。

2. 网络知识产权的二重性[②]

如同传统知识产权，网络知识产权具有二重性，它既是一种绝对权利，又是一种相对权利。

首先，知识产权是一种绝对权利。主要是指知识成果的创造者依法享有对知识成果的占有权、使用权、收益权和处分权，而这些权利是独占、排他的，在未经创造者同意或授权的情况下，任何人都不能享有或使用这些权利。知识产权作为一种绝对权利，实际上体现了知识产权的专有性，更具体地说，体现了知识产权的垄断性、独占性和

① 参见 Dimond v. Diehr，U. S. 1981：175.

② 李伦．“数字困境”与网络知识产权伦理［N］．中国教育报，2009-01-07（03）．

排他性的特点。

黑格尔关于财产的人格理论能较好地诠释知识产权的绝对性。在黑格尔看来，知识产权包括财产权和人格权两个重要部分，财产权是指可以与权利人的人身相分离的有直接财产内容的权利，而人格权是指不可与权利人的人身分离的没有直接财产内容的权利。人格权和财产权的本质区别在于人格权的对象与主体不可分离，具有不可转让性、不可放弃性和不可继承性三个重要特征。财产权的对象则可以永久地外在于主体。根据黑格尔关于财产的人格理论，知识产权所保护的不仅仅是财产权，人格权才是知识产权保护的重点。窃取知识产权不仅仅损害了主体的财产和利益，在一定意义上，它更是剥夺了主体的智力劳动，侵犯了主体的人格。

其次，知识产权是一种相对权利。不同于财产所有权的专有性，知识产权的专有性是相对的，是有所限制的。大多数国家为了促进科技进步和文艺繁荣，设立有关知识产权的合理使用、法定许可、强制许可等制度，以限制知识产权所有人的权利。除此之外，知识产权的相对性还表现为知识产权的地域性和时间性。知识产权的地域性是指知识产权是依照一国（或地区）的法律产生的，只在该国（或地区）范围生效，超出该国（或地区），知识产权的权利不受法律保护。知识产权的时间性是指知识产权只在法律规定的期限内受到法律的保护，一旦超过法律规定的有效期限，该权利就依法丧失，相关的知识产品就进入公共领域，成为全社会的共同财富。① 知识产权的地域性和时间性表明，知识产权是有地域和时间限制的非永恒的相对的权利。

我们可以诉诸洛克关于财产的劳动价值论来理解知识产权的相对性。洛克认为，知识产权源于个人劳动，为了激励知识成果的创造

① 有的知识产权事实上可以永续使用，如商标权。只要商标权人一直续展注册就可一直享有该商标专用权。但是，如果法定期限届满而权利人不续展的话就会丧失该商标专用权。因此，这种续展并没有改变知识产权的时间性。

者创造出更多有价值的知识产品，知识产权法优先保护的是创造者的权益。然而，由于知识产品的创造通常是建立在人类已有的知识财富基础上，因而就存在知识产品的社会分享问题，也就意味着必须对知识产品创造者的权利做出某些限定，才能实现知识产品的社会分享。基于这一点，知识产权制度使知识产权的专有性和垄断性合法化，有效地保障了知识产品创造者的权利，但是这种权利极有可能牺牲其他创造同样知识产品的劳动者的权利。

知识产权具有绝对性和相对性二重性质，在实践中我们要看到知识产权的二重性，不能只看到它的相对性，肆意侵犯他人知识产权，同时也不能只看到它的绝对性，对知识产权进行强保护。然而，在网络空间中，政策制定者常常忽视知识产权的相对性，从而导致了网络空间中知识产权强保护现象的产生。因此，要正确对待知识产权，就必须把握它的绝对性和相对性，如此才能有效地平衡尊重知识产权和实现自由共享之间的关系，做到既尊重知识产权，又尊重自由共享。

国际互联网的出现加速了知识产权制度国际化的趋势，在较大程度上解构了知识产权的地域性。知识产权最初是封建特权或君王的恩赐，其权利行使的范围限制在君主管辖的地域范围内。随着资本主义制度的确立，知识产权成为一项法定权利，其性质发生了根本性变化，但其地域性并未改变。19 世纪末，知识产权国际贸易的发展导致了知识产品的国际需求和知识产权的地域限制之间矛盾的产生。而国际互联网的出现，加剧了这一矛盾。为解决这一矛盾，各国先后签订了一系列国际条约以保护知识产权，使知识产权在公约缔约国范围内具备了通用性。①

需要注意的是，知识产权制度的国际化是对知识产权地域性的一种解构，在一定程度上削弱了知识产权的相对性，强化了它的绝对

① 江滢．知识产权特征新论——兼析知识产权与有形财产权的区别［J］．华中科技大学学报：社会科学版，2001，15（4）：16-20.

性，从而导致知识产权绝对化趋势的产生。这种趋势在网络空间中表现尤为明显，网络知识产权强保护现象的出现是这一趋势的最好例证。然而，不同于有形财产权，知识产权是一种相对权利，网络环境下知识产权制度的国际化确实在一定程度上强化了知识产权的绝对权利属性，但它并没有改变知识产权的二重属性，没有否定知识产权的相对权利属性。在网络空间中，我们仍然必须尊重知识产权的二重权利属性，既要看到知识产权容易被侵权的方面，又要正视知识产权强保护的趋势以及这一趋势所产生的知识产权问题；既要看到网络为侵犯知识产权提供了便利，同时也要看到网络为知识产权的强保护提供了借口。只有全面认识到这两个方面，我们才能正确地对待和处理网络空间中出现的知识产权问题。

二、网络知识产权的数字困境

知识产权的内容包括对智力成果和知识产品的占有权、使用权、收益权和处分权等权利。然而，在互联网时代，数字信息保护与传统的知识保护存在差异，甚至彼此冲突。网络信息的公开性、公用性使得所发布的信息难以为权利人控制，从而消减了网络知识产权专有性实现的可能性。传统的知识产权以有形物质为载体，通过连接到一定的有形物质载体才得以实现，然而在网络时代，知识产权的载体不再限于有形的物质载体，而越来越多地以数字信息为基础。数字信息载体的虚拟化冲击着网络知识产权，产生了大量没有主动取得版权许可的现象。同时，数字保护技术的发展在很大程度上强化了对知识产权的保护与控制，损害了网络的自由共享精神。就目前而言，最具冲击力的是三网融合、移动互联网、3D 打印以及专利开放技术的出现与发展。可以说，新技术加剧了网络知识产权的“数字困境”。

1. 何谓数字困境[①]

随着互联网的出现，知识产权面临两个方面的困境。一方面，互联网使知识产权的侵权越来越容易；另一方面，互联网在技术架构上又越来越容易控制自由共享。[②] 这就是所谓的网络知识产权的数字困境。

具体来说，数字困境的第一个方面是指，互联网的发展使知识产权侵权变得更为简单与广泛，而对知识产权尤其版权的保护变得更为艰难，权利人的利益越来越容易遭受侵犯。这是因为网络技术为侵权提供了便捷的工具和手段，使得侵权变得更加简单。同时，网络技术使侵权行为变得更加隐蔽，从而加大了知识产权保护的难度，严重威胁知识产权的保护。

数字困境的第二个方面是指，网络强化了对知识产权的控制和保护的能力。相较于传统媒介，网络通过采用加密技术、防火墙技术等计算机代码，在架构上拥有更强的控制自由共享的能力，给知识产权保护提供了更多方法与便利。但是，我们应该看到，网络技术在强化知识产权控制和保护能力的同时，很有可能遏制网络传播的发展。同时，网络技术丰富了作品的形式，扩大了作品的传播范围，加快了作品的传播速度，为权利人提供了更多的获利机会，在权利人的要求下，治理的天平极易向权利人倾斜，导致强保护现象的出现。

在实践中，如若只看到或夸大网络为知识产权侵权提供了便利，则容易产生网络知识产权的强保护趋势；如若只看到或夸大互联网在技术架构上对自由共享的易控性，则容易导致大量网络知识产权侵权行为的产生。我们只有同时认识到数字困境的两个方面，在关注网络为知识产权侵权提供便利条件的同时，加强对网络技术强化知识产权的控制能力，为知识产权权利人提供了更大的获利空间，从而

---

① 李伦．“数字困境”与网络知识产权伦理［N］．中国教育报，2009-01-07（03）．

② Richard A. Spinello. Cyberethics：Morality and Law in Cyberspace［M］. Jones and Bartlett Publishers，2003：92.

容易走向对知识产权的强保护的认识。只有如此，才能制订出正确的知识产权政策，有效地平衡知识产权保护和尊重自由共享精神。

随着三网融合、移动 4G 网络、3D 打印等新技术的出现，数字困境更为普遍。关于三网融合，欧盟委员会于 1979 年出版的《电信、传媒和信息技术部门的融合》绿皮书曾将“融合”定义为：“不同的网络平台，或消费设备，如手机、电视和个人电脑逐渐一体化的进程。”[①] 三网融合也叫做三网合一，是指电话网、电视网和计算机互联网的相互兼容与互联互通，并逐步整合成为全世界统一的信息通信网络。在三网融合时代，庞大的网民数量和多点上网的方式，在为知识产权的保护与发展提供了便利的同时，也为知识产权侵权行为逆向、多点侵害提供了契机。也就是说，科学技术的发展一方面使知识产权的强保护变得更为容易；另一方面使侵权行为变得更为容易，往往一个简单的复制、粘贴就可以实现。

以往仅各类视频网站是视频侵权的主体，但随着三网融合基础环境的逐步完成，为视频提供相关的软件、硬件、平台等的服务商频繁出现在知识产权侵权案中。其中，较为典型的是互联网电视机、机顶盒生产商被诉侵权。应该说，网络视频服务模式的复杂化和细化致使更多的主体承担连带侵权责任案件产生。在相当长一段时间内，视频案件都将成为侵权案件的主要来源。随着视频行业正版化步伐的推进，版权交易频繁，围绕影视作品的纠纷将日益突出，而这些纠纷必然富有争议。

随着三网融合等技术的发展，“客厅经济”一词成为热点，传统媒体终端逐渐由多路径统一起来走向单一。在互联网电视厂商的“搅局”下，通过广告方式实现盈利的传统电视播出平台受到冲击。由于点播方式这一类的用户体验具有传统电视线性播出方式不可比拟的优势，从而导致传统媒体的内容提供商纷纷将注意力转向新兴

---

① 欧盟委员会．电信、传媒和信息技术部门的融合（绿皮书）[Z]．1997.

的网络电视这一领域。

移动4G互联网时代的到来，扰乱了原本巨头林立的手机、平板电脑市场。在这一市场中，设计已然成为核心竞争力。在世界范围内具有影响力的大公司，如苹果和三星，纷纷将知识产权作为战争的武器。实际上，这场没有硝烟的战争早已打得如火如荼。在这种情形下，必须加强国内许多创新型企业和设计师利用和保护知识产权制度的意识。

移动互联网具有高移动性和便携性等特点，它可以通过各种手持移动终端实现信息的快速传递，并能使用户自由地表达自己的想法，成为与媒体一样的传播者。目前，各种手持移动终端设备已被广泛应用，如智能手机、平板电脑等。体积小、重量轻、易携带等特点使人们随时随地可以获取信息，创造移动的和方便的生活、工作、娱乐环境。显然，这是传统的PC机无法企及的状态。在移动互联网时代，人们可以按照自己的节奏生活。4G给计算机、多媒体、无线移动设备等注入了更快的速度及更强的活力，使之可以毫无障碍地连接到世界各地互联网的实时动态，将网络信息资源分布到任何地方。然而，移动互联网的虚拟性、传播速度快、传播范围广等特点也导致了大量知识产权侵权问题的产生，同时也加大了对知识产权侵权行为的控制难度，导致与网络知识产权相关的争议也越来越多。

随着3D打印技术的快速发展，经典科幻小说几乎已经从屏幕走到现实：打印鲜肉、打印皮肤、打印AK47步枪，甚至打印飞机，“就像一个普通的打印机可以通过计算机将文字、照片印在白色的纸上，3D打印机几乎可以将所有的3D模型转换为实物，把虚拟的数字从计算机转化为真实现存的对象。”①

基于3D打印的原理，在建模阶段，人们可以对扫描对象进行打印（3D扫描），获取3D设计后的3D建模产品或直接从网络上下载

① 3D打印．百度百科［EB/OL］．http：//baike.baidu.com，2015-09-16.

一个3D设计图，或直接扫描以得到一个3D设计。直接从互联网进行3D设计下载，就有可能构成侵权。由于建模阶段涉嫌侵权，也就导致了3D打印产品侵犯了知识产权。目前的专利制度在3D打印面前就像传统的版权制度在P2P技术环境中一样是那么显得捉襟见肘。

YouTube、微信、微博等有着数以亿计用户的社交平台很可能成为人们分享有关3D产品数字信息的平台。淘宝、亚马逊等电商平台，极易成为3D产品信息买卖的平台。在网络共享与交易过程中，侵权行为难以避免。从管理的角度出发，直接治理这些信息平台，远比绕开它们去治理散布有关数据的用户，其效果要高得多。

3D打印技术的飞速发展似乎昭示着每个人都可以拥有“合理的专利侵权”。从版权发展的过程中我们可以看出，在面对互联网环境中大面积侵权情况时，传统知识产权保护体系因法不责众，而显得无所适从。在未来几年，3D打印将以更为低廉的费用极速发展，最终进入寻常百姓家，浸入日常生活中，实现普及化。3D技术的发展不仅会扩大、拓宽新产业，同时它也要求我们不断创新现有的知识产权保护体系，以便快速地解决其造成的侵权问题。近年来，英美学者就现有专利制度如何适应3D打印应用领域做了相关研究。3D打印技术对各国知识产权保护体系也提出了新的要求，我国应尽快对此做出回应，重新审视现有知识产权保护体系存在的问题，建立健全应对专利侵权问题的网络知识产权保护体系。

2. 网络知识产权的侵权现象

“数字困境”的表现之一是网络知识产权侵权现象日益严重。随着互联网的发展，我国网民的人数不断上升，其组成成分复杂多样，但在众多网民中对网络知识产权有所意识的人为数不多，而真正了解其意义的人则少之又少。在网民对知识产权及其相关法律尚未了解的情况下，要求网民遵守相关法律则不太现实。近年来，尽管我国一些网民对知识产权渐渐熟悉，并且在口头上一般也会认同相关政策，但侵权的情况仍然大量存在。如大多数网民在上网时一般并未表现出对知识产权的尊重，有些甚至在公共领域传播一些侵权信息。又如，大多数网民一般会表示支持打击盗版等侵权行为，但自家电脑却装满了盗版软件和视频。也就是说，网民对知识产权保护的认知态度与实际行为之间存在差异。从市场的整体情况来看，侵权产品随处可见，很多多媒体作品可能在尚未获得授权的情况下就开始泛滥于网络了。美国商业软件联盟市场研究公司与 IDC 联合发布的“2010 年全球 PC 软件盗版研究”报告称，全球盗版软件的商业产值达到 590 亿美元，几乎是 2003 年同期的两倍。[①] 具体来说，网络知识产权侵权现象主要表现在以下几个方面。

第一，随意上传和下载。上传、下载他人的原创作品，如果未经权利人许可，同时也不属于我国《著作权法》上规定的“合理使用”时，就构成侵权行为。在我国，网民以及网站在互联网上传和下载各种文字、声音、图片、视频是一种比较普遍的现象。相对于上传，下载侵权的覆盖面更广。

近年来，我国有关网络知识产权的法律诉讼主要集中于视频业务领域。北京海淀区是许多著名网站的总部所在地，近几年来知识产权案件量以 30% 左右的年增长速度递增，而视频侵权案件是其中增长速度最快的案件类型。此类争端的类型从最初的视频分享网站被诉侵权，发展到涉及视频链接、搜索、存储、播放器网站以及与视频相关的服务商等等被诉侵权。随着网络宽带光纤技术、存储技术取得突破性进展，之后的争议和诉讼主要集中在涉及信息存储空间服务提供商的视频分享、云技术视频等网站。随着移动互联网技术的发展，各种 APP 客户端软件风起云涌，随之而来的就是有关 APP 软件的知识产权侵权案件层出不穷。“三网融合”后，又发生了新的转向，涉及不同平台和不同主体通过分工合作等方式分享视频的案件成为业内争议的焦点。总的来说，每一次网络技术革新都会带来视频

① 2010 年全球 PC 软件盗版研究［EB/OL］. http：//ip. people. com. cn/GB/14663486. html，2015-09-16.

分享方式的改变，从而把知识产权所有人的维权焦点引向新的领域。

视频网站为了发展壮大，首先必须用大量的视频节目内容充实网站，以迅速增加用户和访问量，因此容易导致侵权行为的大量发生。除了被动应诉，视频网站或视频平台的经营思路和理念也迅速发生变化，多家视频网站甚至奇迹般地成立了反盗版联盟。主流视频平台的经营走向了正版化，部分平台也开始创作自己的节目并成为自身特色。在这一过程中，版权意识在引导视频行业经营理念的转变上起着重要作用，使作为侵权者的视频分享平台的行为由直接侵权为主向间接侵权为主转化，侵权行为的性质也悄然发生了变化。

此外，视频网站、APP，已成为人们观看视频的主要途径，从前在电视中播放的广告也不断集聚于此，产生了一些提供“屏蔽视频广告”功能播出的平台。由此，依赖广告收入为生的电视台等传统媒体面临着严重的生存危机。占据传统媒体领军地位的湖南卫视在2014年推出了自己的“独播战略”，对拥有全部完整知识产权的自制节目，全部由其芒果TV独家播出，不再进行二次销售。中央电视台也关闭了2014年巴西足球世界杯的直播分享权，改由自己经营的中国网络电视台（CNTV）及APP客户端（央视影音）独家播放。在各大视频网站下架大量美剧和自制剧的大背景下，湖南卫视的“独播战略”有着独特的价值，它标志着传统媒体代表的电视台，打响了视频知识产权及自身发展的保卫战。视频平台的变化让人们感受到了技术变化所引起的人们观念的迅速变化，同时人们对于网络知识产权的认识也不是一成不变的，这使人们对网络知识产权有了一些新的理解。

第二，损害作品完整性的网络恶搞。近年来，网络恶搞风愈演愈烈，涉及视频、文字、流行音乐、经典标志性形象、主旋律影片、英雄人物等各个领域，并引起了强烈反响。流行的网络恶搞是指以网络为平台，运用各种形式、手段，将文字、图片、视频和动画表情等组合起来的有趣的与非合理的，拥有一定影响力的作品。视频恶搞则是在原有的电影、电视剧、新闻等的基础上，通过剪辑、配音等技术手段重组经典作品的二度创作。这种具有颠覆性的、个性化的、反传统的形式，在短时间内赢得了广大青年群体的青睐。

恶搞是一种特殊的网络文化或亚文化，通过再次加工已发表的多媒体作品，取得喜剧和娱乐大众的效果，但如果做出极其出格的作品，争议就会产生。如果肆意妄为地恶搞作品，侵犯了著作权的完整性，它的让人发笑就变成了黑色幽默，演变出的问题值得深思。著名的在线视频《一个馒头引发的血案》来自胡戈对电影《无极》的恶搞，带动了网络恶搞浪潮。对于这种篡改，《无极》导演陈凯歌直言胡戈是无耻的作者，认为胡戈不尊重他们辛勤的工作，其篡改行为严重损害了他们的知识产权和声誉，并将其诉至法庭。

一个网页通常由作为多媒体元素的文字、图片、录音、视频等组成，其中每一个元素都可能是版权法的保护对象。对于各种各样的网络恶搞作品，要判断其是否侵权，应具体问题具体分析。如果权利人自身并不介意，恶搞作品的创作者也并非恶意针对权利人，也没有商业目的或盈利，那么一般来说不构成侵权。知识产权权利人的权利保护是整个知识产权保护体系的核心，是调动文化创作者积极性的重要保障。但从另一方面来看，对知识产权权利人的过度保护可能导致权利滥用，不利于文化作品满足公众精神文化需求之目的的实现，将阻碍我国文化的发展。

第三，搜索引擎的随意链接。链接一般是指使用超文本标记语言编辑包含标记指令的文本文件，在同一文件的不同部分或者在两个不同的文件之间建立链接，使浏览者可通过一个平台或网站访问来自不同网站的文件，这是互联网经营的基础性特征。网络的优势本就来自于全球互联网的任何文件链接，而不管其地址或储存方位。仅仅从技术方面来看，这种链接方式有助于实现网络资源的大范围共享，为网络用户提供了极大的方便。对于有获取广泛信息需要的网民，针对每个单独的信息需要进行额外的搜索无疑显得十分繁琐，而通过此种深层链接，使本来需要记住和输入一大串地址的网民只要用鼠标点击主页的链接，就可以从一个信息跳转到另一个相关信息，或直接跳转到其他平台上的网页内容，从而便捷、准确地找到所需的各种信息。网页链接不用投入什么成本，便可大大提高网站服务的多样性。然而，有关互联网上的链接行为是否侵犯了知识产权，现在学术界各方的声音不尽相同。

百度是目前国内最大的搜索引擎，2000 年 1 月在北京中关村创立。2007 年，百度 MP3 搜索占音乐搜索市场份额的 70%，而唱片公司的网络版权 2007 年的总收入仅相当于 2005 年的 1/10，许多合法授权的在线音乐经营者也因百度 MP3 搜索而被迫关闭。2005 年七大唱片公司，包括华纳、EMI 起诉百度 MP3 侵权，但三次审理百度都获得了胜诉。[①] 似乎从互联网数字音乐诞生起，传统音乐产业就已处于劣势，而且呈快速下滑的趋势，但传统音乐产业因被侵犯知识产权所遭受的损害并没有引起外界足够的重视。另外，以搜索为名，利用内框等深层链接方式而从事种种网络经营，即使有着实际的侵权行为，也没有受到应有的治理。

第四，P2P 软件的随意使用。P2P 作为一种点对点，即个人对个人的传输技术，其侵权具有如下几个特点。首先，P2P 软件是一个传输工具，主要用于用户之间的共享和传送文件。尽管它的使用具有双重性，也就是合法的和侵权的使用，但是在当前，占主流的还是合法使用，然而 P2P 软件相关公司能创造的价值几乎完全来自于侵权的使用。其次，P2P 技术本身的分布式结构特点，使之缺乏其他网络服务提供者的监视和控制，从而使 P2P 软件相关公司在被权利人索取侵权赔偿时有了天然的屏障。最后，P2P 技术是新一代的网络技术，引发了对传统架构的改变，使互联网回到自然、平等和自由的中心，代表着网络的发展方向，因此自由共享甚至无序的共享占有舆论优

① 汤庆，唐茂军．反垄断法之于腾讯：继续沉默还是适时亮剑［J］．法治研究，2009，(6)：60-65.

势。除了交换文件，它的许多潜在价值有待开发。因此，我们在解决P2P软件间接侵权的同时，还应注意避免使保护体系成为限制技术进一步发展的阻力。

P2P技术代表着网络技术的升级与变革，大多数网民主要利用这一技术从网络上下载多媒体的各种作品。当在没有权利人许可的情况下，使用P2P软件上传或下载各种数字作品时，实际存在的侵权人是个体网民。自动提供上传、存储、链接和搜索等服务，又不做出修改的服务者，是不是应该对上传、存储、链接或搜索的内容侵犯他人版权承担审查义务？是不是只需承担在接到知识产权权利人通知后处理有关内容的义务？这都是值得思考与研究的。

第五，恶意抢注域名和流氓软件。在我国网络知识产权侵权事件中，还有其他两类臭名昭著的行为——恶意抢注域名和流氓软件。在网络上，域名起着类似商标的作用。注册人将他人的商标、企业名称、商号，特别是一些著名企业已形成品牌效应的词语抢先注册为自己的域名，然后向商标所有者或该商标所有者的竞争者出售、出租或通过其他形式转让，或是通过故意制造混淆，诱使互联网用户访问该域名持有人的网站从而牟取暴利，使得商标权人蒙受巨大损失。[①] 一些跨国大企业，比如微软、IBM、可口可乐，都吃过被恶意抢注域名之苦，有的为了购回与自己商标相同的域名，不得不支付巨额资金。在我国，由于互联网发展较晚，网络知识产权保护意识也相对落后，待到我们意识到问题的严重性时，一些著名商号、字号，如“中央电视台”“同仁堂”等，早已在国际网络上被抢注一空。为此，政府与企业做了大量工作，投入大量人力、物力、财力才得以追回或赎回。

流氓软件是指在未明确提示用户或未经用户许可的情况下，在用户计算机或其他终端上安装运行，侵害用户合法权益的软件。它具

① 王四新．网络空间的表达自由［M］．北京：社会科学文献出版社，2007：110.

有强制安装、难以卸载、浏览器挟持、广告弹出、恶意捆绑、恶意搜集用户信息等特点。它的最大用途是散布商业广告，或者在用户不在意的情况下强行或者隐蔽地装入用户电脑，或者弹出广告、强制用户链接到特定的内容等，这些做法让人深恶痛绝。

3. 网络知识产权的强保护现象

"数字困境"的另一个方面是网络知识产权的强保护问题。在我国，网络空间中的侵权现象非常普遍，网络知识产权的保护现状不容乐观，但是，从"数字困境"的另外一面来看，我国也存在知识产权强保护的问题，导致了某些知识产权垄断现象的产生，损害了网络的自由共享精神。

知识经济时代的到来已是不争的事实，在经济全球化过程中，知识产权保护制度在整个社会、经济发展中有了空前的地位。而知识产权是合法的、天然的垄断，我们也一直在强调保护知识产权所有人的权利，尤其在侵权行为大量存在的时候。目前，人们已开发出一系列信息安全技术，如信息加密技术、信息自动恢复技术、防泄密技术、防火墙技术、入口控制技术、防计算机病毒技术、信息全评估技术、信息智能识别技术等，运用于知识产权的保护。对于我国而言，网络知识产权保护的技术手段主要分为三种：第一，网络加密技术。将网络信息通过各种加密技术手段进行加密，有效防止信息的被传播、被篡改和被盗取。第二，建立用户下载权限系统。只有获得权限的用户才能下载所需资源。第三，添加数字水印防伪标志，可以对网民复制、下载网络作品的全程进行跟踪。这些技术措施在一定程度上有效地阻止和预防了知识产权被侵犯。

然而，正如我们在前面指出的，一方面是互联网使知识产权的侵权越来越容易；另一方面，互联网在技术架构上又越来越容易控制自由共享。当今是信息时代，信息已经成为重要的生存资源，在经济、知识和文化的发展中处于重要地位，对信息的开发和获得，已成为社会生活的重要内容。"知识产权保护的对象实质上就是信息：专利是反映发明创造深度的技术信息，商标是贸易活动中使人认明产品的标志的信息，而版权是信息的固定的长久的存在形式”。[①] 然而，各种信息一旦有了知识产权的庇护，知识产权的权利人就会享有排他性的独占权，其他人享有这些信息的权利自然就没有了。随着网络技术的飞速发展，网络知识产权的强保护趋势越来越明显。在有些时候，知识产权还成为了滥用权利、限制竞争对手的手段，网络知识产权垄断地位的滥用更加明显。知识产权所有人为了维护其垄断地位而关闭很多共享资源，引发了一些网络矛盾和网络争议，这又使知识产权网络垄断的现象更加明显。

中国仍处在知识产权引进的阶段，在大多数领域，特别是数字互联网领域，都属于后发跟随的前进，自己的知识产权等核心竞争力还比较缺乏。因此，从民族产业发展角度来说，我国大公司应不断发展壮大，成为世界范围内有影响力的知名企业，保护企业的核心竞争力。但从互联网产业的健康发展来说，当一个专利技术构成市场的支配地位，也就是形成垄断地位时，随之而来的限制竞争必然会造成对消费者利益的伤害。网络知识产权所有人拒绝引入市场竞争，可能会导致类似企业对参与市场竞争根本无从下手。腾讯 QQ 和奇虎 360 的“3Q 大战”的爆发震撼人心，尽管大战早已平息，但这一事件也强烈警告我们要关注互联网公司对市场支配地位的滥用等问题。无论从实现更大范围的互联网的互通互联角度而言，还是从维护创新、公平、竞争的环境角度出发，知识产权所有人的垄断行为都应该受到反垄断的治理。

随着互联网数字革命的兴起，知识产权保护的范围远远超出传统的界限。知识产权保护是否要扩大，又要扩大到什么程度，这些都是需要全新的、深入的讨论。对于知识产权滥用的治理，我们也应当遵循国际知识产权保护原则，在深入研究 WTO 协议、TRIPS 协议及

① 陶鑫良，袁真富．知识产权法总论［M］．北京：知识产权出版社，2005：60.

其他相关国际立法的基础上，根据我国国情，完善《反不正当竞争法》《反垄断法》，并增加配套立法以及具有操作性的具体条款。总之，对待网络知识产权，既不能强化强保护的趋势，导致知识产权垄断的现象；也不能走向反面，放任知识产权的侵权，导致大量侵权行为的出现。

三、网络知识产权的伦理原则及对策

网络在促进自由共享的同时，也引发了引人注目的知识产权侵权问题。网络数字技术使知识产品可以低成本、无限地复制和传播，使知识产权保护体系陷入了无限尴尬的境地。我国知识产权侵权现象在网络空间中屡禁不止，人们对侵犯产权现象似乎习以为常。同时，由于知识产权的强保护，又产生了大公司对知识产权权利的滥用和垄断。因此，构建一个有效解决“数字困境”的知识产权体系迫在眉睫，我们试从伦理原则和保护对策两方面切入这一问题。

1. 网络知识产权的伦理原则

正如前文所述，知识产权既是一种绝对权利，又是一种相对权利。互联网的出现及发展为知识产权侵权提供了便利条件，使知识侵权变得越来越容易，因而对尊重知识产权原则提出了新的挑战，这就要求我们必须遵循尊重知识产权的原则。同时，互联网的技术架构使我们能够更加容易限制自由共享，因而对尊重自由共享原则提出了挑战。如何才能既做到尊重知识产权，又尊重自由共享，同时保障各利益主体的利益，而不至于走向极端？这就要求我们坚持平衡原则，即合理平衡尊重知识产权和尊重自由共享以及各利益主体之间的关系。[①]

① 李伦．网络传播伦理［M］．长沙：湖南师范大学出版社，2007：92.

第一，尊重知识产权原则。网络知识产权最基本的伦理原则是尊重知识产权原则。哲学史上一些关于财产权的理论，如洛克的劳动价值理论、黑格尔的人格理论、功利主义的财产理论等均能有效地论证尊重知识产权的合理性。

洛克关于财产权的劳动价值论认为，人们对源于个人劳动的私有财产拥有自然的权利。在洛克看来，劳动是不愉快的事情，人们是出于对利益的期待而劳动，因而，劳动是值得回报的，同时也要求回报，而财产权则是劳动者劳动的一种合理回报。同时，由于劳动是一件不愉快的事情，要让广大的劳动者参与劳动，则需要一个激励机制，而让劳动者拥有对其劳动产品的财产权则是最为有效的激励机制。洛克关于财产权的劳动价值论同样适用于知识产权。如同生产物质财产，知识的生产也需要付出劳动，所以，智力劳动者也应当对其劳动成果享有所有权，人们对其创造的作品应该享有天赋的所有权。①

黑格尔的财产理论认为，所有权是人格权和财产权的统一。在黑格尔看来，人作为理性存在，存在于所有权中，同时也只有人才具有拥有外部事物的绝对权利；个人有权利通过外部事物反映自身的意志，而反映个人意志的事物则成为“我”的东西，或者说是“我”的财产。人也都有权利成为他的根本实体性目的，但是物本身并不具有这样的目的，它需要从人的意志中得到它的规定和精神。也就是说，只有人格才能赋予物以权利。因此，人格权本质上是一种物权，物权是人格本身的权利。黑格尔认为，财产是个人意志自由的第一体现，个人的意志自由完全由个人的财产所有表现出来，因此，从自由的角度出发，个人自由最初的存在是财产权，财产权本身就是本质的目的。黑格尔的财产理论为知识财产提供了合理性辩护。黑格尔认为，精神产品是由人类智力劳动创造的与特定主题的人格相关的成

① Richard A. Spinello. Cyberethics：Morality and Law in Cyberspace［M］. Sudburg：Jones and Bartlett Publishers，2003：99.

果。它必须包含创造者的主体性人格、人格的外化形式或“外部的存在”，而知识产权使得创造者的人格在知识产权成为财产的实现过程中存在和发展。[①]

人们也用功利主义理论来论证知识产权的合理性。功利主义认为，对创造物品的所有权是激励人们创造有价值的物品的动力源泉。尽管功利主义的这一观点最初是为了辩护私有财产制度，但该观点同样适用于知识产权。相较于物质财产，智力产品更容易复制，使创造者有时难以得到相对应的回报，从而可能打消创造者创造有社会价值产品的积极性。也就是说，要保持或提高人们创造有社会价值的工作的积极性，需要进行必要的激励，而确保他们拥有对产品的所有权或独占权不失为一个最有效的激励机制。知识生产的前期成本显著，然而一旦创作完成，它的边际成本以及销售成本就微乎其微了。即便如此，如果没有知识产权的保护，作品则容易被盗版或侵权，而盗版和侵权可能使作品的价格滑落为边际成本，这就可能削弱创造者创造的动力。设若某企业打算开发某操作系统，其开发成本是5亿美元，当操作系统开发出来后，如果没有知识产权的保护，竞争对手可以随意复制该操作系统的源代码，并将该操作系统以低廉的价格出售，那么最终将导致软件企业无法以合理价格卖出该操作系统，高额的初期投资也无法赚回。显然，在这种情况下，企业不会投资开发操作系统。因此，根据功利主义的观点，知识产权制度必须具有激励性，并能有效保护知识产权，如此才能鼓励人们进行创造性劳动，促进社会的创新和发展。[②]

第二，尊重自由共享原则。在实践中，人们常常可能只看到“数字困境”中知识产权容易被侵权的一面，忽视网络技术的飞速发

① Richard A. Spinello. Cyberethics：Morality and Law in Cyberspace ［M］. Sudburg：Jones and Bartlett Publishers，2003：100.

② Richard A. Spinello. Cyberethics：Morality and Law in Cyberspace ［M］. Sudburg：Jones and Bartlett Publishers，2003：101.

展增强了对网络自由共享的控制，从而强调知识产权的强保护。然而，不管是权利所有人，还是知识产权管理专门机构，如果一味扩大网络知识产权保护的范围，就违背了知识产权的本质，尤其知识产权的相对性之特征，这必然会导致知识产权强保护的现象。面对这种情况，必须强调尊重自由共享原则。确实，在网络空间中，已经出现了一种知识产权强保护的趋势，借保护知识产权之名，行知识产权强保护之实。当然，知识产权是一种专有权、垄断权，但是我们不能只是为了自身利益而一味实行知识产权的强保护，尤其是大企业，不能将知识产权用作垄断市场、维护自身利益的盾牌。作为大企业，我们应该反思是否尊重了自由共享原则，企业的行为是否有利于社会进步，有利于公共利益健康发展。

我们也必须注意到，人们也常常容易误读和曲解尊重自由共享原则。人们倾向于无限地夸大自由共享，认为自由共享是无限制的。实际上，无限制自由共享造成了大量侵权行为的存在。人们认为如果自由共享是有限制的，那么意味着尊重知识产权和自由共享是相互对立的，忽视了知识产权保护和自由共享相辅相成的一面。其实，人类建立知识产权制度的初衷是既能保护个人利益，又能促进社会共享人类知识和资源。以前由于科学技术不够发达，知识产权制度不存在，当人们拥有了一项技术发明或知识创造，为确保得到应得的利益和回报，便会选择保密。在当时科学技术不够发达、知识产权制度不存在的条件下，保密所花费的成本高。同时，如果保密的话，成果就难以甚至无法推广，因此在保密与成果推广之间产生了矛盾。如果成果得不到推广，成果所有人也难以获得更广泛的利益。因此，保密既不利于个人利益，也难以实现社会公共利益。经过人类的不断思考与探索，发明了知识产权制度。知识产权制度旨在平衡个人利益和社会利益，为实现个人利益和社会利益之间的协调发展提供了制度保障。

有一种观点认为，知识产权保护和自由共享完全不兼容，知识产权保护阻碍自由共享，两者的矛盾是不可调和的。其实，这是一种极端的观念，一些反版权、反知识产权的思潮也正是源于这一观念。实际上，知识产权制度保护了个人利益，如果没有知识产权制度对个人利益的保护，大多数创造者很可能封闭自己的创造成果，同时也封闭了自由共享的可能性。但保护个人并不是知识产权保护制度的唯一目的或终极目的，甚至可以说知识产权保护制度的终极目的是让创造与发明开放而非封闭，为自由共享提供通道。同时，也只有在开放环境下，人们才有可能共同享有著作权保护的作品。自由、开放、共享是人类的共同价值理想，也是互联网的精神气质所在。如若没有知识产权制度，这些价值理想无法获得实现。需要说明的是，自由共享并不等同于免费，自由共享也不限于免费共享。共享与封闭相对，它意味着开放，免费并不是自由共享的本质，或者说免费只不过是实现自由共享的一种途径。

第三，平衡原则。在实践中，存在着这样一对矛盾：一方面，知识产权权利人出于保护和获得更多利益的需要，希望法律给予他们更多的专有权；另一方面，知识产权相对人想要获得更多的利用知识的权利，希望法律更多地限制知识产权权利人的权利。然而，如前所述，知识产权保护与自由共享并不相互对立，关键问题在于如何平衡两者的关系。知识产权制度的产生在很大程度上是出于协调和平衡知识产权权利人和知识产权相对人的利益，协调和平衡保护权利人的知识产权和实现知识产权的广泛应用之间的矛盾。知识产权制度本身就体现了利益平衡原则。

承认个人利益或知识产权是知识产权制度建立的一个前提条件。知识产权制度的首要任务是保护权利人的私人利益。那么，个人到底该如何行使这种权利，又如何确保不滥用这种权利呢？“权利是被正常行使，还是被滥用？完全取决于与之相对应的义务和制裁规定之间是否平衡。”[①] 这时，保持权利和义务的平衡问题被提了出来。

---

① ［日］富田彻男. 市场竞争中的知识产权［M］. 廖正衡，译. 北京：商务印书馆，2000：1.

利益平衡原则以承认知识产权保护与自由共享存在契合的可能性以及知识产权的二重性为前提。知识产权保护与自由共享之间的矛盾是网络时代私人利益和公共利益之间的矛盾的一种表现形式。在知识产权领域，不同利益主体之间存在博弈，都要求制度设计能够协调他们之间的利益关系，完善的知识产权制度不失为协调这一关系的有效的制度保障。

网络知识产权的本质和传统知识产权相同，同样存在着利益主体关系。因此，利益平衡原则同样适用于网络时代，依然是网络时代知识产权制度的基本原则，尽管互联网打破了传统的利益平衡格局。利益平衡原则的基础性作用就是有效地调整失衡格局，形成一种新的、动态的平衡。实际上，人类社会的每一次技术变革，都会打破原有的利益平衡格局，带来一个新的、动态的平衡，也就是说人类社会总是在平衡——失衡——新的平衡的过程中发展，而在这一过程中利益平衡原则内在地发挥着作用。同样的，知识产权的利益平衡一再被打破，最初一般倾向权利人利益，到后来向权利相对人倾斜，在这一过程中，利益平衡原则不断地做出反应，发挥其基础性作用，恢复或者达至新的平衡。但现实情况是，每一次知识产权制度的修订更多地是以加强保护权利人的利益为目的。社会公众对制度修订向权利人利益倾斜表现出强烈的不满。因为公众往往只看到了知识产权制度修订对知识产权强保护这一面，认为它完全损害了自由共享原则和公共利益，而看不到技术发展给权利人利益带来的脆弱性。在此，伦理学的重要任务就是质疑或论证修订的合理性。在这一过程中，公众树立正确的知识产权观也至关重要。

权利一般分为应有权利、法定权利和实有权利这三种类型。应有权利是相对于创造者来说的，是一种合乎情理的垄断权。在创造者看来，获得补偿与权益是一项正当的绝对权利。法定权利是由法律规定的一种权利，因而是一种合法的垄断权。实有权利是指创造者实际拥有的权利，知识产权的执法力度、人们对法定权利的接受程度在很大程度上决定了创造者对这个权利实际拥有的程度和范围。一般而言，应有权利只有通过立法才能转化为法定权利，而法定权利只有在良好的法律环境中才能转化为实有权利。[①] 权利人究竟应当享有哪些权利，又在何种程度享有这些权利是平衡原则所要解决的关键问题。对不同利益主体而言，应有权利是先验的和绝对的，是创造者应得的权利。但从社会角度来看，还存在一种不容忽视的权利即人们的自由获知权。为了协调二者，绝对的应有权利会受到限制而成为相对权利，也就意味着知识产权法所规定的应有权利与法定权利是不可能完全对等的，利益平衡原则适时地调节着应有权利和法定权利之间的关系，使法定权利存在于应有权利的弹性限度范围内，保障各个利益主体的利益。

在当今经济全球化时代，发达国家和发展中国家在知识产权方面存在巨大差距，发达国家拥有强大的优势，而发展中国家则相对落后。两者在知识产权方面的矛盾随着这种差距的加大而日益突出，而如何平衡和协调两者之间的关系已成为亟待解决的问题。具体来说，发达国家拥有发达的经济、文化，拥有大量的占优势地位的知识产权，出于获得应得或超额的利益，发展中国家常常被要求加大对知识产权的保护力度，减少侵权现象，提高知识产权的保护水平以达到发达国家的标准。然而，由于历史等原因，发展中国家的知识产权保护水平较低，立法和执法力度都不够，从而难以为发达国家的知识产权利益提供有效保障。于是，在两者的贸易中，知识产权常常被发达国家用作谈判的砝码，发展中国家经常被胁迫妥协与就范。这并不意味着发展中国家不要加强知识产权的保护。实际上，加强知识产权的保护应当成为发展中国家为之努力的重要方面。我国也在加强知识产权的保护、与国际知识产权发展趋势接轨方面做出了巨大努力，但这并不是一蹴而就的，而是需要相当长的一段时间。同时，任何知识产

① 陶鑫良．网络时代知识产权保护的利益平衡思考［C］//陈美章，刘江彬．数字化技术的知识产权保护［M］．北京：知识产权出版社，2000：145.

权标准的制定必须以本国目前的知识经济发展水平为依据，而不是仅仅遵照发达国家的高标准。为了长远利益与共同利益，发达国家也应当为发展中国家保留合理发展的时间和空间，不能把知识产权变成知识霸权。[①]

2. 网络知识产权保护的对策

无论是根据黑格尔的人格论、洛克的劳动价值论、功利主义理论，还是根据我国的发展目标和国际标准，我国仍有必要加强对网络知识产权的保护，同时也尊重自由共享和公共利益。激励效应的大力发挥需要对知识产权进行有效保护。没有有效的保护，极有可能挫伤创作者的积极性，导致侵权现象的大量发生，对社会的总效率产生负面影响。同时，许多网络作品是基于互联网的自由、共享精神的，它们在更大范围内弘扬了互联网文化，促进了社会整体文化的发展。如何使知识产权保护不陷入滥用与垄断的窘境，我们需要做出进一步的积极尝试。

第一，借鉴发达国家的经验。

在网络知识产权领域，世界上有许多国家的成功经验与措施值得借鉴，如美国、欧盟、韩国、日本等。美国是知识产权制度最为发达的国家，非常重视网络知识产权的利用与保护。早在 1995 年，美国就发布了《知识产权和国家信息基础设施》白皮书。白皮书强调保持使用者和权利人的利益平衡原则，该原则既保证使用者得到最多的信息，又保护权利人在网络空间的合法权利和商业预期。1998 年，美国又颁布了《数字千年版权法》，在新的发展环境和趋势之下，对网络知识产权做出了新的规定。值得一提的是，美国政府对相关法律的修订是比较迅速的，一项新技术出来不久，美国政府就会组织相关人员，针对该技术的特点，完善相应的法律。欧洲是知识产权制度的发源地，在数字权利管理、技术措施保护等方面处于世界领先

① 陶鑫良．网络时代知识产权保护的利益平衡思考［C］//陈美章，刘江彬．数字化技术的知识产权保护［M］．北京：知识产权出版社，2000：149.

水平。自欧盟成立以来，欧洲各国的知识产权保护也出现了一体化的趋势。目前，欧盟的知识产权体系主要由两个层面组成——欧盟层面的法律和各成员国层面的法律，形成了完善的知识产权保护法律体系。韩国为了对网络环境下的著作权进行规范与保护，专门成立了版权信息中心，并设立了不同的在线监控小组，对不同领域的作品和侵权行为进行监控或处理。版权信息中心的主要职责为：支持和保护著作权；监控侵权行为；引导权利人正确使用著作权；实施著作权教育，提升公众著作权意识。[①] 韩国非常注重版权教育，注重提升公民的版权意识和引导权利人正确行使权利。日本在 2001 年提出“知识产权立国”的战略，2002 年颁布了《知识产权战略大纲》。在知识产权方面，日本最大的特色就在于善于利用民间力量为网络的发展保驾护航，成立了一些以保护网络知识产权为宗旨的民间机构，与执法部门联合，专门监控网络侵权行为，打击网络盗版。这些做法弥补了政府在人力上的不足，值得我国借鉴。

第二，进一步完善相关法律制度。

我国应当根据具体实际情况，针对新技术和网络环境的变化，及时修订有关网络知识产权方面的法律法规。事实上，我国已经制定了一系列有关网络知识产权的法律法规，如《计算机软件保护条例》《关于制作数字化制品的著作权规定》《互联网出版管理暂行规定》《互联网著作权行政保护办法》《著作权集体管理条例》《信息网络传播权保护条例》《集成电路布图设计保护条例》等。2006 年，我国加入《世界知识产权组织版权条约》和《世界知识产权组织表演和录音制品条约》；2007 年颁布了《中国保护知识产权行动计划》；2008 年发布了《国家知识产权战略纲要》。这些都标志着我国已逐步建立了比较完善的适应互联网环境的知识产权制度。但总体而言，我国有关网络知识产权的法律法规，大多以行政法规或者司法解释的形式

① 段维．网络版权保护论纲［M］．武汉：华中师范大学出版社，2012：8-9.

出现，缺少经由全国人大常委会通过的法律，相关法律法规位阶不高，且因各部门各自为政而不成体系，所以应尽快制定和完善网络知识产权方面的法律法规。

我国可以按照总则、分则、附则的立法模式制定一部专门的《网络知识产权法》。这部专门法可以专注解决网络知识产权的热点、难点问题，包括涉及地域管辖问题的案件应如何追责、合法使用和非法使用的明确界定、侵权行为的认定及损失确定、赔偿数额标准，以及网络知识产权保护范围的界定、数字化证据的举证等问题。

处理好专门法与现行的《商标法》《著作权法》《专利法》等传统知识产权方面的法律法规的衔接问题，处理好与《计算机软件保护条例》《互联网著作权行政保护办法》《信息网络传播权保护条例》等法律法规的协调问题。当然，网络专门法的出台需要时日，在此期间可出台一些单行的法律法规，也可以对典型案例进行司法解释，并建立一个权威、系统的案件数据库，作为司法裁判的参照。

注意处理好国内立法与国际法的统筹关系。应积极参与知识产权保护的国际合作，主动利用世贸组织、世界知识产权组织等国际平台，推动发展中国家知识产权制度的发展与完善。值得注意的是，我们不能一味地追求发达国家的知识产权保护水平，而是应该立足于我国国情和发展阶段，制定适合我国国情的知识产权保护体系。

注意新法的及时制定和旧法的及时修订，构建系统完整的反垄断法和防止知识产权滥用的法律体系；尽快修订《商标法》《信息网络传播权保护条例》《集成电路布图设计保护条例》等法规[①]，以应对飞速发展的网络技术，适应网络环境下知识产权发展的新要求。总之，在依法治国的背景下，要真正做到有法可依，有法必依，违法必究。

第三，加强知识产权管理，完善网络知识产权保护机制。

我国已经成立专门的知识产权管理机构，应对网络知识产权给

---

① 吴汉东．科学发展与知识产权战略实施［M］．北京：北京大学出版社，2012：265.

管理带来的挑战。为加强知识产权管理，完善网络知识产权保护机制，应充实和配备一定数量的具备调解、处理知识产权业务能力的专业人员，并加强对专业人员业务素质的教育与培训，增强他们管知识理产权业务的能力。同时，应强化监管，坚决打击侵权行为，并加强执法力度。对于各种侵权行为，一旦核实，必须严格按照我国法律进行处理；建立网络服务提供商考核系统，严格按照该制度对服务提供商进行考核，对于严重侵权且屡教不改的，应对其进行关停整顿；要求网络交易平台的经营者运用技术手段对交易的各个阶段进行监控，并在交易流程中加入知识产权审查程序，以及时发现、制止侵权行为；针对具体的侵权技术，应组织力量加大反侵权技术的开发，同时注意加大其他新技术措施的开发、利用和管理，以有效预防、阻止侵权技术对知识产权的侵害。

在制度的设计构建方面，应切实有效地保护权利人的权益，但同时也应当努力推进知识产权的社会共享。尤其注意促进不同利益主体之间的平衡，不仅注意对知识产权所有者利益的保护，同时要兼顾使用者和社会公众的利益。对知识产权既不能是强保护，也不能是弱保护，要防止产权滥用和垄断的产生。因此，要采取权利限制和利益平衡的调整措施。“知识产权的限制，是对权利人的专有权进行限制，其功能在于通过产权的适度限制，平衡权利人与社会公众之间的利益，确保社会公众接触和利用知识产品的机会。”① 对于盗用网络知识产权作品用作商业用途的，应予以严厉的打击。但是，对于非营利共享可能需要些许的宽容，否则互联网领域绝对的强保护，易造成对文化繁荣的抑制。

第四，加强知识产权教育，提升公民产权意识。

由于各种因素，如历史的、民族的、文化的因素等，不同国家的公众对网络知识产权的看法相去甚远，甚至完全相反。不同主体的认

① 吴汉东．中国知识产权法制建设的评价与反思［J］．中国法学，2009，（1）：51-68.

识也有差别，如知识产权所有者倡导积极保护，一般公众对知识产权的保护却可能反应淡漠。对于我国公众而言，他们对有形资产和知识产权的态度极不协调，对偷盗物品深恶痛绝，但对随意拷贝和上传作品熟视无睹。在网络技术在中国发展的早期，盗版光盘、书籍、软件在许多公共场所随意销售，许多网站可以随意免费下载。这些现象无不反映了公众知识产权意识的薄弱，没有意识到这些行为是不道德的，即使知道侵犯了权利人的利益，但在当时社会背景下也不会受到强烈谴责，也许会有良心的自责，但可能认为罪不罚众。甚至有人认为，所有的知识都属于公共领域，应为全民所有，免费获取是合理的，知识创造者也不应该排除他人共享信息的权利。因此，针对这种情况，我国有必要大力加强知识产权教育，提升公民的产权意识。

知识产权管理机构可以借助政府的号召力和媒体的影响力，注意定期开展知识产权宣传与教育工作，在媒体尤其是新媒体上进行大力宣传，提高广大公民对网络知识产权的认识与重视。政府机构可在主要公共信息网站设立网络知识产权专栏，对大众进行网络知识产权教育。学校、街道、社区以及社会团体也可专门组织开展如“网络产权知识讲演”“网络知识产权宣传周”等活动。企业与高校可专门开设网络知识产权的课程。总之，应通过开展各种活动，采取各种措施，加强知识产权教育，提升公民产权意识。

加强网络知识产权教育，提升公民知识产权意识，其实也与构建网络道德工程息息相关。然而，构建网络道德工程是一个长期的、复杂的、循序渐进的过程，需要政府的指导，需要各方面力量的统筹安排。对网络知识产权的行为规范，各项法律法规需要不断跟进与完善，同时应加强网络监管，加大常态化监管的力度。当然，网民自身应提升知识产权意识，各网络平台经营方应尊重知识产权，注意审查数字资源的来源，等等。只有多管齐下的推进，才有可能使网络知识产权的保护朝着健康的方向发展，才能促进互联网共享精神的弘扬，有效保障权利人的各种合法权益在虚拟世界中的实现。

第七章　网络内容治理的模式

法律、市场、规范、架构（代码）在规范网络行为方面各有利弊。常见的过滤技术为我们提供了良好选择，但还需要提高精准性。政府治理是一种强有力的方法，但如何做到适度，还有待进一步探讨。完全依靠自律可能会出现许多危险，尤其把高端技术赋予自律者时。基于市场机制、代码创新的自下而上模式和政府主导的自上而下模式可能都无法单独解决网络内容治理问题。从理论上讲，无论采取哪种方式，都必须以尊重人类的核心道德价值为前提。在治理网络内容时，如何遵循普遍的道德原则，仍需要进一步的探讨。本章从莱斯格的法律、市场、规范、代码的分析框架出发，探讨目前已有的各种网络内容治理模式，并深入研究我国和其他代表性国家的治理模式。

一、网络行为的规范力

网络技术的发展日新月异，我们在享受技术带来的便利的同时，也担心自身越来越受到技术的束缚和控制。有人认为，技术创造了一个全新的自由的世界，与现实空间相比，网络世界更难治理。然而，这仅是网络发展初期的想法。随着网络的发展，人们已经认识到网络空间并非无法治理，现实空间的基本规范力在网络空间中依然有效。

人类行为的基本规范力包括哪些呢？莱斯格在《代码：塑造网络空间的法律》一书中提出了四种规范现实空间中人类行为的约束力，即法律、规范、市场和架构。法律是由政府制定的，通过具有溯及力的法律制裁而实施的规则和命令，如《隐私法》《环境法》。规范是一种非正式民意表达，包括礼仪和社交习惯等。市场是通过商品和服务进行价格调整的行为。架构是约束人们行为的一种物理限制，或称物理架构。[①] 莱斯格认为，这四种规范力同样适用于网络行为，是网络空间的四种基本规范力，并认为网络空间中的代码（code）执行架构的功能。

法律是国家治理的工具，也是相对稳定的一种规范力，相对于伦理道德和其他规范，法律的效力更为明显。法律包括宪法、普通法律、行政法规、地方性法规和单行条例，等等。我国关于网络内容的法律散见于刑法、刑事诉讼法、民法通则、民事诉讼法和行政诉讼法中。如果网络内容触犯了我国的刑罚，达到了违法犯罪的底线，则适用刑罚，由刑法和刑事诉讼法加以治理。如果达不到定罪量刑的标准，但是损害了他人（包括自然人和法人）的利益，引起了民事纠纷，则由民事法律，包括民法和民事诉讼法进行治理。

法律作为网络空间的规范之一，赋予网络空间以张力和限制，不仅可以保障网络空间的表达自由，而且能够有效地限制网络带来的负面影响；不仅能够促进互联网健康、有序地发展，而且能够对网络社会问题进行监控，做到有法可依。但是，各国政治制度及社会风气的不同造就了对网络立法治理程度的不同，如英国倡导网络自由和行业自律，少有专门的法律对网络进行治理，美国同样呼吁网络从业者行业自律。在中国，多数人认为网络犯罪应该受到法律的惩办，因此，加强网络立法是中国网络内容治理的重要手段。[②]

有人认为网络世界应有自己的一套法律法规，然而，网络世界的人同时也是现实世界的人，现实的法律对其仍有巨大的约束作用。问

---

① ［美］劳伦斯·莱斯格．代码：塑造网络空间的法律［M］．李旭，姜丽楼，王文英，译．北京：中信出版社，2004.

② 王静静．从美国政府的互联网管理看其对中国的借鉴［D］．武汉：华中科技大学，2006.

题的关键在于法院如何认定网络行为的管辖权，现实的法律制度如何适用于网络。事实上，电子通信隐私、网上交易与电子合同、网络知识产权、网络色情，以及计算机诈骗等领域常常使用法律治理来解决。诚然，网络内容远远不止这些，所以还需要其他的手段来辅助治理。①

莱斯格所讲的规范主要指习俗和礼仪等，身处某个社群的人都知道并遵守其中的规范。网络内容治理的规范主要指网络文化中的习俗和网络礼仪等。借助这种自我约束的规范，维持网络空间的正常秩序。网络空间之所以不是一个没有秩序的混乱的世界，一个重要的原因就是每个论坛或社区都有自己的一套礼仪和社交习惯，即规范。如某些聊天室就规定不能虚报身份，若虚报，将遭受网民的谴责，甚至被踢出。某些论坛实行会员制，规定会员必须向 ISP 和版主提供详细、真实的个人信息。一般而言，大的社区与论坛都出台了自己的规章制度，形成了非常规范的活动机制，如果网民不遵守这些规范，一旦被有管理权限的论坛版主或者管理人员发现就会被封闭账号。在自媒体中也有类似的设定。如果违反了某种网络媒体所设置的规范，就有可能被封闭账号，被禁言，甚至被删除账号。当然，这些规范的形成并不是一蹴而就的，它们来自于论坛的经验摸索，来自于网络使用者的实践，是在较为长期的网络发展过程中逐步形成的。网络自发形成的规范也具有较强的规范力，尤其对于轻微的不良行为具有较好的规范作用。

市场是人类社会一个极其重要的规范力，它以一种看不见、摸不着的力量制约着生产结构和要素的改变和流向，规范人类的行为，亚当·斯密称之为“看不见的手”。有些学者认为市场这只看不见的手不仅能够弥补政府的失灵，还能够以一种崭新的力量辅助政府治理网络。法国科斯学派认为，完全可以靠市场之手解决垃圾邮件，而不

① 爱德华·A. 卡瓦佐，加斐诺·莫林. 赛博空间和法律：网上生活的权利和义务［M］. 王月瑞，译. 南昌：江西教育出版社，1999.

需要政府治理。芝加哥学派的观点也非常具有代表性，他们认为市场这只看不见的手更能科学有效地治理网络不法行为，政府管理者则很难实现这一点，更不能及时解决网络空间的繁杂及垃圾邮件问题。这些学派认为，政府公共政策及官僚机构在具体实施方面效率低下，政府方面作为管理者，可能会因为利益关系联合某些网络用户，导致政府行事私有化，不再代表公共利益。正因为不相信政府的介入与管理，他们反对政府控制网络空间，认为市场才是最有效的治理手段。支持市场治理的人认为，商家在追求消费者需求和自身利益的同时，会迫于市场压力，强调尊重个人隐私权，完善市场不足之处，有效提高经济效益。雷登伯格曾表示，美国保护隐私的办法基本上就是市场取向的方法。他认为，相较于法律政策，市场自然力更为有效。①

市场在对资源的有效利用和推进技术进步等方面确实有着其他规范力无可替代的功能，但也有些经济学家不支持市场取向。如，庇古坚持认为市场取向可能在网络管制方面存在一定的约束力，但与架构（代码）、法律相比较而言不是最有效的方法，或者说市场作为一只无形的手只能处理部分网络问题。“看不见的手在各局部问题上发挥作用并不足以保证整体问题的解决。因此，需要一个效力范围更广的权威机构来干预和处理社会问题。”② 根据约瑟·E. 斯蒂格利茨的市场失灵理论，网络企业受经济利益驱动，为迎合网民需求，不加限制地提供服务，以致产生对他人权益以及网络文明与秩序的损害问题，这些问题是无法通过市场来解决的。市场失灵理论主要是站在公共利益的视角而言的，网络内容有很多是涉及公共利益的，而逐利是商家的本质，因此，完全听从市场的智慧会导致严重的“公地悲剧”，从而影响网络内容治理。的确如此，如果向未成年人提供色情内容可以获取利益，肯定会有网站铤而走险，此时若还交由市场来治

① Joel Reidenberg. Privacy Protection and the Interdependence of Law, Technology, and Self-Regulation [M]. Cahiers du C. R. I. D. , 2002: 76.

② A. C. Pigou. The Economics of Weifare [M]. London: Macmillan Ltd. , 1962: 195.

理，结果可想而知。即使在并非只由市场来治理网络的情况下，色情、淫秽内容还如此之多，可见市场的规范力是有局限性的。

技术代码是一种容易被忽视的规范力，因为它以一种比较隐蔽的方式在技术的底层起作用。对于网络空间而言，架构就是代码。代码即技术，技术即代码，或称为技术代码。代码是指建构互联网的程序和协议。具体而言，程序员编辑一行行的逻辑代码，最终通过编译，将代码连接成为计算机能够认识的二进制机器码，让其执行程序员的逻辑，完成一项项程序和协议，比如电子内容过滤、加密信息业务等。代码控制计算机的输入与输出，是人类与计算机之间交流的媒介，决定了人类与谁沟通，用何种方式沟通，以及能够获取哪些信息。网络互联网协议与其说是计算机访问协议，还不如说是思想交流的固定访问程序，只不过它是由代码构建，其本质还是人类的思想。代码实现了思想，而计算机通过代码读懂了人类的思想。因此，代码是控制信息的重要媒介，谁掌握了代码，谁就在很大程度上掌握了网络。

网络技术代码具有逻辑延展性和信息丰富性，因此，其力量非常强大，改变了人类生产生活的方方面面。的确，在科技高度发达的现代社会，每个人都能看到和感受到技术的力量。但是，网络技术的力量到底有多大？我们在多大程度上受它的束缚与控制？我们是否有能力掌控它？不同的人有不同的认识，归纳起来，主要有四种观点：

技术乌托邦论认为，技术可以提升人们的工作、生活品质，完善人类世界。在生产生活中，我们可以用技术去控制技术，甚至可以完全消除技术的副作用与危害。技术完全归人类掌控，人类可以通过技术打造出一个完美的、理想的世界。在这个世界里，我们拥有着完美的生活方式和工作场所。这是乐观主义者的观点。

技术乌托邦论是一种悲观主义观点。在他们看来，技术决定着一切，已经成为当前生产生活不可或缺的力量，而技术的发展日新月异，任何国家、任何地方的习俗和法律都无法应对它，也许法律刚刚适用它，它又发生了变化，法律又变成无法应对，最终导致法律真空、政策真空。因此，在不久的将来，技术必将超越人类的控制，最终成为阻碍人类文明发展进步的枷锁。马克斯·韦伯提出的“铁笼”概念就是对该观点最有力的诠释。

技术中立论认为，技术是一种中立的力量，是一种提升生产效率、独立于政治力量的生产力量，是促进生产力发展的工具，它完全独立于人类社会和政治领域；技术是没有偏见的，仅仅是一种工具而已，它围绕人类的发展而发展。在中立论者看来，因为有需求，才有技术的发展；技术有利，也有害，最终用于善，还是用于恶，取决于操控它的人类的思想和行为。

技术实在论则认为，技术有其自身的力量，但并不独立于政治力量和社会力量；技术是改变和推动社会前进的强大动力，重构了我们的政治和社会现实；虽然随着信息技术的发展，我们的生活俨然离不开技术，但是我们仍然能够去控制它、征服它，并在技术的应用中去体现它的核心价值与社会价值；技术是可控的，只要技术掌握者能够遵守伦理道德，就能够避免因技术而导致的“致命的滑坡”。

基于对技术代码特性、作用、功能与价值认识的不同，形成了不同的观点。其实，不管秉持何种观点，我们可以看出，技术以及与之相对应的工具理性对我们的生产生活产生了巨大影响，已经成为网络社会的主导力量。而理性的态度应该是，我们既不能过分悲观，也不能过分乐观。悲观主义者应该要看到，我们可以设计和决定如何运用与限制某些技术发明，我们不会成为技术的奴役，我们没有被禁闭。而过分乐观主义者也要清醒地认识到，技术的巨大威力有时会削弱人类的自由，掌控不好，甚至会带来毁灭性灾难，因此，对代码的治理是必要的。

莱斯格的分析框架富有启发性。然而，莱斯格并没有将道德作为一种单独的规范力，而是将道德置于他所说的“规范”之中。斯皮内洛在莱斯格的分析框架的基础上，突出了道德的作用，尤其是将核心道德价值提取出来，置于莱斯格分析框架的顶端，成为四大规范力的统摄性力量。

每一个人的选择、每一种人类活动的决策，都是建立在一定的价值判断基础之上。每一门专业或科学，也都是建立在一定的价值判断之上的，“每一个专业都有它自己的价值簇，该专业的成员利用这些价值做出决策。即使以建立事实并引以为豪的科学家也必定至少隐含地利用价值”。[①] 总之，价值、价值判断在我们的生活中无处不在。

每个人的选择与决策不同，源于他们的价值分歧，源于他们对各种价值的重视程度不同。每个人的价值标准不同，所以产生了普遍的价值分歧。消除所有的价值分歧是不可能的。然而，在价值分歧的背景下，在不同的价值标准之中，存在一些共识的价值。换句话说，人们的价值互不相同，但实际上又都是在一定的价值框架内进行的，都是有一些共同的标准的。因此，尽管价值观具有文化依赖性，但不同文化都包含一些核心价值，这些价值具有普遍性。

在道德生活中，也包含一些人类共识的价值。詹姆士·摩尔认为，核心道德价值包括生命、幸福、自主、公平、公正、平等、尊重。[②] 这些核心道德价值为所有人认可，它们能使人类过上真正有价值的生活，并实现人类真正的健康与繁荣。所有文化都在某种程度上重视这些价值。一种文化也好，一个人也好，如果完全忽视这些核心价值，是不可能生存和发展的。那么，这些核心价值就应该成为永恒价值的指示路标，成为制定法律、建立社会机制和管理网络的基础。斯皮内洛认为，对于网络空间而言，内在于人性、对人类繁荣来说必不可少的核心道德价值，在内容治理上应该起着结构性或指导性的作用，指导和协调法律、代码、市场和规范，使这四者相互作用，形

---

① ［美］特雷尔·拜纳姆，［英］西蒙·罗杰森．计算机伦理与专业责任［M］．李伦，等，译．北京：北京大学出版社，2010：28.

② ［美］特雷尔·拜纳姆，［英］西蒙·罗杰森．计算机伦理与专业责任［M］．李伦，等，译．北京：北京大学出版社，2010：28.

成慎重、公平、公正的关系。因此，斯皮内洛在莱斯格规范力模型的基础上增加了“核心道德价值”，如图 7-1 所示。

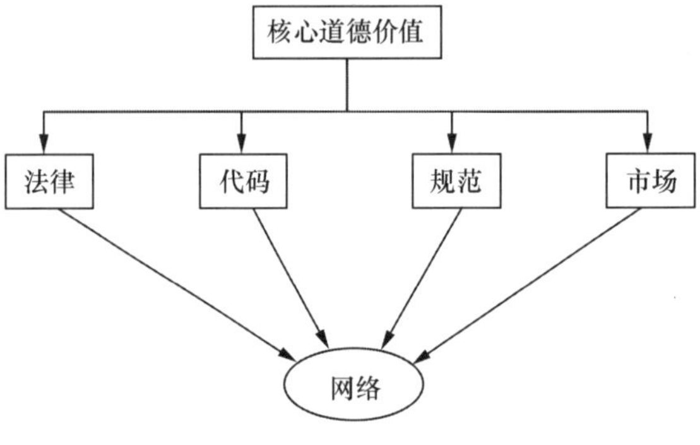

图 7-1　网络行为的规范结构①

核心道德价值渗透在法律、规范、市场和代码之中，缺失核心道德价值的网络内容治理法律，不能被称为良法；没有道德约束的规范，亦非公平合理的规范；不讲道德的市场，往往会带来灾难性的后果；不兼容核心道德价值的技术手段，即使不为恶，也不能促进网络健康有序地发展。对于网络内容的治理而言，核心道德价值的作用是不可或缺的。

二、代码治理与代码伦理

基于代码的特殊性与关键性，我们特单辟一节进行论述。对于网络空间而言，代码既是内容生产的强大工具，也是内容治理的有效手段。对于网络内容治理而言，代码是关键性的技术手段，无论政府还是个人，都会把技术代码作为最直接有效的治理手段。无论哪个国家，都会使用技术代码治理手段。然而，关于这一特殊的网络规范

① ［美］理查德·斯皮内洛. 铁笼还是乌托邦：网络空间的道德与法律［M］. 李伦，等，译. 北京：北京大学出版社，2007：5.

力，存在诸多需要阐明的问题。

1. 作为治理工具的代码

个人与群体越来越重视代码的使用。用户依照个人价值观及个人需求，通过网络代码设置，可以最大限度地降低社会危害及个人危害行为的发生，有效地满足个人需求。因此，利用网络代码来规范网络行为的方式普遍被大众接受，尤其是坚持公民自由论的群体或国家，如美国。美国公民大都反对政府公共政策及官僚机构的干预，在网络治理方面，既不能制定违背宪法第一修正案的法律法规，甚至行政规章，也不能以任何行政命令的形式限制美国公民的网络发言权，而且美国民众也绝不允许这种可能的情况发生，此时，网络代码治理手段便迎合了大多数美国人的需求。而从美国政府的角度来看，因为不能以任何理由使用法律来限制网络内容，代码治理手段又极其隐秘，不易被发觉，也不易遭到国会的反对，于是便更多地使用技术代码手段。在反恐事务上，美国政府更是大量地使用代码来监控网络内容。

强化网络技术代码革新，用代码改善网络使用环境，以技术抵抗技术，是世界上大多数国家的共同选择。随着网络技术的发展及广泛普及，网络站点覆盖全球，导致网络使用人数逐年增多，网络连接点不计其数。在这种情况下，逐个进行人工网络信息审查的可能性微乎其微，最为明智的选择就是研发新的技术软件来对抗网络中的负面信息，利用新型软件屏蔽各种有害内容及不法内容，绿化互联网使用环境，使网络空间活动能够安全、有秩序地进行。综观世界各国的过滤软件，均以营造绿色健康的网络环境为目的，旨在防止未成年人受到污秽、色情等有害内容的毒害。在具体实施上，大部分国家倡导家庭安装，公共场所如学校、图书馆、网吧等则强制安装，这些举措有效地提高了网络治理的效率。

在过滤网络内容、营造网络安全环境方面，防火墙也是一项重要的代码技术，是局域网常用的内容治理技术。它是一个由软件和硬件设备组合而成，在内部网和外部网之间、专用网与公共网之间的界面上构造的保护屏障。对于承载网络内容的数据包进行分析和过滤是其技术核心所在。

对于网络内容安全方面的研究，国外已经开展了较长的时间，并取得了一定的研究成果，在商业化、产品化等方面都走在前列。目前国外的多家防病毒和网络安全公司已经能够提供较为完整的企业网络内容解决方案，其中最著名的是 Symnatec、Checkpoint、Newtokras-socaites，以及 Trendmiero 等控制软件。我国则在应用层面采取了如基于 URL 访问控制、基于时间的访问控制等有效的访问控制手段。

目前国际上关于内容治理的技术代码种类繁多，但可以归纳为以下几个主要门类：过滤/屏蔽技术，包括服务器端过滤、客户端过滤、文本内容的过滤以及防火墙等技术；监控技术，包括限时和实时内容监督技术等；标识和分级系统，包含第一方、第三方标识/分级以及内容选择平台等；新型顶级域名/分区；安全空间技术；认证系统等。

各种类型的代码的功能对于内容治理有三大影响。第一，直接影响内容治理的效果。我们必须强调的是，任何一项技术代码，必须满足用户对特定内容的控制要求，这是最基本的技术性、服务性满足，直接影响到治理效果。第二，直接影响终端用户使用的积极性。带有缺陷的代码、不能满足用户需求的代码肯定影响使用者的积极性，要力求避免。第三，对隐私权、平等、公正等的影响。代码不是中立性的工具，它是工具理性和价值理性两种因素的结合，且附带有深刻的文化价值和民主潜能，在权力结构和利益冲突中扮演重要角色，因此对隐私权、平等、公正等会带来重要影响。

一般情况下，代码在内容治理方面存在的最大问题，就是如何确保内容过滤的准确性和效率。要做到这一点很难，屏蔽不足或过度屏蔽现象最常出现，软件公司的“专家控制”、传播权利歧视、使家庭和社会过分依赖技术等问题也时有出现。其中有三个因素必须予以考察：有效性、可及性和外部性。有效性是指技术代码对特定内容进行筛选、过滤、拦截和屏蔽的有效程度。可及性是指技术代码在终端用户上的可行性，如该技术是否易于被终端用户发现、拥有、安装和使用，是否具有技术应用上的灵活性，便于终端用户自主配置和按需制定，是否具有安全性等。外部性是指技术代码在使用过程中对相关社会利益可能产生的不利影响的程度，如对网络传播各关系主体（网络服务提供商、内容提供商、终端用户）的经济成本或负担，对网络信息资源（如对未成年人有不良影响但并不违法的内容）的影响，以及其他不良社会影响，包括对用户隐私权、言论表达权利和政府机构执法等的不利影响。[①] 理想的技术代码应该是具有最大的有效性和可及性、最小的外部性的代码。目前来看，各种代码在有效性、可及性和外部性上存在诸多差异。服务器终端过滤的有效性和可及性最大，外部性的不利影响也大；分级和监督技术则无法实现有效性和可及性的最大化，等等。总之，目前尚无一种代码能够实现有效性和可及性的最大化，同时又能够实现外部性的最小化。

2. 内容控制的自动化

代码对网络内容的治理，具有一个很大的技术优势，这就是容易实现网络内容控制的自动化。但是，内容控制自动化也容易引起争议，并因此引起了对代码的治理问题。对代码进行治理也充满争议，因为“涉及多方面的复杂权利和冲突，任何技术都不可能对这些利益置身度外，而是服务于这些利益，并深深介入其中，放大或缩小权利的冲突”[②]。事实上，在美国就引起了这样的争议。

美国法院判决废除《体面通讯法》和《儿童在线保护法》后，父母、学校、图书馆开始担当起内容控制的重任。最主要的措施是使

---

① 胡咏．困境与共谋：中国网民权利分析——以“绿坝”事件为例［J］．新闻记者，2009，（5）：16．

② 唐子才，梁健雄．互联网治理模式理论与实践［M］．北京：北京邮电大学出版社，2008：32．

用过滤软件，通过过滤系统屏蔽色情网站及有害内容，防止未成年人受到网络负面内容的侵害。但仍有人对该模式持怀疑态度，他们认为儿童及未成年人有自己的基本权利，任何人不能强制干涉，即使父母或教育人员也不例外。这就直接关系到网络内容审查制度的标准和宽度问题。也有人指出，图书馆使用过滤技术危害了图书馆所担负的保证思想自由交流的责任与义务，如“Mainstream London v. London County Library”案件。美国维吉尼亚州劳顿郡公立图书馆在9台电脑上安装了一款过滤软件，以屏蔽色情网站，尽管一部分用户和官员表示支持，但这家图书馆不久即卷入一场由公民自由联盟提起的诉讼案，被指控侵犯了宪法第一修正案所赋予公民的言论自由权利。

案件的焦点是，公共图书馆是否可以采用“禁止图书馆读者访问某些具有特定内容的网络出版物”[①] 的政策。辩论非常激烈，最后法官驳回了图书馆的辩护理由，并裁定“图书馆的做法既缺乏足够的实体准则，也缺乏充分的程序保障”。当然，劳顿郡公立图书馆的做法确实存在问题，因为它的过滤既用于未成年人，也用于成年人。

因有前车之鉴，波士顿图书馆就只在未成年人用的电脑上安装过滤装置。然而，美国图书馆协会和美国公民自由联盟也反对这种做法，他们的理由是，所有人包括未成年人都有权使用没有安装过滤软件的电脑。当然，还有一个重要理由，《图书馆权利法案》第五条规定：“人们使用图书馆的权利不能因为出身、年龄、背景和观点而被拒绝或剥夺。”[②] 美国图书馆协会认为，分区的做法与此条相违背。最后，波士顿图书馆也被迫放弃此种做法。

一般而言，关于内容自动控制技术争论的焦点主要集中于实际应用效果和控制标准对言论自由的不利影响。上述两个案件集中于控制标准对言论自由的不利影响。在美国人看来，内容控制技术与网络空间的言论表达之间存在着内在的、不可调和的矛盾，因此反对图

---

① Mainstream London v. London County Library 2 F. Supp. 2d 783 (E. D. Va, [1998].

② See the American Library Association Web site, www. ala. org.

书馆使用内容控制技术。美国是网络发源地，信奉言论自由之精神在此案中表现得淋漓尽致。但这些案件也不由得让人思考：难道图书馆就一定要坚持言论自由和信息自由的理念，而不管这个内容是否恰当？难道所有信息都应该对所有访问它们的人开放吗？其实，这个言论自由权太绝对化了，对未成年人而言，某些言论，如色情、淫秽、违法内容，应给予明确限制。不管从他们的成长而言，还是从道德层面而言，都需要进行内容的控制。

众所周知，学校和图书馆应该教授学生正确使用互联网知识，但儿童充满了好奇心和叛逆心理，年纪小及受教育程度低导致他们在使用网络时没有足够的自控力。所以，不仅社会应该为儿童营造一个良好环境，而且父母和行使父母职能的机构也应该在必要的时候大胆地、严格地控制网络空间的内容。为保护未成年人健康成长，我们有责任也有义务建立一个良好的、绿色的网络使用环境。

要特别指出的是，至今为止，对于什么是言论自由可以接受的限制，美国公民并没有达成共识，许多由政府主导的强制性行为都因违反宪法第一修正案被否定了，美国政府转而以间接的方式进行治理，通过对私人公司施加压力，以避开直接审查可能带来的麻烦和诟病。

随着新一代互联网内容控制技术的出现以及新规则的形成，以美国为代表的被公认为自由民主体制榜样的西方国家，对网络的控制已从遮遮掩掩发展到大张旗鼓，开始引领互联网内容控制的潮流。2010 年出台的第二份全球网络控制调查报告《访问控制》揭示了这个事实，指出“因为泛滥的儿童色情、嚣张的恐怖主义以及漏洞百出的国家安全问题的存在，发达国家以更强硬的姿态接受网络治理，并加强了审查，内容自动控制已呈合法化与常态化”。[①] 英国和法国采用 ISP 过滤侵犯知识产权的内容，英国有大约 90% 的宽带用户至少使用了一种过滤程序；澳大利亚逐步建立了全国范围内的强制性过

① 张霁爽．访问控制——全球网络内容控制最新报告［J］．互联网法律通讯，2012，(1)：278-282.

滤架构；美国在保护版权和国家安全部门监视这两个方面的内容治理上取得了成功。毫无疑问，任何国家都以这样或那样的方式对网络内容进行治理，但我们对这一现象不能以简单的线性思维去理解，而应该将这些问题和措施置于各国的历史、宗教和民情及国情等具体语境中去理解，只有这样才能合理地使用代码自动控制网络内容。

3. 代码暴政

通过代码的手段可以直接屏蔽管理者希望屏蔽的任何信息，也可以监控、跟踪、定位任何发布目标信息的个人，既精确又毫不留情。这是一种极其强大的力量，一般而言只有政府能够运用这种力量来治理网络内容。然而，如果政府滥用代码手段控制网络，甚至监控、跟踪、定位任何网民，那么所有的网民都将处于一种惶惶不可终日的恐惧之中，网络将变成禁锢的地方。这种情形被莱斯格称为“代码暴政”。

PICS 过滤系统是一种规定标记和屏蔽网络内容标记的标准，通过内容筛选，能够有效地阻止访问含色情及恶意负面内容的网站。莱斯格曾针对 PICS 过滤系统进行了批评。他认为，政府强制介入要求用户使用这项标准会导致“代码暴政”现象。代码暴政会让人担心害怕，因为如果政府强制掌控网络代码，代码就变成了政府权力的隐性行使，政府方面就监管了网络空间，公民自由权及隐私权等就可能完全丧失。的确，如果政府滥用代码来控制网络内容，那么公民则完全处于瓮中。政府想让你知道什么，你才有可能知道什么；政府让你思考什么，你的脑子里面就全是什么。通过屏蔽、过滤、控制，政府能够织出一张巨大而细腻的罗网，无人能够逃脱。同时，公民也不再拥有隐私，人人都处在时时刻刻被人监控的罗网之中。

现实中一个极端例子是美国“棱镜门”事件。美国利用代码技术的优势监控全世界的政要和它所怀疑的个人、公司、团体。这样的监控不局限于一个国家的政府对内部的监控，而是超越国境延伸至对其他国家的人和组织的监控，不能不引起全世界的强烈反应。如果这种监控发生在一国之内，由于国家对国内个人有更强的控制力，后果则更加不可想象。如果由非政府的个人和组织，例如黑客、恐怖分子，掌握这种超强的控制网络内容的代码的能力，结果又会如何呢?

这里的关键问题是：代码究竟应该归谁掌控，政府，公司，还是个人，斯皮内洛认为，权力无论移向哪一边，都会产生不良影响。这种担忧不无道理，代码的治理功能太强大了。公民自由论者也注意到，相较于政府监控，PICS 等屏蔽软件的威力与潜力，或者说技术的威力和潜力能够更有效地削弱网络内容的自由传播。

我国在代码治理的实践中曾经发生过一起标志性事件——“绿坝事件”。2009 年 6 月 9 日，工业和信息化部发布了工信部［2009］226 号文件《关于计算机预装绿色上网过滤软件的通知》，要求使用中央财政资金买断“绿坝—花季护航”绿色上网过滤软件产品（以下简称“绿坝”）一年使用权及相关服务。通知指出，“绿坝”软件具备拦截色情内容、过滤不良网站、控制上网时间、查看上网记录等功能，并明确要求在我国境内生产销售的计算机在出厂时应预装“绿坝”最新适用版本；进口计算机在国内销售前应预装“绿坝”最新适用版本。这种强制计算机用户购买并安装网络内容治理软件的行为遭到了许多网民的抵触。有人认为，“绿坝”软件的强制推行违反了《反垄断法》的第 8 条、第 32 条和第 37 条之规定，即行政机关不得滥用行政权力，限定或者变相限定单位或者个人经营、购买、使用其指定的经营者提供的商品；行政机关不得滥用行政权力，制定含有排除、限制竞争内容的规定。[①] 政府强制在每一台终端机上推行过滤软件的行为也是侵害公民权利、扰乱市场自由竞争秩序的行为。代码控制采用这种方式是充满争议的，“绿坝”软件受到抵制正是基于这个原因。“绿坝”事件的背后是公权力的运用方式问题，政府作为公权力掌握者应该有所为，有所不为。即使在实行全面网络审查的国

① 张江莉．反垄断法对垄断性监管的规范——从电子监管网到绿坝软件［J］．中国法学，2010，(8)：100-109.

家，强迫公民个人安装过滤软件也容易招致反感和抵制。对网络内容的治理应当实现从监管到治理的转变，其中技术代码的适当运用非常重要。运用技术代码对网络内容进行治理，应该区分个体和组织等层面，不能采取一刀切的简单方式进行。在个体层面，应坚持自我管理、尊重自主原则；在组织层面，可以坚持自我管理和硬性要求相结合的原则。政府可采取积极稳妥的政策鼓励、支持互联网业界和终端用户运用代码对网络进行自我管理；鼓励家庭用户自愿采用内容控制技术，以保护未成年人合法权益；以行政规章形式要求学校、图书馆等公共事业部门安装和使用内容自动控制技术。同时，应对内容控制技术的功能及其外部性进行分析、研究和评估，开发出更有效和更少外部性的技术代码，避免“绿坝”事件的再现，并且要充分认识到代码的局限性。技术代码只是一个重要辅助措施，并非对政府监管、行业自律的取代。单纯依靠技术，无法从根本上解决网络内容的治理问题，网络空间的有些问题还须依靠其他手段才能解决。

4. 代码的伦理规范

从网络空间的技术特性来看，代码本质上是一种编码解决方案，即指“利用计算机编码取代强制性的法律对网络内容进行控制，实现对言论表达权利的分配、调整和执行”。[①] 代码也是基于法律的准则发挥作用，这个准则就是分配或执行权利的财产规则与责任规则。财产规则意味着当事人可以根据初始权利的分配订立契约，当交易成本较低时，运用财产规则会更为有效。责任规则意味着当事人之间必须经过国家授权才能进行权利的让渡，适合于交易成本较高情况下的运用。网络空间的交易成本较低，因此适合采用财产规则进行编码解决方案的制定。这是基于财产规则的编码解决方案具有两大优点：第一，可以自由地、合法地实现权利的分配与让渡。第二，体现权利与责任对等的原则。一定的权利对应了一定的责任，权利越多责

① 唐子才，梁健雄．互联网治理模式理论与实践［M］．北京：北京邮电大学出版社，2008：56.

任越大。这两个优点方便终端用户根据个人偏好选择不同层次的控制标准，即终端用户可以根据自身情况与网上非法或不良内容制定一个个人解决方案。这意味着，终端用户在某种程度上拥有了“对言论表达权利的分配、调整和执行”。例如，父母可以直接控制出现在家庭计算机屏幕上的内容，而不是有关部门迫使父母承担不向儿童提供色情内容的法律责任。因此，运用财产规则的编码解决方案可以从某种程度上避免“代码暴政”的产生，尤其终端用户是个人时。

然而，当代码由终端用户实行控制，种种担忧又冒了出来。代码作为一种富有控制性的网络技术，能起到十分有效的规范作用，在无形中治理、塑造人们的网络使用行为，并成为个人、政府、企业等争相争夺的对象，但也因其极富控制性，如果使用不当，就会严重损害到公民自主、自由及隐私的权利，以及伦理道德的传承传播。那么，作为个人或集体的终端用户，能把握好这种使用权吗？如何才能更有效地使用代码呢？在此，伦理道德的提倡与实践不得不再一次被提及。这又回应了前文所述，应基于人类伦理道德中最核心的价值建构法律、代码、规范及市场，规范网络空间内容。对于具有强大作用与功能的代码，尤应如此。

从代码的编写来看，代码的编写有负责的方式，也有不负责的方式。如为保护儿童编写屏蔽色情内容的软件系统，却把有关性教育和性健康的网站也过滤掉了，且不告知家长，这是不负责任的方式。将过滤系统设置情况编写得更为精确，或者告知家长种种被屏蔽的可能性，这是负责的方式。再如，我们可以通过编写新的能保护基本人权的代码，摆脱侵犯隐私与自主的代码的奴役，这也是负责的方式。总之，网络代码编写者不能忽视或损害人类核心道德价值，为了达到基本道德价值与网络架构相结合的目的，代码编写人员必须拥有较强的责任感和认真负责的态度。

从代码的使用者来看，代码的使用者同样应把伦理道德作为指导，不管使用者是父母、学校，还是政府，都不能损害自主、自由、隐私等价值的传播与传承。随着自媒体的发展，个人在网络内容传播中担当的责任日益增多，对个人而言，最起码应该具备的伦理道德责任就是自律意识的加强。一个自律性较强的人，在面对网络的各种诱惑之时，能保持清醒的头脑，坚持道德原则。同时，个人还必须做到用代码治理各种不良信息，尤其注意保护青少年、儿童，并且不通过网络技术发布不良信息。当然，还须强调政府的伦理责任。政府具有双重身份，它既是网络空间中的一个适应性主体，同时又对其他主体和信息流动具有一定的支配权，因此更应该从复杂系统思维出发，宽容不同的价值观，在满足安全价值、尊重公共价值的基础上，兼顾自由价值和市场需求。萨缪尔森认为，政府应该用其制定的政策来协助治理网络，而不是垄断治理网络。因此，当政府以终端用户使用者的身份出现时，更应该注意尊重公共利益和人类的发展价值。

无论代码的编写者，还是代码的使用者，都必须本着负责、谨慎的精神与态度，并基于伦理道德的指导，把蕴涵自主和隐私等基本道德价值的结构整合到崭新的网络架构中。[①] 嵌入代码内的价值判断，应当是基于人类核心的道德价值所做出的判断。人类固然有权利去自由表达，但这些权利在行使的时候要基于人类最基本的道德规范，不能损害他人及社会的利益。

三、自上而下模式与自下而上模式

网络内容的治理模式是在网络自身发展和网络管理的实践中逐步发展起来的。在长期的实践中，网络内容治理逐步形成了一些模式。这些模式可以按照国别来划分，也可以按照治理的主导方式来划分，还可以按照治理手段来划分，抑或遵循其他的分类方法。本节我

① 李伦．网络传播伦理［M］．长沙：湖南师范大学出版社，2007：12.

们主要介绍按照治理的主导方式划分的两个大类别：自上而下模式和自下而上模式。

自上而下模式主要指政府治理，包括政策、法律治理，以及政府主导的代码治理。自下而上模式则包含了使用者自身的代码控制、市场治理、自律机制等。在这些模式方法之中，有人倡导市场治理，有人主张法律治理；有人偏重自律，有人呼吁他律；有人看好技术的作用，有人强调社会机制的作用，不一而足。网络内容治理模式的不同选择，实质上反映了人们对道德、法律、自律、他律的作用等问题的看法，涉及对政府、市场、技术作用等问题的看法，也涉及网络空间的全球性和民族国家的地域性的冲突、网络代码与伦理道德的关系、技术乌托邦和技术现实主义等问题。

1. 自上而下模式

自上而下模式是以政府为主导的一种模式，主要是通过政府立法立制，依照法律法规对网络不法内容进行处置的一种模式，包括法律治理，以及政府主导的代码治理等。新加坡等是采用自上而下模式的代表性国家。

自上而下模式是一种强有力的政府治理模式，它的目的是保护公民权益和公共利益不受侵害。在信奉公民自由论的国家，比如美国，这个模式的实施曾经遭遇很大的阻力。无可否认，在某些问题上，如网络谣言、网络邪教，自上而下模式会更加有效和快速。网络空间也不可能完全排除政府主导的法律治理，只是程度有所不同。即使政府治理的目的是正当的、合理的，其治理的程度也必须要谨慎考量，其前提是不能侵犯网民的隐私，不能损害网民的其他权益。

近些年来，一系列网络空间攻击事件持续发生，以攻击个人用户为目的的各类恶意软件也层出不穷，而黑客通过互联网搜索和破解方式公布大量用户个人信息的案件也大量涌现。为了跟踪政治反对者，删除线上反对言论，保护国家和公民利益，各国不得不通过政府之手，自上而下解决问题。如强制要求平台媒介与政府合作，删除或屏蔽特定内容；要求平台向政府提供用户数据等。

自上而下模式在网络内容治理过程中也遇到了诸多问题。例如，单纯依靠政府部门难以进行互联网治理，于是在治理任务分散进行的同时，出现了工作协调的问题。监管网络发展需要调动国家各个部门，由于政府各个部门间的利益纠结、权力分配等因素，导致治理政令执行难度增大，监管也随之变得十分困难。因此，即使有明确的政府治理机制，政府各部门的执法也非常不易。自上而下的治理模式不仅需要大量人力、物力，还需要投入大量资金，政府不堪重负。[①] 一些企业试图用他们自身的治理方式限制网络信息，通过网络发展技术来巧妙地躲过政府治理，而网络使用者及其他政治团体则可能要求政府干涉，但信息技术的不断更新以及网络空间的高速发展，在一定程度上使政府对企业的监管工作变得困难重重。

另外，法律法规具有地域性，每个国家都制定了与本国情况相符的法律体系，甚至某个地区也会制定本地区的政策，然而，互联网没有地域性，覆盖全球的各个角落，任何一个国家都很难通过本国的法律法规来约束这个遍及全球的互联网，因此，管辖权冲突导致的问题非常棘手。例如，国与国之间隐私法不同，如果不分地域治理互联网，那么电子商务交易将会停滞，信息也将无法正常地传播与交流。再如法国政府起诉雅虎网站展览纳粹纪念品事件。展览纳粹纪念品在法国属违法行为，根据法国的法律，雅虎必须禁止展览、拍卖纳粹纪念品，如果雅虎不阻止法国用户登录其网站，则将对雅虎处以每天13 000美元的罚款。不过美国法律并不支持法国政府的判决，认为雅虎网站创设在美国，仅需遵守美国法律，法国的判决在美国不能生效，美国法庭也不会执行法国的判决。

因此，如果各个国家的政府都将自己的法律应用于对网络的内容治理，那么将会产生很多问题，也会严重阻碍网络的发展。为此，

① 唐子才，梁健雄．互联网治理模式理论与实践［M］．北京：北京邮电大学出版社，2008：56.

有人提出制定一个全球通用的国际标准来治理网络。例如，世界知识产权组织就制定了《版权公约》来规定如何把版权法应用于数字作品，阿根廷、加拿大、瑞士、新西兰、澳大利亚等国家采用了欧盟的《隐私法》。面对这种趋同的趋势，有人欢喜，有人忧虑。欢喜者似乎看到了全球统一标准的形成，忧虑者则认为这是对国家主权的一种威胁。实际上，每个国家都拥有本国特有的文化和法律，有些国家在文化和法律方面的差异还很大，因此，采用统一的全球性标准来规范网络可操作性较差，在实践上难以行得通。萨缪尔森就认为国家之间应该致力于"政策的协作性"而不是全部协同。[①] 无论如何，主权国家的政府从未放弃过对网络内容的治理，但治理越多，问题也越多。

仅从传播学角度来看，政府确实难以顺利地在网络空间中施展拳脚。传播学学者普尔曾经将媒体的传播模式简单地归为三类，即广播模式、印刷模式和公共通道模式，与之相应，监管则由易到难。网络显然属于第三种模式，对其监管的成本比其他的传播模式要高许多。对于原来的传播模式，只需要控制传播源就可以控制整个传播链，控制了源头就等于控制了整个传播过程。但是，公共通道式的传播表现出不可控性，尤其是在自媒体时代，难以对能够自动生成网络内容的社交网络进行控制，政府对网络内容的治理变得更困难。

2. 自下而上模式

随着互联网的快速发展，网络内容治理模式备受关注，观点不一。一部分人认为互联网本身就是一个自由的虚拟空间，因此，互联网内容治理模式应坚持网络自由、言论自由，公开自由地覆盖全世界，并加快全世界进入网络时代的步伐；如果政府介入进行强制管理，则不利于网络技术发展及信息传播，进而限制网络使用发展空

---

① ［美］理查德·斯皮内洛．铁笼还是乌托邦：网络空间的道德与法律［M］．李伦，等，译．北京：北京大学出版社，2007：45.

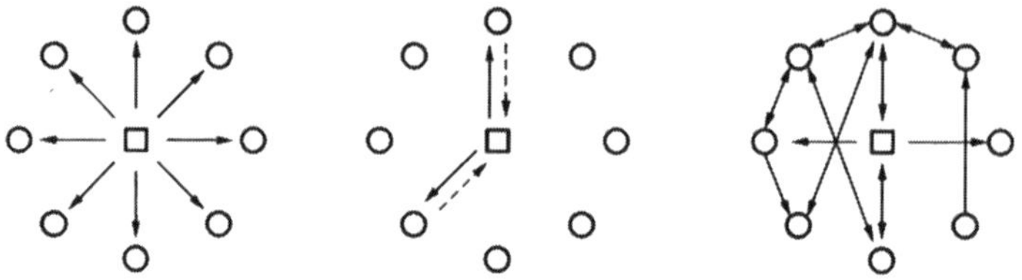

图 7-2 普尔的媒体分类及监管难度示意图①

间。因此，这部分人强烈反对政府介入网络内容治理，提倡网络内容治理应采用自下而上模式。

自下而上模式主要包括使用者的自律、代码控制、市场治理等，提倡以用户为中心来管理和控制网络，或者说让网络自我组织、自我管理。该模式的支持者认为，自下而上的网络治理模式相较于政府自上而下的网络治理模式具有更多优势，因为自下而上的治理模式强调用户自我管理，减少了政府冗繁的治理程序及相关硬件设施费用，无形中降低了人力、物力的成本，在具体操作进行时简单、方便、廉价、高效。

自下而上模式首先强调的是用户的自我管理，即个体的自律。自律提倡的是个体的自我约束，倘若每个网络从业者、网络提供商、网络使用者都具备较高的个人道德素养，那么网络使用环境将更加安全畅行。如在 2008 年汶川地震期间出现的"中国网民自律公约"，倡导全国网民在面对地震时"不恐慌、不信谣、不传谣、不造谣、不盲动、不悲观、不恶搞、不冷漠、不无知、不谩骂"，得到众多网民的响应，有效促进了救灾工作的顺利开展，发挥了良好的社会效应。

个人的自律上升到组织的层面就形成了从业者的行业自律。通过行业的自我管理和网络使用者双方达成一致的方式进行网络管理，

① Ithiel de Sola Pool. Technologies of freedom [M]. Harvard, MA: Belknap Press, 1983: 51.

在治理过程中就不需要政府介入，从而减少政府介入给网络自由带来的损害。[①] 行业自律是互联网管理的主要途径之一，在互联网管理中占据着日益重要的地位，是未来互联网治理的发展趋势。法律治理充满强制性和刚硬性，个人自律又显得过于分散、不成体系，但行业自律则兼顾两者优势成为系统的、柔性的管理手段，在协调法律、政府及社会的关系方面起着独特的作用。相比较传统传媒时代的行业自律规范，互联网时代的行业自律管理更为精细，管理方式也多种多样。如英美两国都倡导自律，但又各有不同，美国侧重网站自身的技术分级，英国则加入了网络视察基金会的监管。[②] 而新加坡的媒体自律机制中，社会道德及价值观的准则要高于表达自由。

网络信息传播迅速、广泛且内容复杂多变，直接导致了网络犯罪及不道德行为的多样性和复杂性。针对各种网络不法行为，行业自律规范只有更加明确化、具体化，有效的治理才能实现。如美国出于对现实经济利益、网络技术的快速发展与冗长繁琐的立法程序间矛盾的考量，实行以行业自律为主导的网络隐私权保护模式。该模式包括行业指引和网络隐私认证计划，使行业自律机制更加秩序化、系统化、明确化、具体化。当然，建立科学有效的行业自律机制是一个较为漫长的过程，有必要从长远的角度进行规划，不能急功近利。首先，应做好近期计划，一点一滴切实进行，才能使行业自律机制有效发挥作用；其次，应注意结合本国国情、政治经济发展状况、社会文化传统和状况等，建立适合自己国家的自律机制。

市场在自下而上的模式中扮演着非常重要的角色。西方学者大部分都支持以市场治理为主，看重市场在网络内容治理中起到的重要作用，认为网络本身具有去伪存真的能力，只要充分地运用自由市场的法则，在网络内容的市场中就会有优胜劣汰，真理自然会淘汰掉

① 唐子才，梁健雄．互联网治理模式理论与实践［M］．北京：北京邮电大学出版社，2008：69.

② 张久珍．网络信息传播的自律机制研究［M］．北京：北京图书馆出版社，2005：35.

谣言。我国的学者也有强调市场规则对网络内容的自我净化能力，有些学者通过控制实验和定量研究来测试网络传播的可信度。例如，周裕琼通过在QQ网络聊天软件上进行四则谣言的传播控制实验，进行谣言在网络上的传播方式、变化以及网民是否采信谣言的实验研究。通过制造和传播四则谣言并对其特征数据、被讨论密度、相信率的分析和研究，证明网络上的自由讨论会削弱谣言的可信度。市场治理的支持者一般认为，政府公共政策及官僚机构在具体实施方面效率低下，而市场对网络内容进行治理的效率则要高出很多。但是，单纯的市场治理并非没有自己的弱点，市场失灵的现象在网络空间中也存在，这也是自下而上模式的一个主要不足之处。

3. 治理模式中的政府与个人

在自上而下模式和自下而上模式中，世界各个国家都以本国的历史、文化及法律背景为依据，选择适合本国发展的网络内容治理模式。由于文化、政治制度及法律体系不同，各个国家在模式的选择上也各有不同。美英更注重自律与市场，德法更看重法律治理，而新加坡更为提倡政府治理。无论哪个国家，其实都包含了两种模式的运用；无论哪个国家，都不存在纯粹的自上而下模式或纯粹的自下而上模式，可以说都是以某一模式为主的综合性的治理模式。在自上而下模式中，政府占据主导地位，在自下而上模式中，则是个人占据主导地位。在两种治理模式中，政府与个人的关系极其微妙，个人有时是被政府管理、控制、监管的对象，但有时也成为参与公共事务的“议员”；政府有时是被个人拥护的对象，有时又是被个人摒弃、唾骂的对象。当治理的网络内容涉及违法犯罪、淫秽信息、恐怖主义、极端主义等情况时，政府与个人的关系是监管与被监管的关系；当治理的内容是有关公共事务的时候，就变成了一个公众参与政治过程的问题。对于涉及违法犯罪、淫秽信息、恐怖主义、极端主义等网络内容的监管和控制，政府负有维护网络安全和社会安全的责任，这意味着政府应拥有运用各种治理手段，包括技术代码手段，来管理和治理网络内容的权力。如果网络内容涉及健康有序的公众参与，那么，让网民有序地参与到行政过程甚至政治决策过程当中，则是值得鼓励和引导的。

在前一种情况中，政府所负责任和权力无需多言，对网络正常秩序有害的内容当然需要政府来进行必要的治理。对后一种情况，则如同阿尔蒙德所言，“个体通过参与社团性和机构性集团而得以社会化，从而拥有各种政治技能和协作关系，这些都是运转良好的社会的一部分。人们学会了如何组织、表达自己的利益，也学会了如何跟他人合作以实现共同的目标；同时，也学到了重要的教训，那就是政治过程本身和它的直接结果一样重要。”[①] 个人通过网络参与政治，早已不是新鲜之事。网络本身就是有效的政治系统中的一部分，其基本运作就是在与环境的互动中完成的。我们先来了解政治系统的动力反应模式。

各种环境系统构成了政治系统存在的总环境，它们包括生态系统、生物系统和社会系统，也包括国际政治系统、国际生态系统和国际社会系统。它们作用于社会环境，内部的、外部的社会环境分别为政治输入素材，同时来自环境的影响迫使各方的利益诉求输入政治系统，然后通过政治系统内部的讨论、选择和反馈的过程形成政策输出。[②] 输出的政策则通过执行反作用于外部环境和社会环境，环境对政策的反馈形成反馈环，又对新的政治输入形成影响。这就是政治系统的动力反应模式，也是政治输入和输出的基本模型。网络已成为当今社会一种必不可少的政治输入机制，个人广泛地参与其中，政府要考虑的问题是如何规范它，并使它健康地发展。

当然，由于个体的多元化，公共参与有较大的差别，个人的主观

---

① ［美］加布里埃尔·A. 阿尔蒙德，拉塞尔·J. 多尔顿，小G·宾厄姆·鲍威尔，等. 当代比较政治学：世界视野［M］. 杨红伟，吴新叶，方卿，等，译. 上海：上海人民出版社，2010：75.

② ［美］戴维·伊斯顿. 政治生活的系统分析［M］. 王浦劬，译. 北京：华夏出版社，1999：31.

目的和手段方法不同，其参与的层次和方式也不尽相同。雪莉·阿恩斯坦发现个体参与层次有一种呈阶梯状分布的态势，每一梯度的层次都与公众最终决策权力的大小相适应。这八个梯度分别为操纵、训导、告知、咨询、展示、合作、授权和公众控制。这八个层次是根据方法的不同而层层递进的，而根据公众的参与深度，可以分为低层次的参与、表面层次的参与、高层次表面参与和合作性参与。[①] 操纵和训导意味着公众的低层次参与或者是假参与，操纵是组织者按照自己的意图组织或操纵公众参与，而训导则是组织者以公众参与的形式让公众支持自己。在这两种情况下，公众实际上并没有参与，而是组织者以参与的名义把公众推至虚位，其真正目的并不是让公众参与规划或管理，而是让权力去教育和训导公众。表面层次的参与包括告知和咨询，这两种形式让公众能够知悉权力运行的情况，并且表达自己的利益，但是公众缺乏保证其意见被政府采纳的有效手段。展示是一种高层次的表面参与，即组织者将公众的意见和方案进行公开展示，允许参与者提出建议，但是保留组织者做出最终决定的权力。最后一类是合作性参与，合作、授权和公众控制是公众参与度最高的三个层次。合作是组织者和参与者对决策权的重新分配，组织者和参与者共享决策的权力，共担相应的责任。授权和公众控制是指公众和政府之间的关系是授权和代理关系，公众能够通过深度参与支配公共权力，达到其目的。如果真的能够通过网络内容治理，使公众有序地、深度地参与政治过程，那么政府对网络内容的治理就达到了相当的水平。

在不同的国家，政府介入的程度不尽相同，充当的角色也不同。有些国家政府介入网络管理并扮演着主要角色，如新加坡等；有些国家政府则比较强调公民的言论自由，以行业自律为主，不主张政府介入，如美国、英国。不论在网络治理方面政府是否处于主导地位，其

① 蔡定剑．公众参与：欧洲的制度和经验［M］．北京：法律出版社，2009：15-17.

目的都是为了有效治理网络内容。然而，在以自下而上模式为主的国家，违法行为难以被政府的强制力管束，政府的强制性手段通常只在极个别的案例中使用。当然，“棱镜门”事件并不算一个个案，它是在反恐的特殊时期出现的强制手段。在以自上而下模式为主的国家，对网络内容的治理过于严格和苛刻，不利于网络民意的表达，也不利于公众有序地参与公共事务。如果政府意志与个人意志一致，此时个人利益得到最大化，个人与政府的关系是最为和谐的，政府成为个人拥护的对象。一般情况下，个人的权力不可能高于政府，个人是不可能掌控政府意志的，一旦政府权力损害到个人权益，政府与个人的冲突便显现出来。例如，政府权力在对个人的言论实行限制时，可能会出现过失，或引起个人的极大不满，政府便成为个人摒弃、唾骂的对象。因此，对网络内容的治理需要把握执行的标准，虽然目前没有既定的衡量标准，但我们认为以“公共利益”为导向，判断是否应该用强制手段对网络内容进行治理是一种可取的标准。当然，政府在对网络内容进行治理的过程中还应坚持合法性原则、合理性原则和必要性原则等重要原则。

坚持合法性原则，意味着必须依照法律对个人言行进行限制，或者说，未经法律许可不得限制。政府必须依照法律对网络内容进行治理，对境内外网站的开放或屏蔽做出裁决，对网民的言论内容进行审查。在没有法律依据、不依照法律程序的情况下所做出的任何限制，都是对公民个人权益的损害。坚持合理性原则，意味着在考虑合法性原则的同时，还需考虑治理行为的合理性，考虑各种权利或利益之间的平衡。《公民权利与政治权利国际公约》第 19 条第 3 款指出，若是为了以下目的进行内容的限制才是合理的：尊重他人的权利或名誉；保障国家安全或公共秩序，或公共卫生或道德。该条款说明了政府必须以保障公民权利和公共利益为目的，其行动才是合理的。必要性原则则是为了防止政府滥用权力而提出来的。即使政府的行为是合法合理的，但还必须考虑到治理措施是否必要，治理措施是否经过谨慎考量？治理措施应该是必需的，但不过分。该原则可以有效地避免政府行为的随意性。

四、国外网络内容治理模式

目前，世界各国对网络内容的治理基本上是以自上而下或自下而上的模式进行的。但是，由于各个国家的历史、文化及法律背景的不同，以及对各种价值、权利重视程度的不同，不同的国家在模式的运用上不尽相同。例如，在自上而下模式中，有的主要运用法律治理，有的则运用法律加审查手段，还有的则采用政府主导。在自下而上模式中，有的注重自律，有的注重市场，有的则注重自律加代码技术，不一而足。因此，在世界各国丰富的实践中，涌现出了一些典型的网络内容治理模式，形成了各自的特点和体系。相比较而言，英美更推崇网络空间中的自律，欧洲大陆主要国家（如德法）更相信法律治理的作用，新加坡、沙特阿拉伯、巴基斯坦等国则更相信政府的主导作用。

1. 英美：自律模式

随着网络的迅猛发展，人们对于互联网治理问题的争议颇多：是制定法律进行治理还是加强自律意识来防范。在英美国家，多数人信奉网络自由，认为互联网作为一种全新的媒体形式，发展迅速，没有区域及内容限制，公开自由，并能够快速覆盖全球，也正因为如此，信息才能快速流通并累积；[①] 一旦政府介入治理，将阻碍网络使用的发展空间，限制互联网快速更新信息的流通本质和发展模式。因此，英国和美国是倡导言论自由和网络自由的典型国家。即使有人主张对网络内容治理进行立法，立法尝试也都比较艰难，网络内容治理仍

① ［美］伯纳德·施瓦茨．美国法律史［M］．王军，等，译．北京：中国政法大学出版社，1997：109.

以自律为主。在行业自律层面，组织行业自律联合会，提倡自主制订自律规范，要求成员自觉遵守行业规范，进行自我监督，确保互联网的安全秩序。政府与网络经营者及相关行业组织联合达成协议，直接或间接地参与制订自律规则或提出建议。两国倾向于提倡个人自律，呼吁网络使用者谨慎小心，加强自身安全及自我保护意识。[①]

美国关于互联网内容治理的立法比较艰难。在美国，不仅所有关于互联网上的负面内容治理最终都归结到个人的言论自由问题，而且有关言论的约束及限制都要受到宪法第一修正案的检验，最为关键的原因是，美国宪法第一修正案也禁止普通立法对言论自由进行限制。只要各州有限制言论自由的法律出台，联邦最高法院都可以依据宪法宣布地方制定的法律因违反宪法而无效。在实际的司法操作层面，美国法院也常常直接适用宪法保障公民的言论自由的第一修正案，从根本上就杜绝了对于限制言论自由的立法。美国的网络与美国的广播、报纸、电视等传统媒体一样，在宪法层面也受到了同等的待遇。

美国国会 1996 年通过《体面通讯法》（*Communication Decency Act*，*CDA*），规定“明知接受方是 18 岁以下未成年人，仍向其传播下流信息”，将追究其刑事责任。公开展示冒犯性色情内容，而“18 岁以下未成年人也能够访问到”这些内容，也是一种犯罪。这一法案遭到美国公民自由联盟的违宪指控（ACLU v. Reno），认为《体面通讯法》撒了一张太大的审查之网，这张网可能包括文学艺术作品，甚至还可能包括与健康或性教育有关的内容。同时，对限制网络色情的作用也是有限的，它既不能控制来源于其他国家的网络色情内容，也不能阻止匿名服务器存放的网络色情。联邦法院一致裁决 CDA 违宪，由三名法官组成的审判团判定：“正如互联网的力量在于无秩序，自由的力量则取决于第一修正案所保护的自由言论的无秩序和多元化。”司法部提起上诉（Reno v. ACLU），1997 年 6 月美国最高

① 严茜．美国互联网的内容管制与表达自由的冲突问题——以 CDA 被判违宪为案例[J]．新闻界，2009，(4)：40-41，81.

法院终审判决，认定 CDA 违宪。最高法院特别关注的是这个言论内容控制法律的模糊不清。由法官史蒂芬（Stevens）执笔的多数意见认为："当《体面通讯法》用来规范言论的内容时，它缺乏第一修正案所要求的精确性。为了阻止未成年人访问具有潜在危害的言论，《体面通讯法》有效地屏蔽了大量成年人有权接收并互相传播的言论。"①

1998 年 10 月，国会通过《儿童在线保护法》（COPA），这是 CDA 的后继者，被称为"CDA II"。COPA 规定商业网站运营者提供有害于 17 岁以下未成年人的赤裸裸的性内容是违法的，要求商业网站的运营者在允许浏览者浏览这类内容前，必须提取其身份代码，如作为年龄证明的信用卡号码。《儿童在线保护法》关注的问题比 CDA 要窄得多，它仅针对"商业性的"通讯，仅限于"有害于未成年人的"内容。1999 年 2 月，费城联邦法官签发反对《儿童在线保护法》的预禁令，阻止其生效。法官认为，法律应当倡导自我审查，"这种冷冰冰的法律可能导致对受宪法保护的言论的审查，将对原告造成无可挽回的伤害"。美国第三巡回上诉法院批准了这一禁令，认为《儿童在线保护法》使用"当代社会标准"来判断对未成年人有害的内容这一做法"过于宽泛"。最高法院认为 COPA 不违宪，发回重审。该案最终上诉到最高法院，即"Aschcroft v. ACLU et al."案。2002 年 5 月，最高法院法官认为，《儿童在线保护法》采用"当代社会标准"，就第一修正案的宗旨而言，这种做法本身并不导致《儿童在线保护法》过于宽泛。最高法院法官把这一判决发回给第三巡回上诉法院。2004 年再次上诉到最高法院，最高法院判决：上诉法院的禁令是正确的，因为 COPA 违反了第一修正案。②

---

① ［美］理查德·斯皮内洛．铁笼还是乌托邦：网络空间的道德与法律（第二版）［M］．李伦，等，译．北京：北京大学出版社，2007：52.

② ［美］理查德·斯皮内洛．铁笼还是乌托邦：网络空间的道德与法律（第二版）［M］．李伦，等，译．北京：北京大学出版社，2007：54.

2000年12月21日，克林顿总统签署《儿童互联网保护法》(CHIPA)，于2001年4月正式生效。这一法案体现了政府策略的决定性改变，政府希望依靠私人代理、图书馆和学校使用过滤器屏蔽令人讨厌的内容，以限制对未成年人有害的言论。《儿童互联网保护法》与联邦政府的e-rate项目联系在一起。2001年4月，图书馆和图书馆协会在宾西法尼亚州东部地区美国地方法院提起反对《儿童互联网保护法》法案的诉讼，即“Multnomah Public Library et al. v. U. S.”，指控《儿童互联网保护法》违宪，认为通过强迫公共图书馆安装这类技术设备，《儿童互联网保护法》限制读者访问受宪法保护的思想和观点。因此，《儿童互联网保护法》违反了宪法，对受保护的言论实施预先限制。同时，指控《儿童互联网保护法》是专横的和不合理的，因为目前的技术还不足以屏蔽国会想屏蔽的许多言论，因此，这不能保护图书馆读者远离令人讨厌的内容。2002年5月，宾夕法尼亚州地方法院裁决CHIPA违宪。后上诉至最高法院，2003年6月23日，最高法院裁决CHIPA没有违宪。[①]

从以上不难看出，美国对儿童色情的立法过程极为艰难，经过两次失败，最后才终于通过一部采取类似自下而上模式的法案。这表明，即使是通过立法来治理网络内容，其实施手段仍是自下而上的。

“9·11”事件之后，由于美国政府和企业都非常担心国际恐怖主义分子采取网络袭击的办法，攻击和破坏美国庞大的信息基础设施，为使反网络恐怖袭击有法可依，《爱国者法》(*The Patriot Act*)和《国土安全法》(*Homeland Security Act*)得以迅速通过。相比CDA与COPA因违反宪法第一修正案而引起的广泛争论，《爱国者法》的通过可谓神速。这两部法律为美国政府干涉民众的表达自由、传播自由和隐私权等提供了法律依据。《爱国者法》的一个显著特点是确立了对网络传播内容、私人信息资料等进行监控和收集的合法性，赋予

① ［美］理查德·斯皮内洛．铁笼还是乌托邦：网络空间的道德与法律（第二版）［M］．李伦，等，译．北京：北京大学出版社，2007：55.

政府相关部门更大的权力，以调查和打击恐怖犯罪。《国土安全法》则进一步使美国政府的网络监控行为合法化，同时对互联网传播的监控更加严密，力度进一步加大。该法还增加了惩治黑客的条款。黑客攻击被视为恐怖主义行为之一，如果黑客在电子攻击中导致或企图导致人员死亡，最高刑罚可判终身监禁。[①]

与美国相似，英国没有统一的法律法规来约束或管理互联网，但这并不意味着没有限制，现有的法律如《刑法》《公共秩序法》以及《猥亵物出版法》等仍在合适的时候发挥作用。事实上，在 1996 年以前，英国主要还是法律管束，当时为保证网络秩序安全健康发展，英国政府实行了一系列法律条文，包括《黄色出版物法》《严禁滥用电脑法》《青少年保护法》《刑事司法与公共秩序修正法》《录像制品法》等。但从 1996 年开始，英国政府意识到仅靠法律不能解决所有网络问题，再加之英国历来信奉自由主义理念，网络内容治理逐渐转为行业自律为主。英国当局采取了许多措施，最主要的体现是英国自发成立了专业自治协会即“网络视察基金会”。该组织具有监督执行功能，并接受用户有关非法网络内容举报，依照内容对不适合未成年人的网络内容进行危害评估，根据情况通知内容提供商删除非法内容或移交相应执法机关处理。

1996 年 9 月底，在英国政府认可的前提下，三个自发组织即互联网服务提供商协会、伦敦网络协会、网络视察基金会联合制定了英国首个监管网络内容的行业自律规则，这就是《3R 互联网安全规则》。该规则要求网络服务提供商在提供网络服务时务必持正面的、积极向上的、为用户负责任的态度，要求用户合理正确使用网络，禁止非法使用网络行为的发生。同时，互联网服务提供商和网络用户共同组建了“安全网络基金会”（IWF），主要职责是接收公众用户举报并酌情处理，举报内容主要为儿童色情信息、危害未成年人身心健

① 李文云．美国严密监控互联网［N］．人民日报，2006-05-12（7）．

康的信息以及其他不良信息。IWF 对所有举报人不设门槛，任何人都可以参与，因而获得了众多网络行业成员的大力支持，被称为 IWF Hot-line。在 IWF 运行过程中，英国政府负责补充或协助维护，一旦有用户举报，英国政府就会介入调查管制。这种网络治理模式大大激发了互联网服务提供商和用户的自律意识，在一定程度上减少了政府的人力、物力，有助于提高政府办事效率。

除了以自律为主，英美模式也鼓励通过技术的方式对网络的内容做劝导和管理，倡导家长、从业者及学校等与政府多方面合作，来保护儿童及青少年的健康成长。① 英国政府还提供过滤软件，由用户自己下载并自主控制所浏览的网络内容，而不需要经过第三方的管制。当然，作为补充，政府方面的行动和治理也是必不可少的。2010 年 6 月起，美国国土安全部分布在各地的指挥中心已开始执行“社交网络/媒体能力”项目，对网上公共论坛、博客、留言板等进行常规监控，多个知名社交媒体及众多热门博客均在监控名单中。还设立了“社交网络监控中心”，专门在脸书、推特、聚友等社交网站和政治博客及其他网站中搜寻相关信息，以保护社会安全。英国政府为了预防恐怖主义事件，在 2008 年提出“监听现代化计划”，对英国互联网上所有人的通信数据进行监听和保留。情报部门也建立了网络虚拟监测中心，对通过英国互联网接收和发送的所有电子邮件进行监控。2011 年 8 月，伦敦等地出现严重骚乱事件，更是给英国政府敲响了警钟，英国首相卡梅伦当时就表态要对网络加强监管，制止把社交媒体用于暴力的行为。

与英美的网络内容治理模式相近的还有日本。自 1995 年进入互联网时代以来，日本当局曾多次提议通过立法来管理互联网内容，但最终都遭到反对。1996 年底，作为日本政府互联网主管部门之一的邮政省电器通讯局发布《关于互联网上信息的流通》报告书。此报

① ［美］伯纳德·施瓦茨．美国法律史［M］．王军，等，译．北京：中国政法大学出版社，1997：68.

告书明确规定互联网管制不宜采用法律，而主要以自律为主。自此，日本关于互联网内容的治理基本上以行业自律为主，同时以现行的法律作为管理网络内容的主要规范，规定网络信息提供者对不法信息要承担法律责任，一旦出现违法或者负面信息，则通知网络服务商即刻清除，做到及时有效地管理互联网。[①] 在亚洲国家中，日本的行业自律体系较为完善。电气通信业者协会、电信服务业提供商协会等行业组织，制定了一系列行业规范，目的是让行业自律和法制双管齐下，但是解决网络问题的重要方式还是网络参与者的自律。

当然，如同英美，日本政府也付出了诸多努力。1996 年，日本警察厅成立了“信息系统安全对策研究会”，目的是预防网络犯罪及邪教组织利用网络进行违法活动。1999 年，日本政府还颁布了《关于禁止非法入侵行为》等法律，明确规定了非法入侵行为的惩罚措施，即判处 1 年以下有期徒刑或给予 50 万日元以下罚款。此外，日本当局还针对非法入侵事件进行每年一次的公开公布讨论会，召集国家公安委员会、通产大臣及邮政大臣商讨发生状况及控制技术的开发情况。日本政府也在逐步完善网络管理机制，并颁布实施了新的法律规范，如实行网吧实名制等，旨在构建安全、绿色、健康的网络环境。鉴于网络攻击事件的增多，日本政府为保护儿童及青少年成长，日本政府采取了一些措施。2009 年，日本政府出台《保证青少年安全安心上网环境的整顿法》（又称《不良网站对策法》），将法律治理、政府治理以及行业自律综合起来，以确保未成年人上网安全。2010 年 4 月，日本警方在东京设立了“儿童色情对策官室”，将拥有网络专业知识的工作人员集中在一起，对色情图像的背景信息等进行详细分析，同时确立侦查手法，并同各国侦察机构展开合作，加大打击儿童色情活动的力度。7 月 27 日召开犯罪对策阁僚会议，会上通过了《杜绝儿童色情综合对策》，要求互联网接入服务商封阻

---

① 张化冰．互联网内容治理的比较研究［D］．北京：中国社会科学院研究生院，2011.

网上儿童色情图像的链接，从而使儿童无法浏览网上的不良信息。

2. 德法：成文法保护模式

德国和法国都是典型的大陆法系国家，它们主要依靠法律条文对网络内容进行治理，都有着较为完备的民法典，成文法体系完整齐备，也都善于利用成文法来规范网络事务。

对于经历了第二次世界大战的德国而言，预防法西斯主义的死灰复燃成为德国立法者的重要初衷，我们可以看到德国的媒体和传播领域的法律都非常注重防止激进的网络言论，但同时德国对于网络言论自由也十分注重，保护网络言论的自由也被德国视为防止法西斯势力抬头的主要措施。为了阻止激进的网上宣传，德国的立法机构通过了《信息和传播服务法》，即ICSA。这部法律又被称为《多元媒体法》，是欧洲第一部全面治理网络内容的法律。

德国在网络内容的法律规范方面，体现了“宪法的直接保护和特别立法的保护、限制相结合”的方式。一方面，宪法直接规定基本权利有直接效力，并将网络言论自由纳入到言论自由范围内进行保护；另一方面，颁布特别立法《多元媒体法》，对网络言论自由的治理进行具体化。[①] 看似矛盾的这种法律治理，其实并不矛盾。网络本身就具有双刃剑的性质，它既有有利的一面，也有有害的一面。德国的法律首先是用宪法来保护网络的言论自由，这一点十分重要，也必须坚持。但是，广泛的自由也会有负面的影响，特别是针对年轻人，应该注意保护他们不受法西斯势力的渗透，必须要以其他的法律，如《多元媒体法》来修正和治理网络内容。《多元媒体法》加强了追究在网上传播非法内容的责任，特别是有关于纳粹复兴内容的网络传播都被认定为非法。对于涉及纳粹复兴网络内容的处理方式主要包括两种：对于那些还处在萌芽状态，对社会及社会心理影响并

① 邢璐．德国网络言论自由保护与立法治理模式及其对我国的启示［J］．德国研究，2006，21（3）：34-38.

不明显的网络内容，德国政府可以“技术性地阻止其传播”[1]，而不必考虑《宪法》中对言论自由的保护原则；对于那些已经造成一定影响的非法网络内容，视情节给予传播者或制造者相应的处罚。散播关于法西斯主义的网络内容，在德国并不受言论自由原则的保护，甚至可能面临刑事处罚。该法令还确立了网络警察的地位，允许网络警察监控网络内容，防止具有危害性（在德国，主要被定义为纳粹主义和儿童色情内容）的内容在网络媒体中传播。德国原司法部长齐普里斯认为，言论自由是法律赋予公民的基本权利，言论自由固然重要，但如果保护青年比保护言论自由更重要，那么凭这一点就可以对某些言论进行一定的管制。[2]

法国有着悠久的新闻自由传统，但其媒体系统历来受政治影响较深，政府在调控大众媒体的诸因素如资本运作、传媒政策制定等，都起着核心作用。法国政府一方面提出要迅速发展信息技术，建设信息高速公路的目标，另一方面又看到互联网带来的侵犯隐私权、版权，以及色情暴力等的消极影响，因此，由政府对互联网采取规范化管理是其基本思路。法国用以治理网络内容的法律很多，有侧重于保护知识产权的《网络知识产权法》《创新与互联网法》，有侧重于保护儿童的《未成年人保护法》，还有《自由通讯法案》《信息社会法案》等。它们都旨在加强对互联网的“共同调控”，在给人们提供自由空间和人权自由的同时，充分保护网民的隐私权、著作权以及国家和个人的安全。法国政府 1997 年 3 月提出《互联网络宪章（草案）》，鼓励对网址和网上内容进行分类划级，鼓励父母和其他有监督权的人安装和使用建立在“敏感内容识别平台”基础上的监视软件，重点是防止未成年人接触色情、暴力信息。法国对知识产权采取

---

① Art. 1 § 5 P 2 luKDG, translated in Fed. Ministry of Educ., Sci., Research&Tech.: Federal Act Establishing the General Conditions for Information and Communications Services (Aug. 1, 1997), available at http://www.iid.de.

② 高燃．齐普里斯：制约网络滥用［N］．经济观察报，2003-12-08.

强保护政策，成立了具有独立法人资格的全网络侵权专门机构HADOPI。法国《网络知识产权法》被誉为世界上最严厉的互联网法案之一，其中规定："对于用户的网络非法下载行为，将先后通过电子邮件、挂号信的方式对其进行警告，如果仍然没有改正其行为，法国有权判处对其断网一年、罚款1 500欧元的惩罚。最严重的侵权盗版行为，将判处3年的监禁和高达30万欧元的罚款。"[①] 2000年的《自由通讯法案》还曾推行网络实名制度，所有网站和个人申请注册必须提供真实姓名，否则，政府有权不予受理。

3. 韩国：法律加审查模式

韩国是世界上第一个实行网络实名制的国家，也是第一个专门为网络审查立法的国家，并建立了世界上最早进行互联网审查的专门机构——信息通信道德委员会（ICEC）。

韩国非常重视法律的作用，其网络治理立法方式是普法和专法相结合。除了1995年制定的《电子传播商务法》外，2001年4月又发布了《不当Internet站点鉴定标准》，同年7月通过了《互联网内容过滤法令》，该法令确立了网络内容审查的合法性。除这些法律外，韩国还颁布实施了《未成年人保护法》《年轻人发展法》《电子通信基本法》《国家信息化基本法》《促进信息通信网络使用及保护信息法》《信息通信基本保护法》《网络安全管理规定》《通信秘密保护法》等数十部法律。韩国还在个人名誉保护、著作权保护、电子交易保护等方面专门制定或修订了有关法律，以适应网络和信息技术的发展，形成了较为完善的网络管理的法律体系。[②]

韩国在1995年制定《电子传播商务法》的同时，设立了信息通信道德委员会（ICEC）。该法授权ICEC对网络进行监察，对网络纠纷进行仲裁，对危险通信信息进行治理。2000年7月，韩国警察厅成立网络犯罪应对中心，该中心的网络警官具备丰富的侦查经验和

① 魏红．透视世界上最严厉的互联网法案［N］．中国新闻出版报，2010-07-08.

② 杜宏伟．韩国互联网内容管制［J］．世界电信，2006，（3）：21-24.

专业的电脑知识，担负着打击网络犯罪的任务与工作。2008 年，广播通信审议委员会成立。2010 年，韩国国防部成立了信息安全司令部，以应对频繁的网络袭击事件，维护韩国的国家网络安全。此外，韩国还建立了违法和有害信息报告中心等投诉渠道来监督网络内容传播，任何人都可以拨打热线电话或在网上举报。韩国的审查制度较为严格，《纽约时报》曾撰文称："一位批评政府的网友在 Twitter 账户上对总统爆粗口后发现其账户被封；韩国政府批准了一个有争议的海军基地后，一名活动人士因在 Twitter 上发帖将政府比作海盗而受到海军军方刑事诽谤罪的指控。"①

为了能够主动治理网络信息，韩国还安装了对网络内容进行过滤的软件。ICEC 和 MIC 合作一起来治理互联网内容，对互联网内容采用既定的分级和标准来进行过滤。ICEC 认为，互联网的开放性决定了互联网管理的宽泛性，除了利用法律来治理互联网内容外，还强调全面参与，共同来监督网络内容，民众如果发现网络不良信息，可立即进入"Internet 119"热线对其进行反映和报告。另外，还利用通信媒介对"是否发布为未成人有害信息"进行监控。总体来讲，韩国根据本国政治、经济和社会实际情况，选择了以法律加信息审查为主、信息过滤手段为辅的模式。

虽然韩国在网络内容治理方面取得一定成就，但还是存在一些争议，如过滤标准是否得当，是否妨碍言论自由，治理成本是否较高等。《电信商务法》第 53 条规定确立了"破坏性标准"，对"危害公共秩序和良好习俗"做出了明确规定。但是，"破坏性标准"自公布起，就遭到社会各界质疑，他们认为对"危害公共秩序和良好习俗"的界定过于模糊，限制了自由表达权利，违反了宪法。2002 年，韩国宪法法院判决"破坏性标准"违宪。法院在判决时还引用了美国联邦法院对 CDA 案件判决时的语言。②

① 钟华．韩国：数十部法律保护用户权益［N］．光明日报，2012-12-27（08）．
② 张化冰．互联网内容治理的比较研究［D］．北京：中国社会科学院研究生院，2011．

争议较大的举措还有网络实名制。由于网络不当言行引发了一系列悲剧事件，如一系列明星自杀事件，严重影响了韩国文化产业的发展，使得韩国社会对网络负面影响的关注加大，对是否应为网络留言负责开始进行反思。2006 年，韩国国会通过了《促进信息通信网络使用及保护信息法》修正案，规定主要门户网站在接受网民留言、发布照片和视频等操作前，必须先对网民个人的真实姓名和身份证号码等信息进行记录和验证，否则将对网站处以最高 3 000 万韩元的罚款，这为网络实名制提供了法律依据。2007 年韩国通过了《信息通信网法》，网络实名制正式启用。2008 年 1 月份开始，韩国的主要网站已经全部实施实名制。韩国成为世界上首个强制推行网络实名制的国家。韩国实施网络实名制的最初目的是为了打击网络暴力和网络犯罪，然而，网络实名制实施以来，网络暴力并没有大幅度减少，反而让政府和社会在网络治理上付出了较大的成本。并且网络实名制与保护用户信息安全发生冲突，加之国际社交网在韩国涌现，导致反对网络实名制的声音越来越多，在这种情况下，2012 年 8 月韩国宪法法院裁定网络实名制违宪，废除了网络实名制。

4. 新加坡：普遍屏蔽模式

多伦多大学罗纳德·德贝特（Ronald Deibert）曾经提出“普遍屏蔽国”的概念，这些普遍屏蔽国都有着实行媒体审查制度的传统，对网络内容进行严格的审查，经常阻止其公民浏览一系列网上内容；这些国家包括沙特阿拉伯、突尼斯、缅甸、伊朗、乌兹别克斯坦、新加坡等。比如土耳其法院勒令屏蔽 YouTube，以平息针对现代土耳其创始人穆斯塔法·凯末尔·阿塔图尔克（Mustafa Kemal Ataturk）的攻击性言论。这些国家在屏蔽技术上已经较为成熟，“关键词过滤”技术已经升级换代，能够非常灵便地找到和屏蔽敏感词，并追踪敏感词的源头。

新加坡政府对网络内容的治理较为严格，一是以较为强硬的态度控制互联网；二是实施了十分严格的审查制度，并直接与法制相结合；三是将伦理道德建设置于治理的核心，大力倡导“国家至上，社会为先；家庭为根，社会为本；社会关怀，尊重个人；协商共识，避免冲突；种族和谐，宗教宽容”的新加坡共同价值观，来构建和谐的网络秩序，维护互联网的健康发展，具有鲜明的国家特色。

从法律角度来看，新加坡最早制定了有关网络内容治理的法律法规。早在 1996 年，新加坡管理局就颁布了首个网络治理法规即《互联网运营准则》，自此开始了对互联网的法律管制。有关互联网监管的立法还有《网络行为法》《互联网实务法则》《煽动法》《国内安全法》等。另外，还制定了《新加坡广电局（分类许可证）通知》和《互联网运行准则》，明确了网络服务提供者及内容提供者实施分类许可证制度以及两者应承担的义务，同时指出了互联网禁止传播的内容。[①]

2003 年初，新加坡电影委员会、新加坡广播局及电影与出版物管理局三者合一为新的组织机构——新加坡传媒发展局（Media Development Authority，MDA），主要负责管理新加坡网络内容。同时另有政府信息与艺术部下设的检察署，其职责是负责网络内容的日常检查。由政府机构、互联网服务提供商、内容提供商、用户及各其他相关部门代表组成的新加坡互联网顾问委员会，是一个专门的互联网发展咨询机构，其职能是针对互联网发展中出现的问题向政府提出参考建议，协助政府制定相关法律法规，并及时收集社会各界对政府政策的反馈意见，为 MDA 提出建议，为更好地使用互联网进行公共教育提出意见，最终目的是帮助政府更好地治理互联网。另外，新加坡对国际网络出入口监控也非常严格，禁止黄色、暴力网站进入，首要目的是保护儿童及青少年身心健康，使其远离色情和血腥暴力危害，其次是维护种族安全，最后是维护国家形象。

为了保护未成年人，新加坡政府成立了“互联网家长顾问组”，

① 张化冰．互联网内容治理的比较研究［D］．北京：中国社会科学院研究生院，2011.

由政府出资，通过举办培训班等方式，帮助家长指导孩子安全健康上网。该组织还研发了家庭上网系统，通过过滤互联网上的污秽、色情、欺骗信息，让家庭及未成年人安全上网。传媒发展局设立了500万美元的互联网公共教育基金，用于研制开发有效的内容管理工具、开展公共教育活动和鼓励安装绿色上网软件。在新加坡政府的大力倡导下，新加坡三大网络接入服务提供商均向网络用户提供家庭上网系统服务。

总而言之，新加坡以政府为主导的立法介入网络治理，极大地维护了网络安全秩序，在一定程度上减少了执法过程中不必要的麻烦，有利于政府有效监管互联网。这种治理模式在实践中卓有成效，但由于在治理过程中没有将网络内容进行分级，限制了成年人的言论自由权。另外，网络信息发展迅速，其政府内部监管人员数量有限，不可能做到所有信息都能逐一审查，导致网络治理工作量繁琐，工作效率较低。

不论是偏重政府主导还是偏重行业自律，在各国网络治理的模式设计的背后，都有其国家基本精神与核心价值观在支撑。美国将表达自由置于至高无上的地位；英国政府将保持一个活跃的公共舆论空间，使社会成员的表达自由得到有效保障视为义不容辞的义务和责任。因此，这两个国家的网络内容治理模式都倾向于以自律为主，对个人的自由与权利相当重视，任何对个人自由予以治理的法律法规的制定都极为慎重。新加坡、韩国、法国、德国采取以政府为主导的网络内容治理模式，也是其核心价值与立国战略指导之下的选择，如新加坡的共同价值观、日本的“IT立国”战略和韩国的“文化立国”等。对于我国而言，当然是要根据自身国家精神、核心价值观，以及文化、经济等特点，在学习与借鉴他国之经验的基础上，选择适合自己的模式。

需要注意的是，各国都越来越重视网络空间的安全问题。到2014年为止，全世界就有40多个国家颁布了网络空间国家安全战略。美国自“9·11”事件之后，一直非常重视网络安全问题，一共颁布了40多份与网络安全有关的文件，设立了“网络办公室”，其首席网络官直接对总统负责。2014年2月启动了“网络安全框架”项目，旨在加强电力、运输和电信等“关键基础设施”部门的网络安全。2014年2月19日，德国总理默克尔与法国总统奥朗德一起探讨如何建立欧洲独立互联网，欧盟三大领导机构计划通过欧洲数据保护改革方案，目的为强化数据安全。日本于2013年6月出台了《网络安全战略》，明确提出“网络安全立国”，2014年11月通过了《网络安全基本法》，2015年1月成立了网络安全战略本部。2013年5月，印度出台《国家网络安全策略》，目标是建立“安全可信的计算机环境”。[①] 对于中国而言，如何接轨国际，建设坚固可靠的国家网络安全体系，也是一个非常重要的问题。

五、我国网络内容治理模式

与世界上其他国家的网络内容治理模式相比较，我国的网络内容治理模式具有自己的特点。我国网络内容治理是在政府的主导下，通过政府、企业、非政府组织、社会团体和公民等的共同参与，并通过法律法规的实施，利用代码、市场和自律等治理手段实现的。这种模式可称为政府主导的多元治理模式。政府主导的多元治理模式符合我国国情，在具体实施方面仍有诸多方面需要完善，关键在于把握好政府介入的尺度，实现网络内容治理和表达自由的平衡。我们可以从法律法规的健全、自律机制的建设、良性预防控制体系的建立，以及道德教育的加强等方面入手，完善我国现有的治理模式。

① 于志刚. 网络安全对公共安全、国家安全的嵌入态势和应对策略［J］. 法学论坛，2014，29（6）：5-19.

1. 我国网络内容治理的发展历程

我国对传统媒体的治理比较严格，报纸、杂志、广播和电视等媒体需要经过行政部门的审批，重要的报纸杂志、电台和电视台要接受管理部门的审查和监督。在网络媒体异军突起后，传统媒体的监管方式开始显得有些滞后，因为许多新闻和消息在传统媒体刊发之前，早已被网络媒体播报了。难以在传统媒体评论的内容，可能早已在网络社交平台热议。网络内容的失序现象越来越严重，不实的传闻借助网络不胫而走，虚构的谣言在网络社交媒体中引起广泛关注，有害的负面信息借助新媒体在人群中造成巨大影响，这就要求加大对网络内容传播的治理。

对传统媒体的管理，我们有很多经验与办法，可以依靠政府部门动用行政手段直接管理，也可以采用宣传部门的审查和监管手段，而对网络媒体内容的监管需要积累经验。我国对网络内容的治理经历了一个探索发展到多元治理模式形成的过程，大致可分为三个阶段。

第一个阶段：探索发展阶段（1994—2003 年）。在这个时期的前半期，即 1994—1999 年，互联网刚刚兴起和发展，尚属新生事物，此时我国政府对网络内容的治理处于探索阶段，网络内容的治理还比较松散，相关的法律法规只有《计算机信息系统安全保护条例》（1994 年 2 月 18 日）、《计算机信息网络国际联网管理暂行规定实施办法》（1997 年 12 月 8 日）、《计算机信息网络国际联网安全保护管理办法》（1997 年 12 月 30 日）、《关于规范网吧经营行为加强安全管理的通知》（1998 年 12 月 25 日）。

在这个阶段的后半期，即 2000—2003 年，网络内容治理开始走向快速发展之路，国家出台了一系列以监管为主的法规条例，并设立主管机构——国务院新闻办公室网络新闻管理局，地方政府也随之设立相应的衔接机构，政府主导的自上而下的治理模式开始形成。2000 年和 2001 年出台的法规条例就有 10 部，如《互联网信息服务管理办法》《互联网电子公告服务管理规定》《互联网站从事登载新闻业务管理暂行规定》等。2001 年，成立中国互联网协会，旨在通过成立行业性的非营利性社会组织，加强行业自律。2002 年 3 月 26 日，130 家互联网从业单位签署了《中国网络行业自律公约》，贯彻了“积极发展、加强管理、趋利避害、为我所用”的互联网发展基本方针，以及“爱国、守法、公平、诚信”的行业自律原则。

从 2001 年开始，我国在屏蔽不良网站以及过滤不良信息方面取得了较大发展，相关技术水平也有所提升，对进出互联网国际入口的大部分信息监测可通过 IP 报文关键过滤技术来实现，一旦发现有疑似问题的信息，直接拦截，使其无法进入客户端。总之，政府对互联网内容的治理，实现了从单纯监管到攻防与监管兼而有之的跨越。

第二个阶段：多元治理模式的形成（2004—2016 年）。通过多年的努力和探究，政府对网络的监管越来越重视，进一步加强了网络内容治理，针对互联网不同应用领域制定了不同的治理策略。在这个时期，一方面，继续颁布实施治理网络内容的法规条例，如 2005 年的《互联网新闻信息服务管理规定》，2006 年的《信息网络传播权保护条例》，2007 年的《互联网视听节目服务管理规定》，仅保护著作权的法律就有上十部之多。另一方面，政府在引导、治理网络内容的同时，注意采取措施促进网络技术代码的发展，并重视市场、自律等其他手段的运用。如互联网协会发布了《互联网站禁止传播淫秽、色情等不良信息自律规范》（2004 年）、《中国互联网网络版权自律公约》（2005 年）、《博客服务自律公约》（2007 年）等鼓励行业自律的规范性文件。[①] 2014 年 2 月 27 日，我国成立中央网络安全和信息化领导小组，将网络安全问题上升到国家安全战略的高度。随后，各省纷纷成立网信领导小组，负责统筹协调各个领域的网络安全和信息化重大问题，制定实施国家网络安全和信息化发展战略、宏观规划和重大政策。总之，在这个阶段，政府的网络管理技能已经成熟，能

① 李小宇．中国互联网内容监管机制研究［D］．武汉：武汉大学，2014：16.

够对各种组织和社会资源进行合理调配，政府主导的、多管齐下的多元治理模式已然形成，覆盖中央和地方的网络安全监管体系正在形成。①

反映我国网络内容治理多元化发展的一个重要标志是，2006 年中央 16 个部门联合印发的《互联网站管理协调工作方案》。方案对我国互联网站的管理工作及职能部门做出了安排，形成了我国多部门网络监管的局面，对于多部联动、有效监管具有积极意义。2009 年颁布的《文化部关于改进和加强网络游戏内容管理工作的通知》更体现了多元化的治理模式，其中第十一条规定："各级文化行政部门要建立学校、家长、媒体、社会紧密结合的综合治理机制，充分发挥网吧及网络游戏管理工作协调小组的重要作用……根据舆情和举报情况，定期组织教育工作者、消费者、有关部门以及新闻媒体等各方面代表对特定网络游戏产品进行评议，并将评议结果向社会发布。"②

第三个阶段：法制化的多元治理模式走向成熟（2016 年开始）。标志性的事件是 2016 年 11 月 7 日通过、2017 年 6 月 1 日起施行的《中华人民共和国网络安全法》（以下简称《网络安全法》）的出台。《网络安全法》以法律的形式进一步完善我国网络内容治理的政府主导的多元治理模式，使这一模式有了可靠的法律保障。该法是我国网络内容治理走向成熟的法制化之路的里程碑，更加明确地规定了政府、企业和个人在网络内容传播和治理中的权利和义务，对网络内容治理的范围、方式等做出了更加详细的规定，尤其是对目前最引人注目的问题，如隐私、个人信息的保护等做出了更加全面的规定，明确规定了网络运营者的责任，规定了个人信息删除等权利，等等。

2. 我国网络内容治理模式的特点

我国网络内容治理是在政府的主导下，通过政府、企业、非政府

① 何跃鹰．互联网治理模式研究［D］．北京：北京邮电大学，2012：17.

② 文化部关于改进和加强网络游戏内容管理工作的通知［Z］．2009.

组织、社会团体和公民等多元化主体的共同参与，并通过法律法规的实施，利用代码、市场、自律等多元化治理手段来实现的。政府主导的多元模式可以发挥巨大功能与作用，适用于我国国情，也是我国模式的优势所在。我国现有的网络内容治理的政府主导的多元模式的优势，一方面在于政府的作用能得到充分的发挥，政府能够高效地管理网络内容的传播和治理，维护社会稳定和良好秩序。另一方面，该模式能够充分调动各方的积极性，形成系统化的、广覆盖的网络内容治理方式。在常规状态下，网络内容治理多元模式以政府为主导，鼓励多方参与，运用市场、自律、代码等手段对网络内容进行综合治理。在非常规状态下，尤其在严重的公共危机中，政府可以采取一些应急措施维护社会的稳定，同时由于多方的参与，容易得到更普遍的支持。在政府的主导下，互联网企业勇于承担社会责任，广大网民自律，能够确保社会安定有序。

我国现有网络内容治理模式具有诸多优势，但仍存在一些可以改进的地方。这种模式在具体实施过程中，如果执行者没能正确理解这种模式的基本内涵，容易将之简单化成单一的政府主导或一刀切式的治理方式，而忽略了这种模式的主体的多元性。一刀切的治理方式可能带来负面效应，在很多案例中，政府主导发挥了巨大而卓越的作用，然而，由于这种模式在实际操作中容易变形，变成一刀切的方式，这就可能导致信息的封闭、谣言的泛滥、政府公信力的丧失等。一刀切的方式容易妨碍公民行使表达自由权、知情权，甚至还可能违背初衷，产生严重的社会后果。

这种模式倡导多元主体的参与，政府的主导作用要善于引导网民、企业及其他社会力量。在具体实施中，政府主导的尺度优势难以准确把握，导致政府之外的参与力量难以发挥其应有的作用，政府主导的多元治理模式就难以贯彻到底。正确实施政府主导的多元治理模式，调动多元主体的积极性，不仅可以减轻政府的管理压力，节省行政管理的资源，而且能够提高管理的效率。

政府主导的多元治理模式在实际执行中，管理机构容易造成职能交叉。2014年以前，我国尚未有统一的机构负责网络内容治理工作，网络内容治理涉及宣传、教育、电信、文化、工商、公安等部门，因此众多机构都有网络内容治理的职能，如在中央层面，除了国务院新闻办公室、信息产业部，还有文化部、科技部、公安部等机构都具有网络监管的职能。如果各个部门只注意管理自己职责内的事情，缺少协作或不愿协作，那么就可能造成政府各部门间的多头分散式管理，无法起到综合治理的作用，最终导致治理效率低的状况。2014年后，这种局面得到了有效的改进。

在政府主导的多元治理模式中，全面发挥法律法规、自律和技术代码等治理手段的作用还需加强。我国网络内容治理的法律法规数量不少，但操作性还可进一步加强。例如，对于网络水军的治理，因为缺乏具体的法律依据和司法经验而难以定性与规制，最终可能使之逍遥法外。在政府主导的多元治理模式中，自律的力量作用发挥不够。与法律法规建设相比，我国的网络自律机制更薄弱。尽管我国成立了中国互联网协会、中国网络媒体论坛等行业协会，定期召开主题论坛，并且制定实施了《中国互联网行业自律公约》《互联网新闻信息服务自律公约》《中国互联网版权自律公约》《中国电子商务诚信公约》《博客服务自律公约》《中国互联网视听节目服务自律公约》等自律公约，但是并没有形成真正意义上的自律机制。公民的自律意识还较为薄弱，一些自律公约缺乏可执行性，一些规定浅尝辄止，流于表面，成为摆设。如《博客服务自律公约》中的第9条，详细规定了博客服务商与博客用户之间需要签订的六条协议，[①] 但实际执行时只要用户在网页上点击同意，不用看协议内容就可以注册博客，因此这条规定形同虚设。

3. 我国网络内容治理模式的完善

我国是世界上网络使用人数最多的国家，在互联网发展方面更

---

① 参见《博客服务自律公约》第9条。

要注意兼顾网络发展的特性与政府公权力的关系，要注意促进网络内容治理的公平和正义。基于我国网络内容治理模式的特点，我们在一些方面还需进一步完善。

第一，把握政府介入的尺度。政府的主导作用在网络内容治理中意义重大，但是，政府要真正发挥有效、正确的主导作用，还必须把握好介入的尺度，把握法律、市场、规范、架构等治理手段的选择与运用。网络空间中的四种规范力——法律、市场、规范、架构缺一不可，各有其功用。在对网络内容进行治理时，需要用到这些手段，但并非每一次都要用到所有手段，因此需要分清情况，通盘考虑，并进行综合平衡。如有明确的网络内容规制的法律手段，就应尽量交由法律处理，不必过多地使用行政权力干预司法过程。又如，网络内容如果不足以引起重大的社会问题，或并非形势十分紧急的情况，需要慎用极端的一刀切的代码治理方式。网络作为一种新媒体，其发展力量不可估量，直接或间接地影响人们的生活及社会发展，政府的治理和管理恰当与否非常重要。① 如果使用的治理手段超过了应有的尺度，就会产生负面效果。比如，为了防止未成年人受到网络负面信息的侵害，政府应予以适当的治理，但如果治理手段与力度选择失度，就可能适得其反。对于网络舆论，应以疏导为主，在疏导的过程中注意合情合理和分寸的把握，并考虑到可能的社会后果，过于武断的一刀切可能会引起不良的社会影响。

人们曾就“互联网+”时代我国互联网发展的政策法律提出了七点建议，其中有一条提出要实现“监管”向“治理”的转变。② 与监管比较，治理的主体是包括政府但又不限于政府；解决社会和经济问题的责任不限于政府，也包括私营部门、志愿团体和公民社会；治理是一个互动的过程，涉及种种形式的伙伴关系；实行治理旨在使参与

① 刘颖悟．三网融合与政府治理模式［M］．北京：中国经济出版社，2005：79.

② 腾讯研究院法律研究中心．“互联网+”时代我国互联网发展政策法律七点建议［EB/OL］．http：//law.tencent.com/Article/lists/id/3664.html，2015-03-09.

者最终形成自主自治的网络；政府的权力不体现于命令或者权威，而是运用新的引导方式办好事的能力和责任。[①] 事实上，我国已经注意到并已经在慎重考虑政府的介入尺度。监管强调的是政府单方面的管理，而治理则强调多元主体的参与，包括政府管理，也包括行业、企业的参与，消费者道德素质的提高，等等。此外，监管向治理的转变会带来的政府职能的转变，在某种程度上也意味着各部门多头分散式的管理带来的治理难、效率低的情况会得到有效的改变。

第二，把握网络内容治理与网络表达自由的平衡。网络是一个信息多样化的平台，网民享有获得多样信息、行使表达自由的权利。网络技术削弱了发布者、传播者和接受者、浏览者的差异，任何人都可以同时是信息发布者、传播者和消费者，享受网络时代的信息传播的便利。然而，有些人在网络空间不仅随意发表个人的极端观点，还恶意攻击他人，曝光他人隐私，造成严重后果。这些做法超出了自由的边界，违反了网络伦理。据2014年9月8号的《南方都市报》报道，因怀疑中学生徐某在服装店试衣服时偷了一件衣服，店主蔡某将徐某在该店的视频截图上传到其微博上。一个多小时后，网上的人肉搜索就将徐某的个人信息，包括姓名、所在学校、家庭住址和个人照片等全部曝光，并且这些信息也被服装店主蔡某用微博发出，致使徐某不堪受辱而跳河自杀。这是一个典型的因网络言论不当造成的网络暴力事件，诸如这样的网络暴力事件屡见不鲜。这些事件的严重后果证明了网络内容治理的必要性，以及在网络空间中平衡内容治理和表达自由的关系的重要性。网络内容治理和表达自由之间需要平衡，也只有在平衡网络内容治理和网络表达自由的基础之上，才能完善网络内容治理模式。

在网络发展的过程中，始终离不开网络内容治理和表达自由的平衡问题。如果对网络内容治理得过于严苛，则网络自由精神将受到

---

① 张卓，王翰东．中国网络监管到网络治理的转变——从“网络暴力”谈起［J］．湘潭大学学报：哲学社会科学版，2010，(2)：88-92.

严重损害，网络空间会失去它应有的生机。反过来，如果不治理网络内容，任由人们随意发布任何网络信息，其后果也是不堪设想的。如何实现网络内容治理和表达自由之间的平衡呢？这里有一个度的问题。把握这个度有多重指标，其中一个重要的指标是网络内容不得损害他人的正当权益，不得损害公共利益，不得危及儿童、青少年的健康成长。每一个公民都有在网络空间自由表达的权利，但当这些言论超越了度，则不能以表达自由的权利为借口任其泛滥，就必须对这些内容进行合理的规制。

第三，完善网络内容治理的他律和自律机制。毋庸置疑，网络内容治理仍面临诸多难题，网络空间发生的政治与社会事件难以彻底遏制，具有高度连接性的网民群体很容易受到网络内容的影响而迅速转化为现实中的示威活动。哈佛-柏克曼报告指出："政策和法律将持续在网络监管中扮演重要角色，同时社会行为规范和道德准则也将继续对线上行为有所影响。"①

2015 年，人们曾就"互联网+"时代我国互联网发展政策法律提出了七点建议：建议制定数据开放立法及政策，促进大数据产业及信息化发展；建立与产业发展相适应的平台责任制度，促进互联网产业及信息化发展；尽快出台《网络安全战略》，加强网络安全立法；积极推动中国互联网企业参与互联网国际治理；进一步推动企业走出去；建立与我国互联网产业发展相适应的个人信息保护制度；互联网监管方面，由监管向治理转变。② 这七条建议非常全面，提出了我国在政策与法律方面努力的方向和应开展的工作内容。简而言之，我们可从三个方面着手完善网络内容治理的法律法规：第一，借鉴德国的《多元媒体法》，制定一部高位阶的、独立的、专门的《网络法》；第

① 腾讯研究院法律研究中心．网络平台发展的平静与喧嚣——哈佛-柏克曼报告（一）[EB/OL]. http://www.aiweibang.com/yuedu/16533528.html，2015-03-05.

② 腾讯研究院法律研究中心．"互联网+"时代我国互联网发展政策法律七点建议 [EB/OL]. http://law.tencent.com/Article/lists/id/3664.html，2015-03-09.

二，专门立法和现有法律相结合，一方面立足于现有法律，补充相关规定，另一方面针对特殊问题出台特别法或专门法；第三，完善网络立法程序，构建科学的执法体系。

鉴于立法周期非常长，而来自互联网的新挑战往往迫在眉睫，因此国家网信办先后出台了“约谈十条”“微信十条”和“账号十条”。[①] 这三个“十条”都将法律具体化，力求解决在政策法律还不够完善的时期出现的一些新问题、新情况。这既符合依法治国的精神，也能够灵活地面对网络发展的新挑战。值得特别提出的是，我国2016年出台了《网络安全法》，长期以来难以解决的问题迎刃而解。在具体实施过程中，如何正确把握网络内容治理与表达自由的关系，如何选择适宜的治理手段，如何把握政府介入的尺度，仍需不断实践和完善。

互联网的发展已经证明，仅仅依靠法律和政府来治理网络内容是行不通的，网络自律也非常重要。与立法治理和政府规制相比，自律机制是一种成本较低、效果较好的网络内容治理的工具，因此必须重视和加强网络自律机制的建设。

我们应强化行业自律机制的作用。以行业自律为主，结合法律法规的治理，有利于网络在安全健康的前提下快速发展。[②] 当今世界，几乎所有的网络与电子商务企业都有自律性行业组织和自律性行业规范。浏览网站，我们经常能看到诸如“隐私权保护”“知识产权保护”等专栏，其内容多含有承诺的自律规范。美国各大网站如雅虎、美国在线和《纽约时报》等的管理人员认为，没有自律性的管理措施就没有互联网的健康发展，宁可关闭一些网站，也不能破坏公司的形象和规则。我国在网络行业自律方面应该借鉴美国、英国、日本等国的成熟经验，加大对行业自律机制的推广与运用。政府应确立加强自律机制建设的政策思路，与自律组织建立起长期有效的合作机制。

① 互联网思维助推网络监管“立法”提速［N］. 新京报，2015-05-05.

② 付一含. 我国网络管制问题研究［D］. 长春：吉林大学，2012.

同时，提高自律公约的可操作性与执行性。很多国家的自律公约或规则侧重于可操作性与执行性，有力地促进了自律公约的推广与实施。如新加坡的《行业内容操作守则》，从内容分级、公平竞争、自我监督、投诉解决等方面都做出了具体规定，具有很强的可操作性与执行性，被三大网络服务商所采用。美国的网络隐私认证计划实际上都是在探索建立一种切实有效的自律机制。我们对此应该积极加以借鉴，提升我国自律公约的可操作性与执行性。

第四，建立网络内容治理的良性预防控制体系。这要求对网络内容制定一套等级划分标准，控制其在不同平台上的传播。面对嚣张的恐怖主义、泛滥的儿童色情和漏洞百出的国家安全，基于网络成熟技术的预防控制体系成为很多国家的首选。在这方面，一些国家的成功经验值得借鉴，如美国设立因特网内容选择平台（PICS），对网络文档的分级标签和检索方式做出规定，各大网站都应按要求贴上标签①；法国通过出台《互联网络宪章（草案）》，鼓励对网址和网上内容进行分类划级，鼓励父母和其他有监督权的人安装和使用建立在“敏感内容识别平台”基础上的监视软件；新加坡对网络有害内容的规定较为具体，主要实行分类许可证制度和注册制度，并要求网络服务提供者根据有关规定关闭违法网站。

我们可以根据自身实际情况进行制度创新，建立我国独特的预防控制体系。我们可以进一步完善内容治理方面的法律法规，做到有法可依；研发和采用更为精细、灵活、稳定、持久的技术，并对内容进行有效、准确的分级；扩大技术的应用领域，尤其强调中小学、家庭和网吧的应用；强调政府、网络服务提供商、电信运营商、网络使用者以及家庭等的支持与通力合作。

第五，加强网络道德教育。在网络空间里，道德为个人行为和组

---

① 皮勇．网络安全法原论［M］．北京：中国人民公安大学出版社，2008：326.

织政策划定边界，是终极管理者。[①] 我们应充分重视道德的作用，加强公民的网络道德教育，提升其自律意识和网络素养。

具有自律和伦理意识的公民在使用网络之时，会以一种理性的、积极向上的态度，并基于现实生活的行为礼仪及道德规范对待网络空间。作为治理网络有害内容主体的网络服务提供者，如果具备一定的自律意识与伦理意识，也会充分利用其在技术上、设备上和网络中的优势，运用其治理监督能力，对互联网上的信息进行识别、阻断，与法律一道遏制有害内容的泛滥，还网络以洁净空间。提高自律意识，需要制定具有可操作性的自律原则，并大力宣传自律原则，还需要加强网络服务提供者和使用者的网络道德教育。

政府和行业自律组织应制定相关计划，采取相关措施加强网络道德教育。例如，政府可以通过有关机构，借助政府号召力和媒体影响力进行宣传，提高广大网民对网络道德和个人行为自律的重视；可在主要公共信息网站设立网络伦理专栏，褒扬遵守网络道德的行为，公布不道德行为并请广大网民进行评价；学校、街道、社区以及社会团体可专门组织开展如“网络道德巡回讲演”“网络知识宣传周”“未成年人保护计划”等活动，还可设立专门网站、信箱或热线电话，对于被色情、暴力、诽谤等言论侵害的网民提供帮助和心理疏导，等等。总之，政府和其他机构有责任开展各种活动，采取各种措施，使网络道德深入人心，并成为人们的自觉行为。

政府应秉持谨慎的态度，把蕴含和谐、自主和隐私等核心道德价值的结构整合到崭新的网络空间架构中。在这方面，我国政府已采取一些措施，如 2014 年 8 月 7 日，网信办发布了《即时通信工具公众信息服务发展管理暂行规定》（简称“微信十条”）。“微信十条”主要对即时通讯平台及用户行为进行规范，包括资质、实名、隐私保

① ［美］理查德·斯皮内洛．铁笼还是乌托邦：网络空间的道德与法律［M］．李伦，等，译．北京：北京大学出版社，2007：7.

护等方面，其中第六条明确规定了即时通信工具服务使用者注册账号时，应当与即时通信工具服务提供者签订协议，承诺遵守法律法规、社会主义制度、国家利益、公民合法权益、公共秩序、社会道德风尚和信息真实性等“七条底线”。[①]

世界各国都非常重视网民的道德教育与自律问题，也有许多经验与做法值得我们借鉴。韩国在中小学教科书中就有专门有关网络伦理、网络自律等的内容，还要求教师必须进修相关课程。美国政府针对网络病毒、网络谣言等，加强公众对网络安全、网络道德的认识，提高防止侵害的能力。新加坡则研究开发出“家庭上网系统”（Family Access Networks），并积极推动公共教育计划，成立志愿者组织——互联网家长顾问组，以讲座、培训等形式对家长进行辅导，在家长自身的网络技术运用技能、专业素养、道德自律增强的基础上，敦促家长指导孩子正确运用互联网，减少网络的负面影响。

构建完善的网络伦理道德体系，以加强伦理道德教育，提高公民的自律意识和网络素养。在经济和科技迅速发展的时代，道德体系应通过新的对话和交流，以及具有公共理性的公共探讨才能建立。这个过程比较漫长，远比技术的运用要复杂得多。有人赞成罗尔斯的观点，在公共对话中形成重叠共识；有人赞成哈贝马斯的建议，通过公共领域中的交流而达成商谈伦理。[②] 就我国而言，政府可以通过政府主导的多元治理模式，合理治理网络内容，提高人们的自律精神和协商合作的公共理性精神，为社会提供一个风清气朗的网络环境。

① 即时通信工具公众信息服务发展管理暂行规定［EB/OL］. http：//news. xinhuanet. com/zgjx/2014-08/08/c_ 133540919. htm，2015-08-07.

② 梁耀东 . 网络传媒对公共权力的制约监督研究［D］. 杭州：浙江大学，2012.

第八章　网络内容主体的伦理责任

网络内容必须借助一定的网络平台经由主体发布，离不开网络基础设施、网络接入、信息处理、管理调控等方面不同主体的共同参与。网络内容主体多种多样，彼此之间存在着既交叉重叠、相互联系，又有着权利冲突的利害关系。不同主体承担不同的伦理责任，共同维护网络安全，确保网络健康有序发展。

一、网络内容主体

网络内容主体在整个网络内容治理系统中处于主导性地位，是系统中其他诸要素的决定力量。主体具有能动性，网络基础设施建构、信息发布、处理和流通、运营媒介、管理调控等功能的实现，都必须由不同主体完成，如网络接入服务提供者、网络内容提供者等。信息在各种网络平台传播，政府有专门的门户网站，电商有内容丰富的产品宣传购买信息网站，此外还有各大搜索引擎，以及包括博客、BBS、脸书等在内的形形色色的个人平台，尤其是自媒体时代诞生的微信等。不同的主体参与网络内容的传播，其作用和权利义务关系、组织形式等各不相同。各主体在网络中不是孤立存在、自我发展的，而是既交叉重叠又彼此有着权利冲突的利害关系者，构成相互依存、相互制约的生态结构体系。网络中单纯的内容提供者基本上是不存在的，他们同时需要他人提供信息或服务才能进行生产，因此，主体兼具网络内容的提供者、浏览者、接受者等多重身份。内容提供者可能为了自身利益向网络输入大量信息，出于节约成本的考虑疏于监管，而不管这些信息是否有害。浏览者可能为了自己的方便和痛快，不遵守网络规范，如侵入他人电脑、侵犯知识产权等。因此，应有专门人员、组织或机构来承担维护网络环境和网络秩序的责任，这就是网络内容的管理者。他们可能是专门人员或机构，充当信息分解的角色，他们也可能是内容提供者与浏览者，在履行管理责任的同时，遵守网络治理制度的有关规定。我们讨论的是各个主体到底谁有权利或有义务治理网络内容，不同主体各自该如何对网络内容传播承担伦理责任，以及承担何种伦理责任。

1. 政府：主导力量与宏观调控者

为了维护信息社会的正常秩序，确保国家安全与促进经济发展，政府要对网络秩序进行规范。在网络治理中，政府既是网络基础设施的主要投资者，又是规范网络行为的法律法规的制定者，对整个网络治理起到宏观调控的重要作用。政府作为网络内容治理的主体，在维护网络秩序中起着举足轻重的作用。

网络空间是现实空间的延伸，它的主体仍然是人和机构。网络空间仍是人类的活动空间，遵守的仍是人类社会的法则。网络世界虽然打破了原有的地域意义上的国界，似乎削弱了政府在网络世界的控制力，但是网络社会仍然需要政府的监管以保障正常的网络秩序，政府也不会放弃对网络的监管权。在现实世界，任何人都无法摆脱法律制定者——政府的直接或间接影响，每个人都在宪法和法律规定的范围内活动。在网络空间中，现实空间的一些有效措施依然可以发挥作用。事实上，政府既是网络活动的重要参与者，通过网络平台发布重要信息，同时又是网络活动的管理者，对网络违法等问题予以制裁。政府一方面利用网络资源扩大和加深自己对社会各阶层的影响，把自己的办事机构搬上网络，对自身职能和业务进行介绍，发布信息和办事指南，提供在线咨询等服务，实现一些管理功能；另一方面，政府执行网络监管职责，如对其他网络传播主体的资格进行认证，对网络行为进行监管和引导，对不道德行为和违法行为进行谴责和制裁，维护网络秩序，制定各个方面的网络法律法规及相关政策，投资网络建设等，引导网络世界朝着健康方向有序发展。

2. 网络企业：技术中坚与基础力量

网络企业主要是指网络服务提供者，是向社会提供各类网络服务的单位或个人。根据服务类型的不同，网络服务提供者包括如下几类：一是网络接入服务提供者，主要负责网络基础设施的建设、提供和维护，包括诸如光缆、计算机、网线、路由器、交换机等硬件设施。这是网络成为网络必不可少的物质条件。没有硬件，网络其他的一切功能都无法实现。目前我国相关法律已明文规定网络接入服务提供者承担把关和监督责任。二是网络内容服务提供者，负责网络内容的生产、发布和传播等工作。政府、公司、个人等都可能成为网络内容提供者，提供内容的形式多种多样，包括门户网站、论坛、博客等。三是网络平台服务提供者，主要为用户提供服务器空间，或为用户提供电子邮件账号，或提供用户阅读他人上传的信息或自己发送信息、实时进行信息交流的空间。例如，百度和谷歌等为顾客提供的搜索引擎、电子布告板系统 BBS 经营者、博客网站经营者、邮件新闻组和聊天室经营者等都属此类。网络平台服务提供者的作用介于网络内容服务提供者和网络接入服务提供者之间，兼有二者的性质。四是网络应用服务提供者，主要指网络信息设备制造商和网络信息软件服务商，提供软硬件产品和服务。

电子商务公司作为网络服务提供者，其主体地位不可忽视。电子商务公司之所以作为网络内容治理的主体，是因为它们利用网络建立业务流程，它们的发展建立在网络基础上，网络技术的进步促进这些企业发展，而它们的发展又推动网络的发展，它们是网络经济的主体。比如淘宝、京东、当当、亚马逊、阿里巴巴等都是随着网络时代的发展而发展壮大的。许多传统公司在网络空间也有了全新发展，比如戴尔公司，通过改革传统营销环节，将销售渠道全部移入了网络，省去了销售商、代理商等中间环节，获得了新的发展。它们并不是单纯的电商，但是在网络时代，它们的产品设计、生产、经营、仓储、物流、订单管理等产业链运作离不开互联网，它们的发展状况也直接影响网络的发展态势，这类公司已经成了网络的主体之一。

网络媒体也是重要的网络服务提供者。之所以把网络媒体作为网络服务的提供者，是因为网络媒体既提供信息，同时又承担“守门员”角色，在网络内容传播中具有极为重要的作用，对其他主体提供信息的真实与虚假有过滤责任。一方面，相比于传统媒体，网络媒体的特点是以速度取胜，如手机平台 SNS、微信公众平台等，它们不仅承载着传统媒体内容提供者的角色，更以如 Flash 动画、音频、视频等多媒体形式吸引网民眼球，尝试与受众直接互动，具有极为明显的交互性特点。另一方面，传统媒体正在将其权威力与公信力等优势植入网络中，利用网络电视、政府微门户、电子报纸等互联网平台与公众互动交流，这虽然增强了网络新闻的真实性与可靠性，但是媒体与公众之间的互动依然极不平衡，“眼球效益”“标题党”等“注意力制造”的盈利模式进一步强化，而广告更是以前所未有的海量涌入网页，受众只要有信息需求就几乎是被“强迫”浏览广告。

一些非盈利性的社会事业机构也是网络服务提供商，主要包括学校、图书馆、医院、教育、研究机构等。这类主体并不利用互联网谋利，但是它们利用互联网提供服务。通过网络的管理软件、搜索系统和远程链接等技术，它们可以降低成本，提高效率，充实内容，为公众提供更加便捷高效的服务，日益成为网络用户学习与浏览信息不可或缺的主体。

随着网络的全球化发展，国与国之间的网际交流日趋频繁，同时网络本身的发展也越来越需要国际间的合作与交流。行业协会、社会群体、国际组织在其中也起了非常特殊的作用。对于如何维护群体权利，推行行业自治，解决网络纠纷，制定国际网络协议和网络规范，国与国之间如何合作来建设网络基础设施等，这些主体都能发挥特殊作用。在网络治理方面影响深远的国际组织担负着制定网络协议或行为规范的责任，如联合国制定了《儿童权利公约关于买卖儿童、儿童卖淫和儿童色情制品的任择议定书》，欧洲理事会制定了《关于网络犯罪的公约》等。这类主体也包括著名的网络行业自律组织和社会群体，如英国的互联网观察基金会（Internet Watch Foundation，IWF）、美国“网络天使”志愿者组织、美国隐私在线联盟（Online Privacy Alliances，OPA）等。

网络服务提供者是网络技术中坚，也是网络用户包括个人和机构互动交流得以形成并顺利进行的核心力量。自 20 世纪 90 年代开始，一张巨大的网包围了人类文明所及的每一个角落。网络服务提供者是信息社会的重要组成单元。网民通过网络接入服务者进入网络世界，在网络平台中活动，访问网络媒体、电子商务公司和网络内容服务提供者等的网页，进行各种活动。网络服务提供者的相互关联使网民的网络活动成为可能，他们对信息社会的作用不可替代。

3. 网民：强活跃者与弱稳定者

网民是数量最多的网络内容主体。这类主体是网络中最活跃的，同时也是稳定性较弱的主体。政府作为网络内容传播者自有一套严格的治理措施，而对于网络服务提供者的准入制度、工作范围、权利义务等，政府也有较多的调控和监督。作为个体的网民，在准入资格、内容传播等方面的限制相对较少。因此，作为网络内容主体的网民具有极大灵活性，同时，灵活性引发了网民在网络内容传播中的责任认定和责任承担等问题。由于外在控制力的相对薄弱，网民更加需要依靠个人自律和加强道德修养，以维护网络秩序。

网民人数众多，不同网民的身份背景、年龄层次、知识结构、社会阶层各不相同，遍及世界的网民却可以在同一个网络空间中共享信息。身份的复杂性带来的是行为的复杂性，网民可以在网上浏览、发布、下载信息，收发电子邮件，共享软件，购物，聊天和灌水等。利用网络学习、工作、休闲和娱乐，网络已经成了他们生活的一部分。任何人都可以是传播者与评论者，在网上发表自己的观点并用自己的言行来影响其他人，个人已不是传统传播学意义上的受众。网络给人们带来方便和自由，也使人们变得脆弱。人们担心网上交易的信息安全，害怕隐私数据遭到侵犯，对黑客攻击或威胁也是忧心忡忡。电子商务网站跟踪个人信息，可能导致泄露个人隐私的安全问题，普通网民对此意识不强。电子邮箱经常充斥垃圾邮件，基本采取手工删除，网民在接收邮件方面的防范能力低下。

与其他主体相比，网民人数众多，最为活跃，但较为分散。网民易受情绪影响，稳定性差，往往将现实生活中的负面情绪带入网络，发表一些不负责任的言论，一经网络传播，就可能造成严重后果。网民在网络内容传播中造成的影响已经越来越大，网民应避免盲目跟风，坚持正确的价值观导向，并对他人网络不当行为进行监督，共同承担作为网络内容主体的责任。

二、政府的伦理责任

网络使人类自由获得了空前的技术基础，网络似乎成了自由的代名词，对网络内容进行治理显然会对放任自由加诸某种限制，因此，网络内容治理与网络自由存在某种冲突，从而成为极具争议的问题。正如斯皮内洛指出："网络空间言论自由和内容控制问题已无可争辩地成为初露端倪的信息时代最富争议的道德问题。"① 然而，如果没有网络内容治理，网络自由也将不复存在，网络内容治理和网络表达自由之间存在着一定的制衡关系。因此，政府既要保障网络表达自由，同时也要治理网络内容。平衡网络内容治理和网络表达自由两者的关系是政府的伦理责任所在。

① Richard A. Spinello. Cyberethics：Morality and Law in Cybespace［M］. Sudburg：Jones and Barrlett Publishers. 2003：53.

1. 政府治理与表达自由

政府治理与表达自由是相互制衡的。政府治理是为了减少或消除不良网络信息的存在，而非为了限制表达自由。表达自由作为一项权利应当受到尊重，政府治理正是为了更好地保障表达自由。表达自由和政府治理彼此规定了彼此的限度。表达自由规定了政府治理的限度，政府治理也规定了表达自由的限度。政府治理不是无限制地治理表达自由，表达自由也不是一项绝对的权利。只有当政府治理和表达自由之间实现了合理的平衡，才能实现网络社会的健康发展。

表达自由究竟意味着什么？应给予多少自由？在何种情况下给予自由？尤其是在今天，互联网时代强调的表达自由，是代表任何言论和表达都是合理合法的吗？当自由与其他价值相违背时该如何权衡？

表达自由是一项基本人权。① 约翰·弥尔顿 1644 年出版《论出版自由》，该书副标题是“论无特许的出版自由”。他指出：“让我有自由来认识、抒发己见，并根据良心作自由的讨论，这才是一切自由中最重要的自由。”② 他认为，政府应置身于辩论之外，让真理和谬误交战。在自由而公开的交锋中，真理总会取得最终胜利。自弥尔顿时代以来，作家、哲学家、法学家、政治家们都曾有力地呼吁言论自由。一方面，言论自由对社会具有某些特定的功能性益处。比如，在一个真正开放的言论市场中，真理能得到检验并最终获胜；自由地表达观点是一个民主社会成功运作的必要因素，能使选民更有意义地参与民主进程；言论自由有助于阻止或揭发公共官员滥用权力，制衡政府，防止腐败；信息的自由流通能使社会更好地暴露自身的问题并做出持续的、渐进的调整，有助于社会稳定。另一方面，从个人道德权利视角出发，言论自由和思想自由是人类天赋的、普适的权利，是

① 邱小平．表达自由——美国宪法第一修正案研究［M］．北京：北京大学出版社，2005：147.

② John Milton. Areopagitica in The Works of John Milton［M］. New York：Columbia University Press，1931：346.

个人基本天性和尊严的一部分，政府的责任是保护而不是侵犯人们的这种权利。

然而，表达自由并非一项绝对的权利，在一定条件下它可能被其他更重要的价值所压倒。当表达自由与其他社会利益发生冲突时，我们必须对它们进行权衡和协调，对表达自由做出合理的限制。这些利益包括国家安全、社会稳定、道德价值、个人名誉等。保护表达自由并不是将自由当成绝对命令，而是为防止其他自由不遭破坏提供最好的保障。应该说，没有哪一种言论会受到绝对保护。表达自由始终要与其他利益进行权衡，以此决定政府治理在法律上是否是可以接受的。保护个人表达自由，不意味着个人可以不分时间、地点和场所任意宣泄。在维护表达自由的同时，也要关注每一个人享有获得平等关注和尊重的权利。当然，表达自由仍占有某种天然的优势位置，政府需要提出充分的理由，证明存在一种重大且令人信服的利益，如直接涉及保卫国家存亡、捍卫生命或健康、保护儿童免受长期情感伤害等，在这种特定情况下表达自由将受到限制。

我们可援引“申克诉美国案”（Schenck v. United States）的“明显且现实的危险”（Clear-and-present-danger）标准，说明政府对网络内容进行治理的依据。这一标准实质是试图界定一个临界点——一旦超越这个点，言论自由就失去第一修正案的保护，因为过界言论足以引发足够大的伤害。在“申克诉美国案”中，大法官奥利弗·温德尔·霍姆斯（Oliver Wendell Holmes）撰写了如下判决：“每个案件中的问题是，使用的言论是否是在这些环境中发表，是否具有制造出一种明显且现实的危险的性质，以至于这些言论将导致国会有权阻止的实质性恶果。[①] 此后，美国法律相继规定了多种言论不受宪法保护，引起严重的法律争议。对此，布兰戴斯大法官认为：“要证明压制言论自由的合理性，就必须要有合理的理由担心，如果言论自由付

① ［美］约翰·D. 泽莱兹尼. 传播法：自由、限制与现代媒介［M］. 张金玺，赵刚，译. 北京：清华大学出版社，2007：78.

诸实践，严重的罪恶将会发生。必须有合理的理由认为，这种被认定的危险是迫在眉睫的；必须有合理的理由认定，我们要阻止的罪恶是严重的……即使是鼓吹违法的行为，虽然它在道德上应受谴责，但是如果这种鼓吹缺乏煽动性，如果没有证据表明这种鼓吹将被立即付诸实施，它也不能被用以证实剥夺言论自由的合理性……为了支持'明显即刻危险'的判定，必须证明迫在眉睫的违法行为很可能发生，或者正在被鼓吹，或者过去的行为使我们有理由相信，这样的鼓吹会转变为企图……只有紧急情况才能证明压制的正当性。若想令权力与自由相协调，则必须遵循这一规则。在我看来，这是宪法的命令。"① 也就是说，如果言论被合法地削减或惩罚，那么最有可能的就是该言论直接导致了有形伤害，或者制造了这种伤害的极高风险。比如，言论引起争斗或大范围的公众反抗，危及军事秘密，导致城市甚至国家处于危险之中，或者言论制造的某种环境、提供媒介信息使得个人行动时可能伤害自己或他人。因此，有许多内容都被视为非法并被加以限制，而不受到自由精神的保护，就是因为这些言论有可能直接导致恐慌、有形暴力或经济损失。根据这一标准，政府应加强对如下网络内容的治理：侵犯隐私的内容，虚假或误导性商业广告，伪证，挑衅性言论，诽谤，以及色情或淫秽，直接的死亡威胁，谋杀阴谋，诱骗合同欺诈，煽动暴力或危险行为的言论。

2. 政府依法治理网络内容

网络色情、网络谣言、憎恨言论等由网络引发或由网络加剧的问题不断出现，表明网络内容亟待治理。实际上，存在诸多治理网络内容的手段，然而，相对于其他手段，政府治理具有独特性。同时，政府治理必须依法进行。政府应当依法调控和治理网络内容，监管和引导网络传播主体，维护国家和民族安全。

政府有责任从本国具体实际出发制定法律，在宏观层面完善网

---

① ［美］约翰·D. 泽莱兹尼．传播法：自由、限制与现代媒介［M］. 张金玺，赵刚，译. 北京：清华大学出版社，2007：79.

络内容治理，确保网络秩序正常运行。网络中不同利益主体之间的关系，网络社会的正常发展，需要法律来确认、维护和调整。人类社会处理人际关系的基本准则规范，最初都是以“不应如何”或“应当如何”的形式表现出来的义务性道德规范。但是，这些利益关系纯粹依靠道德调节是远远不够的，必须有另外的力量来弥补道德的不足，其中之一就是法律。法律能对道德规则的内容和范围进行具体化，对于道德的发展变化进行控制，还可以决定哪些道德规则随着社会发展应该保留，哪些应该舍弃。法律还可以确定一个权威来裁定纠纷和执行裁决。法律作为一种有效的社会调控力量，在网络世界应该发挥其应有的功能。

目前，我国政府在法律治理网络内容方面已取得重要进展，建立了专门的权威管理机构，网络空间变得更加清朗。但是，部门间若缺乏细致的统筹协调，容易造成各自为政。各部门从本部门自身利益出发处置网络内容引发的事件，可能导致对同一违法行为要么争着管，要么都不管。在法律适用上，多个行政处罚主体，多种处罚方式，多个审批部门相互交叉，可能造成法律资源的浪费和法律适用的分歧。如何统一组织、规划、管理网络内容，如何协调各相关部门联合执法，如何分配各执法主体的权责利，仍是值得进一步探讨的问题。

在立法方面，我国出台了一系列与网络内容治理相关的法律法规，如《网络安全法》等。这些法律法规对我国网络内容治理起到了积极的作用。尽管我国现行的相关法律法规数量不少，已有的法律已涉及网络内容治理，但没有一部专门的网络内容治理方面的法律。已有的法律法规笼统规定多于具体规定，对网络内容治理的细则，如内容分级和鉴定，缺乏具有可操作性的规定，有些法规之间交叉重复，甚至相互冲突。法律法规之间的援引甚至出现“空指”现象，如针对一些网络违法行为的处罚，有些法规规定“依照刑法有关规定追究刑事责任”“依照《治安管理处罚条例》予以处罚”“由有关行政管理部门依法给予行政处罚”“利用互联网侵犯他人合法权益，构成民事侵权的，依法承担民事责任”，而提到的这些法律法规可能并没有做出这方面的规定，这就可能导致无法可依。可见，制定一部统一的治理网络内容的法律是一个值得尝试的做法。

三、网络企业的伦理责任

网络的普及和商业化导致了一系列网络社会问题和冲突，如侵犯隐私、不当言论、软件盗版、电子商务欺诈、黑客攻击等。这些问题与网络服务提供者密切相关，网络服务提供者应当为此承担责任。尽管不同的网络服务提供者的作用不尽相同，在网络治理中所承担的具体责任各不相同，但有一些伦理责任是所有网络服务提供者应普遍承担的。

1. 尊重用户，保护用户隐私

随着网络技术的发展，个人信息的搜集变得极其容易又隐秘，而且，在网络经济模式下，为了某种商业目的，个人信息更易被买卖、交换、组合，隐私权遭受了前所未有的挑战。

在网络世界中，网络服务提供者侵犯隐私权的情况时有发生。其中，存在的主要问题包括数据采集者是否可信或是否谨慎；数据重组后是否会生成有关个人的详细画像；不准确的信息传播到其他地方后是否难以纠正；是否会把数据出售给不负责任的供应商等。此外，商家还可能利用消费者的消费旨趣诱发不必要的消费，或误导消费者追求极端享乐等的消费，并进一步影响到消费者的自主性和人格尊严。

网络服务提供者必须意识到，隐私对个人的极端重要性，任何人的隐私、家庭生活、家居场所、健康和通信都应得到尊重。保守秘密必然是银行与客户关系的一个固有的、基本的准则和伦理标准。因此，银行应对客户许下和履行保密承诺，这将增强客户的信心和信任。消费者在线购物时，把他们的信任交给了电子商务公司，如果这些公司忽视或缺乏适当的安全意识，那么最终可能给消费者造成灾难性后果。如信用卡号码被截获或个人数据被盗用，消费者可能发现自己成了信用卡欺诈的受害者。因此，电子商务公司有道德义务采取合理的预防措施，如增设加密系统等有效措施。即使使用加密技术等措施有可能增加成本，但仍要以保证在线交易的诚实性为基本原则，降低毫无防备的消费者受到伤害的风险。

电子商务公司应遵守知情同意原则，未经消费者同意，电子商务企业不得擅自收集、使用消费者个人信息。未经消费者同意，不得将含有能识别消费者身份等的数据用于其他目的。当将用户信息用作他用时，必须明确告知用户并获得同意。对于所收集到的消费者信息，任何情况下不得擅自泄露、出售或非法向他人提供。未经消费者同意，或者在消费者明确表示拒绝的情况下，商业网站不得向消费者发送商品宣传广告等商业信息。要建立预防性检测机制，对用户信息进行分层管理。例如，某些私人信息经授权可以公开的，作为常规信息，可以常规访问；对某些隐私如医疗档案等，为用户提高隐私级别，变更访问方法。当然，这种检测程序应事先告知用户，确保消费者知情，确保最大限度地保护消费者的隐私权。

2. 内容管理的责任

网络服务提供者是实现网络管理的关键环节。网络服务提供者对于网络有害内容传播应承担管理与监控的责任，在网络内容治理中应发挥主动性。

网络服务提供者是网民联入互联网、使用网络服务的直接联系单元，具有实际控制网络用户滥用信息技术或破坏网络秩序的能力，能阻止特定用户入网或将用户违法违规信息删除，有能力对网络用户进行直接管理。网络服务提供者往往会记录用户网络使用的信息，具备实际监控网民活动的技术与能力，是实现网络内容有效治理的关键。在网络世界，所有的活动都发生在网络服务提供者所创建的虚拟环境中，活动的结果会在现实社会有所反应。如果总要等到不良后果实际发生后，网络服务提供者才采取行动，则为时已晚。正是由于网络的虚拟性、隐蔽性等特点，网络服务提供者应当设立必要的行为规则，主动介入网络内容传播活动，对网络内容进行实时监管，才能有效地防范网络不良内容事件的发生。

网络中的不良内容，在很大程度上与网络服务提供者缺乏规范管理、积极作用发挥不够有关，如网络色情、网络谣言、憎恨言论等充斥网络，就与他们的规范管理不力有密切关系。因此，网络服务提供者对利用其服务传播的内容具有管理和监控责任，并应在有关机关进行调查时给予必要的协助。

世界各国都制定了关于网络服务提供者责任的规定。美国法律规定应该由网络服务提供者对利用其网络服务的行为和通过其网络服务系统传播的内容进行监控，与此相关的所有文档、记录、数据及其他信息材料，网络服务提供者都必须保存。此外，还设有网络服务提供者强制报案制度以及有关电子公告栏管理的网民监督制度，发现有害内容可以通过电子邮件向网站报告，网站有责任回复举报者，并对问题进行处理。新加坡的《分类许可证制度》规定网络服务提供者的责任包括：其提供的服务不得违反公共利益，不得破坏社会秩序；其服务不得用于赌博、彩票、广告、算命术等，不得用于进行色情活动或其他不道德行为；网络服务提供者应保存相关的所有文档、记录、数据及其他信息材料，在有关部门需要协助时随时提供。

我国法律法规对网络服务提供者的管理与监控责任做了较为详细的规定，要求网络平台提供者对网络内容负有审查核实的责任，如新闻、文章的审查核实。是网络平台提供者还是网络服务提供者。在BBS上都有责任提示用户，要求用户不能发布违法信息。BBS版主、网络管理员负责具体管理工作，如图片、影音文件的审查核实，软件的审查核实，包括软件来源、是否携带病毒等。

网络服务提供者负有监管网络内容的责任，必须及时报告国家有关机关，及时删除违法信息，并保存相关记录，供国家有关机关调查时备查。例如，《互联网电子公告服务管理规定》第十三条规定：“电子公告服务提供者发现其电子公告服务系统中出现明显属于本办法第九条所列的信息内容之一的，应当立即删除，保存有关记录，并向国家有关机关报告。”其中所说的“第九条所列的信息内容”包括：反对宪法所确定的基本原则的；危害国家安全，泄露国家秘密，颠覆国家政权，破坏国家统一的；损害国家荣誉和利益的；煽动民族仇恨、民族歧视，破坏民族团结的；破坏国家宗教政策，宣扬邪教和封建迷信的；散布谣言，扰乱社会秩序，破坏社会稳定的；散布淫秽、色情、赌博、暴力、凶杀、恐怖或者教唆犯罪的；侮辱或者诽谤他人，侵害他人合法权益的；含有法律、行政法规禁止的其他内容的。第十四条规定：“电子公告服务提供者应当记录在电子公告服务系统中发布的信息内容及其发布时间、互联网地址或者域名。记录备份应当保存60日，并在国家有关机关依法查询时，予以提供。”第十五条规定：“互联网接入服务提供者应当记录上网用户的上网时间、用户账号、互联网地址或者域名、主叫电话号码等信息，记录备份应保存60日，并在国家有关机关依法查询时，予以提供。”因此，网络服务提供者除了自己作为网络传播主体不得传播色情等有害信息外，还承担阻止用户发布有害内容的责任，在保证信息渠道畅通的前提下，不接入有害内容，并防止他人利用其服务进行不法行为。一旦发现明显有害内容应立即停止其传播，保存记录并主动向国家有关机关报案，并删除违法信息。在公安机关处理网络违法行为时，承担举证责任。

四、网民的伦理责任

网络使人类在争取自由的历史进程中前进了一大步，扩大了人际交往活动的空间，增强了人类社会的实践能力。然而，自由并非是无限的，即使在网络中，也需要监督和节制。网民在享受网络自由的同时，也应当遵守网络的各种道德规范，承担相应的伦理责任，做一个好网民。

1. 强化道德自律意识

网络推崇自由精神，这使得不同的主体都能在网上有用武之地，找到属于自己的一片天空。也正是这种自由赋予网络内容主体不可推卸的责任，其在享有自由的同时要自觉履行对他人、对社会的义务。个人在一定的社会中，必然对他人和社会负有责任，对他人和社会做自己应当做的事情，由此产生个人对他人、对社会、对自身的责任。在网络社会，匿名和虚拟的表象掩盖了网络是人类现实社会的延伸、网络活动仍是人的活动这一本质，使得人们忽视了个人对社会应尽的义务，而将个人利益、个人自由盲目放大。很多网民错误地认为在网络上享有不负责任的自由，这恰恰是对自由本质的曲解。人是自主自由的存在主体，能够做出自由选择，因而必须对自己的选择负责。自由与责任是相辅相成、相互促进、相互发展的。为了维护社会共同利益，人们必须对自身行为负责；同时，只有当人们都对自己的行为负起责任，不逃避责任时，才能更好地实现自身利益和自由。

网络世界离不开网络内容主体的参与和创造，只有主体能正确处理自由与责任、个人利益与社会利益的关系，才能更好地促进网络社会和谐健康发展。社会秩序能够形成并得以为继，重要的原因之一就是人们的社会责任感。如果每个人只追求自身利益而罔顾他人，最终必将影响个人利益的实现。只有对他人、对社会承担一定的责任和义务，自觉遵循大家都能接受的对社会发展有利的规章制度，才能促进自身发展，实现个人利益，推动社会发展。网络社会也一样，只有每个主体遵守网络道德规范，自觉履行责任和义务，才能真正确保网络社会的自由，实现资源共享。

有些人在网络中发布黄毒信息、垃圾信息、反动信息、虚假信息、冗余信息等，影响人们的判断和合理利用。有些人不但建立不健康网站，散布不健康信息，还通过修改健康信息，故意增加无用信息，删减有用信息，使健康信息失真。有些人恶意发送垃圾邮件，通过广播式群发，使用户正常邮件收发受到严重干扰，付出相当大的时间和精神成本。有些人为了扩大自己的名气，增加自身网站、微博等的点击率，吸引眼球，造成信息超载而又信息短缺的矛盾，加大了网民使用网络的成本，耗费网民大量时间和金钱，阻碍了网络发展进程。

网络内容的传播具有极强的公共性，个人作为网络内容传播的主体必须对社会和公众承担和履行一定的责任和义务。网络服务提供者和作为机构的内容提供者受政府调控较多，有一定的准入制度，而个人则几乎没受到什么限制，具有很大的灵活性。但是，个人不能因为限制少而放任自己的行为，相反更应注重自身网络言行，自觉承担伦理责任，要遵纪守法，在法律范围内活动，不做违法乱纪行为。要尊重他人，不诽谤侮辱他人，使用文明语言，不将网络变成私人发泄欲望之所。个人应自觉监督和抵制网络世界的道德失范现象，同网络犯罪做斗争。在面对形形色色的诱惑时，要坚持正确的价值观，在不同道德准则冲突中做出正确的选择。同时，要履行监督责任，承担促进网络健康发展的义务。网民应遵守法律法规和信息发布的规范，在现有法律和制度框架内进行自我约束，不煽动社会犯罪，不传播邪教或种族歧视等内容，主动抵制垃圾信息和信息污染。

网民应加强自律，对自身言行举止把好关，对信息内容发布负责，对信息消费对象负责。网络行为仅靠他律来规范远远不够，还需要依靠个体自律。在社会中，每个个体要充分展示自己的才能，发展良好的个性，为实现自我价值创造必要条件。作为人际交往的新平台，网际交往面对的虽然是电脑、手机屏幕，但实质展开的是人与人之间的交往。这种交往突破了现实社会的限制，更需要人与人之间彼此的尊重与信任。对于交往中产生的分歧与问题，人与人之间需要相互理解与支持。要形成和谐融洽的网络人际关系，关键就在于提高网民自身素质。

在网络中，需要道德自律规范网民的言行，个体的道德自律在维系网络正常伦理关系中尤为重要。网络交往的匿名性和面具化，使网络内容治理对象变得极为模糊，人与人不需面对面交往，而是以数字化的信息为中介，仅仅依靠外在的规范力规范网络行为难以奏效，此时需要人们对道德准则和伦理规范的自觉遵守。他律使人们处于外部强制力的震慑下不得不遵守相关规范，此时人们做出的选择不是发乎内心的自觉自愿的行为。在网络世界，由于虚拟性和匿名性等特点，道德自律是规范网络行为的一种独特的力量。呼吁网络道德自律，唤起人们的责任感，对避免网络不道德行为，维持网络秩序至关重要。

2. 遵守网络道德规范

近年来，随着网络移动终端的迅猛发展，微博、微信用户激增，自媒体时代来临。只要拥有一部手机，任何人都能成为一个媒体信息发布者。人们将浏览的帖子随手转发已经成为日常生活的一部分。网络内容的传播，不再是过去传统媒体-受众这种单向模式，而是一种全新的自媒体-传统媒体-社交网络的内容传播形式，其所造成影响的广度和深度，是传统传播时代无法企及的。这就产生了网络内容治理的一个新问题。个人作为主体，可以随意随手转发信息吗？我们前文讨论了网络服务提供者的责任，那么当主体变成个人，情况有何不同？如果明知会造成对他人权益的侵害，还将信息转发，是否要承担责任？有人认为，纯粹转载没有涉及信息内容，作为个人不需承担责任。“反正这不是我写的”等类似心态导致随意转载现象比较普遍。

我们必须注意到转发会扩大内容传播的范围，造成更大的影响，因而不能因为“不是我写的”而毫无责任。国家已经出台相关法律，明确了网络传播主体利用自媒体等转载网络信息行为的过错及程度认定问题，规定了应承担的责任。我国《关于审理利用信息网络侵害人身权益民事纠纷案件适用法律若干问题的规定》第十条规定，转载行为过错及程度认定由三个因素决定。一是主体的注意义务。这一义务与主体的性质和影响范围相适应。二是侵害程度。这是指所转载的内容对他人隐私、工作、学习、生活等造成的侵害的明显程度。三是是否修改。这是指当我们转载信息时，是否对所转载内容进行了实质性修改，比如添加或修改标题、内容的重大改动等，都有可能产生误导公众的后果。这种情况下，我们不能再以“反正不是我写的”为借口来为自己辩护，而必须对转载造成的后果承担相应责任。因此，我们转载信息应当更加谨慎。在尽情享用他人提供的丰富信息资源同时，转载信息可以促进信息共享，但必须要清醒地意识到转载信息和发布信息一样要承担社会责任和道德义务。

网络道德建设不是一蹴而就的，而是一项潜移默化的长期工程，需要所有网络参与者的努力和配合。每个人都享有网络社会带给我们的权利，都是网络信息的使用者，通过享受网络服务而受益。同时，我们也向网络生产和提供各种信息，也必须承担因此而来的责任，履行相应义务。网络内容主体的权利与义务是对等的和统一的。一方面，个人应自觉遵守国家有关法律法规和网络行业规章制度，承担起社会责任。任何社会都有自己的道德规范，用来约束社会中人的行为，保障社会秩序稳定。在现实生活中，道德是维护社会健康有序发展的一个重要手段，有助于解决现实生活秩序的失序问题。在现实生活中，维系社会秩序的除了法律的威慑，还有道德力量的制约，内在的道德赋予每位社会成员一定的价值标准和行为准则。在网络社会中，道德起着同样的作用。在网络中，数字假象的存在使人们以为自己可以为所欲为而不用承担社会责任，这是作为网络内容主体的个人道德责任感缺失的重要原因之一。人们以为在网络中能摆脱身份限制，摆脱社会道德监督和约束，可以为所欲为甚至胡作非为。网络法律的制裁和惩罚有自己的作用域，一些人因此钻法律空子，大打擦边球。网络不文明语言，网络恶搞，无伤大雅又使人担惊受怕的网络恶作剧，窥视他人隐私但没有造成恶劣影响，这些行为游离于法律的边缘。人们误以为法律对自己无能为力，忽视了这类行为对网络社会文明的侵害以及给网络环境带来的负面影响，忽视了网络道德对这些行为的规范作用。

总而言之，我们应做到不伤害他人，不危害社会，要尊重他人，尊重社会，不得利用网络技术直接或间接对他人和社会造成伤害。任何网络内容主体都应获得重视和尊重，网络内容主体之间应当相互尊重。网络应该为一切愿意参与网络社会活动的主体提供平等交流的平台，不应以人的某些条件、某些因素的不同而排挤某些人群。只有所有人都能平等交往，才能构建健康有序的网络社会。

第九章　网络内容治理政策：网民的态度与我们的建议

世界各国都依据自己的国情制定了各具特点的网络内容治理政策，这些政策在各自国家发挥着应有的作用，我国也不例外。与其他国家一样，网络内容治理政策应随着网络的发展和社会的变迁而改变。为了完善我国网络内容治理政策，就必须了解这些政策运行的状况，了解网民遵守这些政策的情况，了解网民对这些政策的态度。我们采用定性和定量分析相结合的方法，对我国网民关于我国网络内容治理政策的态度进行了调查和分析，旨在了解我国政策的优势以及存在的问题，并对完善我国网络内容治理政策提出一些建议。[①]

一、网民对网络内容治理政策的态度

我们就我国网民对现行网络内容治理政策的态度进行了调查研究，以达到考察网民对我国网络内容治理的认知、情感和行为倾向的目的，全面把握我国网络内容治理政策的运行状况。

1. 研究方法与样本人口统计学特征

为了确保研究的客观性和完整性，我们采用定性研究和定量研究相结合的方法。

（1）定性研究：参与观察与深度访谈。

---

① 刘叶芳．中国网民对网络内容监管的态度研究［D］．长沙：湖南师范大学，2013.

我们访问了各类网络媒介平台，重点是调研网络平台的有害内容，参与网民网上讨论，了解网民对网络治理政策的态度，并了解网民躲避网络内容治理的技术手段。除了作为参与者进行观察外，我们还与网友就网络内容治理的话题展开了深度访谈。通过观察和访谈，初步了解了我国网络内容治理政策运行的现状和网民的基本态度，这也为后面的问卷编制和设计打下了基础。

（2）定量研究：问卷调查。

定量研究主要通过发放问卷进行调查。问卷分为电子问卷和实体问卷，网上电子问卷发放遵循完全随机抽样的原则，发放平台是问卷服务网站 www. addpoll. com，由网站自动生成问卷链接，通过电子邮件、网络论坛、微博、QQ 等平台进行随机发放。调查时间为 2012 年 11 月 16 日至 12 月 18 日。实体问卷的发放对象主要为高校的在校本科生和研究生。本次调查网上问卷填答量为 136 份；实体问卷共发放 450 份，回收 448 份，其中有效问卷 438 份，问卷有效率为 97. 3%。网上网下问卷共计 586 份，有效问卷 574 份。

（3）问卷编制与统计。

我们主要研究我国网民对网络内容治理政策的态度。“态度是个体对某一特定事物、观念、对象等稳固的由认知与情感和行为倾向三个成分组成的心理倾向。”[①] 因此，问卷从网民对我国网络内容治理政策的认知、情感和行为倾向三个方面进行设计。问卷内容分为样本基本资料调查，样本对我国网络内容治理政策的态度，样本对互联网上信息获取和发表的自由度的认知，样本对网络安全知识、网络道德知识、网络媒介素养知识的了解等四个部分，共 23 个问题。

本次调查运用了李克特量表，对于涉及频率的问题采用五级选项设置，进行赋值，结果的平均值采用总体频率＝（A＊0+B＊30+C＊60+D＊80+E＊100）＊100%进行计算；对于涉及程度的问题进行五

① 王井．我国网民对网络文化价值体系的态度适应研究［D］．武汉：华中科技大学，2010：45.

级选项设置，进行赋值，程度则采用总体程度=（A＊0+B＊30+C＊60+D＊80+E＊100）＊100%进行计算；对于调查自由度的问题则采用语义差异法要求网民在两个极端之间进行程度选择，进行赋值，自由度的结果采用自由度=（1＊0+2＊15+3＊25+4＊35+5＊45+6＊55+7＊65+8＊75+9＊85+10＊100）/100%进行计算。

（4）样本性别。

如图 9-1 所示，总样本中男性人数比例大于女性，男性人数为 294 人（51. 22%），女性人数为 280 人（48. 78%）。

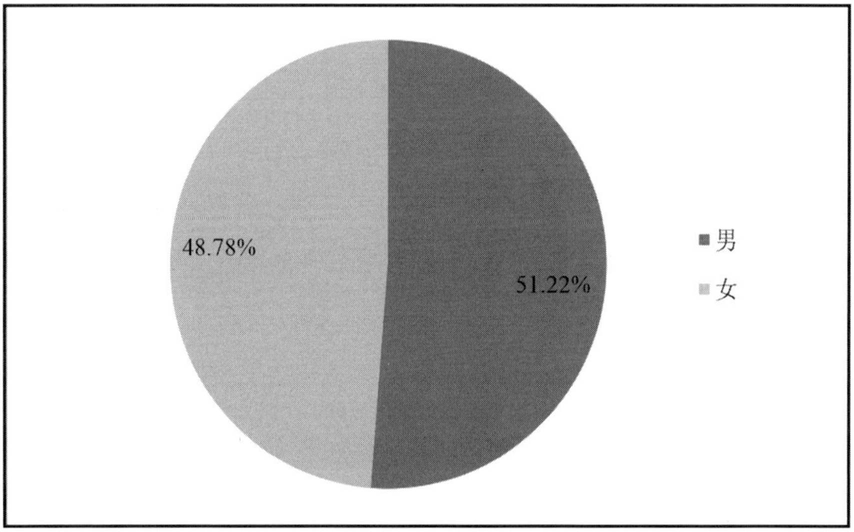

图 9-1　网民的性别分布

（5）样本年龄。

本调查主要的对象为年轻网民。如图 9-2 所示，总样本中人数最多的年龄阶段为 18~25 岁（79. 27%）和 26~30 岁（14. 98%）。

（6）样本学历。

本次调查对象主要为较高学历的人群。如图 9-3 所示，总样本中拥有大学本科学历的样本数为 280 人（48. 78%），拥有硕士及以上学历的样本数为 252 人（43. 9%）。

（7）样本职业。

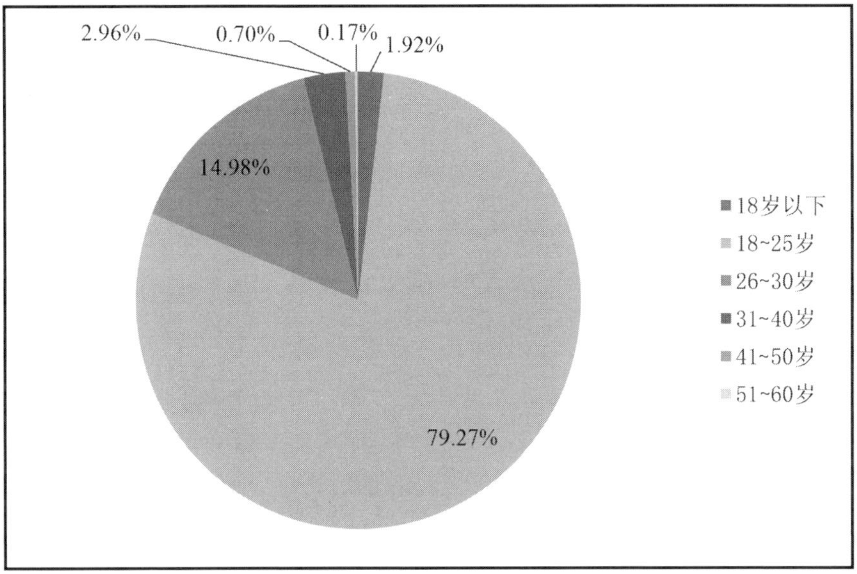

图 9-2　网民的年龄分布

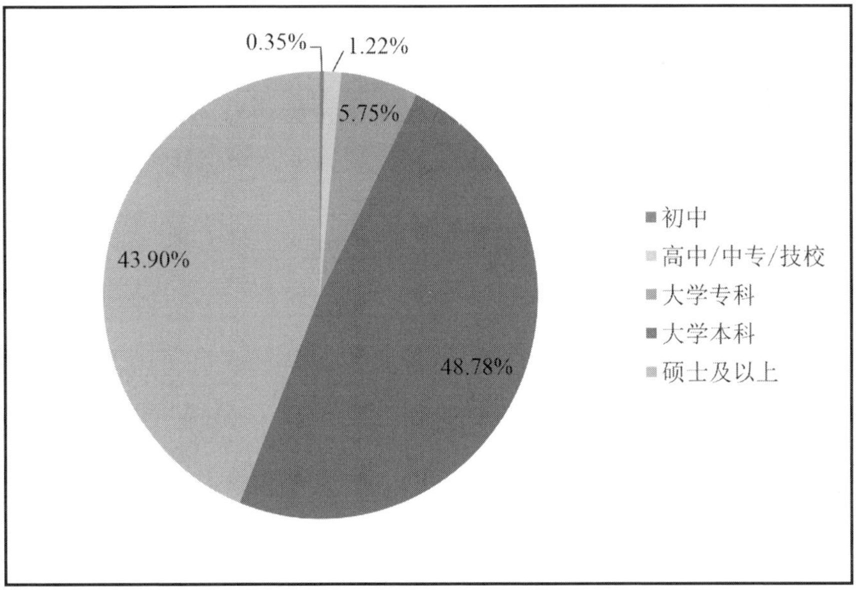

图 9-3　网民的学历分布

如图 9-4 所示，总样本中职业构成比例最多的为学生，占总体样本数量的 81.88%，其次是民营企业工作人员（6.27%）和事业单位工作人员（3.83%）。

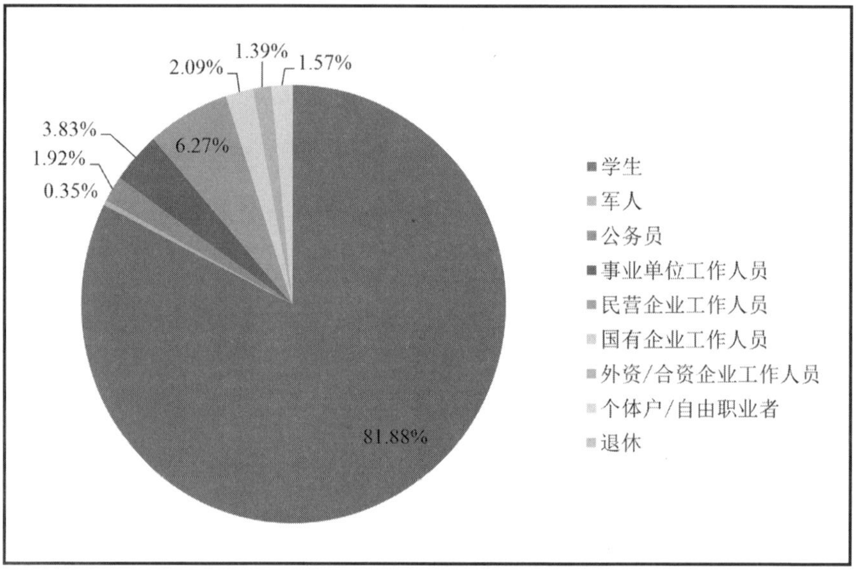

图 9-4　网民的职业分布

综上所述，在本次调查中，问卷的主体对象为 18—30 岁的年轻人，以本科及以上学历为主，这主要是因为实体问卷发放对象为在校学生，因此本次调查结果主要反映在校本科生和研究生的态度。这一群体是我国网民的主要组成人员，其特点是受到了良好的教育，网络使用较为熟练，能较为主动地接受和传播网络信息，对网络内容治理政策有较多的认知。因此，本群体的调查结果可以帮助我们把握我国网民对网络内容治理政策的态度，从而为改善我国网络内容治理政策提出积极的建议。

2. 网民对网络有害内容监管的态度

我国网络内容治理的主要目的是维持良好、干净、有序的网络传播环境，消除网络有害内容。针对网民是否同意对有害内容进行监管的调查显示，倾向于赞成对网络有害内容进行监管的网民占 66.9%

（37. 11% + 29. 79%），倾向于不同意对有害内容进行监管的只占 9. 41%（6. 62% +2. 79%）。具体结果如表 9-1 所示：

表 9-1　网民对有害内容监管的基本态度分布

	完全同意	有些同意	中立	有些不同意	完全不同意
我赞成对有害内容进行删除、过滤和屏蔽	37. 11%	29. 79%	23. 69%	6. 62%	2. 79%

关于在如何界定有害内容的问题上，本次调查借鉴了李永刚在其著作《我们的防火墙——网络时代的表达与监管》中所总结的 14 类法律法规禁止的网络内容和网络行为作为问卷的选项，以确保问卷的科学性。这 14 类信息分别为：违反宪法确定的基本原则的；危害国家统一、主权和领土完整的；煽动抗拒、破坏宪法和法律及行政法规实施的；泄露国家秘密，危害国家安全或者损害国家荣誉和利益的；煽动民族仇恨、民族歧视，破坏民族团结，或者侵害民族风俗、习惯的；破坏国家宗教政策，宣扬邪教、迷信的；散布谣言，扰乱社会秩序，破坏社会稳定的；宣传淫秽、赌博、暴力或者教唆犯罪的；侮辱或者诽谤他人，侵害他人合法权益的；危害社会公德或者民族优秀文化传统的；损害国家机关信誉的；煽动非法集会、结社、游行、示威、聚众扰乱社会秩序的；以非法民间组织名义活动的；含有法律、行政法规禁止的其他内容的。[①]

（1）网民对我国现阶段网络有害内容监管效果的感知。

对我国现阶段网络有害内容的监管效果，在一定程度上可以通过网民遇到有害内容的频率来反映。若网民遇到某类有害内容的频率低，说明监管效果好；若网民遇到某类有害内容的频率高，说明监管不力。本次调查的 574 份有效样本中，泄露国家秘密、危害国家安

---

① 李永刚．我们的防火墙——网络时代的表达与监管［M］．桂林：广西师范大学出版社，2009：77.

全或损害国家荣誉和利益的内容是网民遇到频率最低的，为 18%；网民遇到频率最高的是淫秽、赌博、暴力或者教唆犯罪的内容，为 45. 1%。网民遇到有害内容的频率具体分布如表 9-2 和图 9-5 所示：

表 9-2　网民遇到有害内容频率的分布表

	从未	很少	偶尔	经常	总是
违反宪法确定的基本原则的	48. 61%	32. 06%	15. 16%	4. 01%	0. 17%
危害国家统一、主权和领土完整的	40. 07%	37. 11%	18. 64%	3. 66%	0. 52%
煽动抗拒、破坏宪法和法律、行政法规实施的	40. 24%	37. 80%	17. 42%	4. 01%	0. 52%
泄露国家秘密，危害国家安全或者损害国家荣誉和利益的	54. 88%	31. 88%	10. 80%	2. 44%	0. 00%
煽动民族仇恨、民族歧视，破坏民族团结，或者损害民族风俗、习惯的	36. 06%	37. 80%	21. 08%	4. 70%	0. 35%
破坏国家宗教政策，宣扬邪教、迷信的	31. 53%	39. 02%	25. 61%	3. 31%	0. 52%
散布谣言，扰乱社会秩序，破坏社会稳定的	24. 04%	33. 62%	30. 31%	10. 63%	1. 39%
宣传淫秽、赌博、暴力或者教唆犯罪的	18. 99%	28. 22%	31. 88%	16. 90%	4. 01%
侮辱或者诽谤他人，侵害他人合法权益的	20. 91%	30. 84%	29. 79%	16. 72%	1. 74%
危害社会公德或者民族优秀文化传统的	25. 78%	32. 75%	27. 7%	11. 67%	2. 09%
损害国家机关信誉的	27. 00%	31. 88%	26. 66%	10. 80%	3. 66%
煽动非法集会、结社、游行、示威、聚众扰乱社会秩序的	30. 14%	39. 20%	26. 83%	3. 31%	0. 52%
以非法民间组织名义活动的	39. 2%	40. 07%	16. 72%	3. 66%	0. 35%
含有法律、行政法规禁止的其他内容的	28. 75%	36. 59%	25. 61%	6. 79%	2. 26%

从图 9-5 可知，有 12 类网络有害内容的遇到的频率超过了 25%，这意味着 1/4 以上的网民遇到过这些有害内容，其中频率最高的是淫秽、赌博、暴力或者教唆犯罪的内容（45. 1%），其次是侮辱或者诽谤他人，侵害他人合法权益的内容（42. 2%），表示接近半数的网民曾经遇到过这两类信息。因此，必须要加强对这两类信息的监

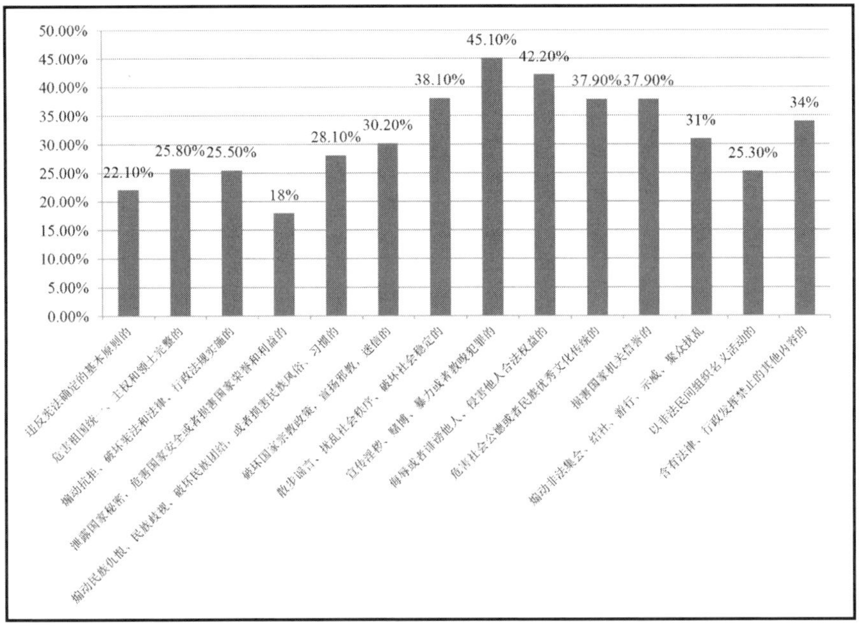

图 9-5　网民遇到 14 类网络有害内容的总体分布图

管。网民遇到违反宪法确定的基本原则的内容的频率为 22. 1%，遇到泄露国家秘密，危害国家安全或者损害国家荣誉和利益的内容的频率为 18%，均低于总样本数的 25%，说明我国对有关于国家秘密、民族统一、国家安全等内容的监管比较重视，效果最好。

（2）网民遇到网络有害内容的平台。

本次调查涉及对网络有害内容出现平台的调查，问题选项是根据互联网各种媒体平台属性来划分的。如图 9-6 所示，网络有害内容出现频率最高的平台是搜索引擎，比例为 14. 34%。2013 年 1 月，中国互联网络信息中心（CNNIC）公布了《第 31 次中国互联网发展状况统计报告》，指出“到 2012 年 12 月底，搜索引擎是仅次于即时通信的第二大网络应用，拥有 4. 51 亿用户，在网民中的渗透率为 80. 0%”，这说明使用搜索引擎的用户非常多，许多网民也习惯于通过搜索引擎获取信息。因此，在加强对有害内容的监管时，必须重视对搜索引擎的管理。

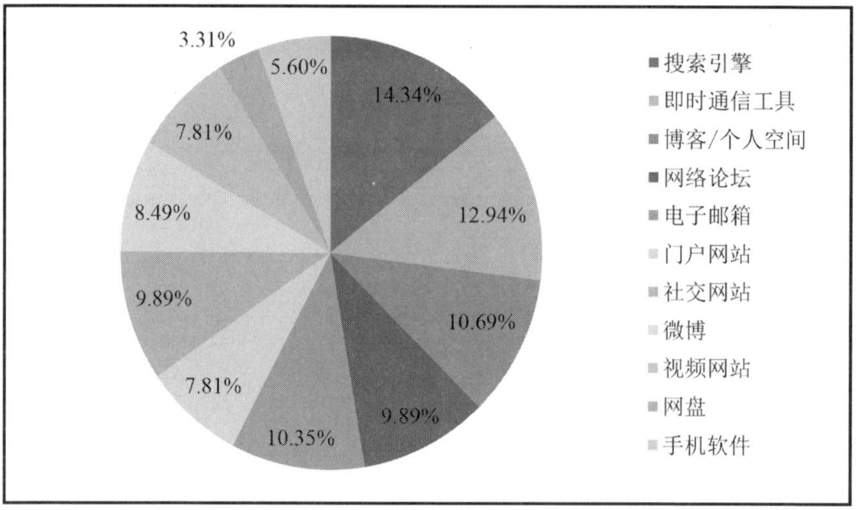

图 9-6　网民遇到网络有害内容的平台分布

我们可以将网民遇到网络有害内容的平台比率与《第 30 次中国互联网发展状况统计报告》中提到的对软件的使用情况进行对比，如图 9-7 所示。遇到网络有害内容最多的三个平台是搜索引擎（14.34%）、即时通信工具（12.94%）、博客/个人空间（10.69%）。因此，网民使用率较高的网络应用，在其中遇到有害内容的频率也较高。

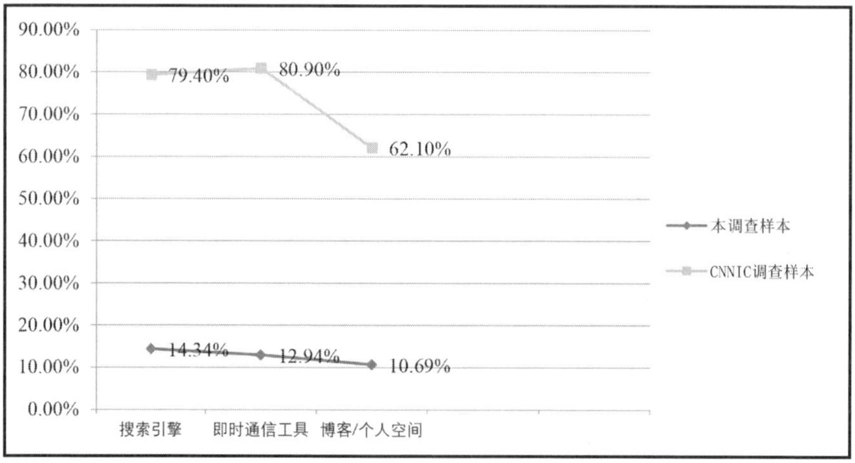

图 9-7　网民遇到网络有害内容平台分布与 CNNIC 调查的用户平台使用分布对比

（3）网民对我国被监管的网络内容类别的态度。

经过长期的网络观察，本次调查总结了在网络中常被过滤、删除和屏蔽的信息，如涉及盗版、侵害他人知识产权等 8 类，加上法律法规中规定的 14 类信息，本次调查共涉及 22 类内容。从调查结果来看，74.4%的网民支持对 22 类内容进行监管。

具体的监管态度分布如表 9-3 和图 9-8 所示。网民最赞成进行监管的前五类内容是危害国家统一、主权和领土完整的内容（87.29%）；泄露国家秘密、危害国家安全或者损害国家荣誉和利益的内容（87.63%）；煽动民族仇恨、民族歧视，破坏民族团结，或者损害民族风俗、习惯的内容（86.23%）；违反宪法确定的基本原则的内容（84.15%），以及破坏国家宗教政策，宣扬邪教、迷信的内容（84.67%）。由此可知，网民对互联网上涉及国家安全、民族统一方面的内容监管最为支持。

表 9-3　网民对网络内容类别监管的态度分布

	完全监管	基本监管	中立	基本不监管	完全不监管
违反宪法确定的基本原则的	59.76%	24.39%	12.54%	1.05%	2.26%
危害国家统一、主权和领土完整的	69.69%	17.6%	9.58%	0.70%	2.44%
煽动抗拒、破坏宪法和法律、行政法规实施的	60.98%	22.82%	11.85%	1.39%	2.96%
泄露国家秘密，危害国家安全或者损害国家荣誉和利益的	70.03%	17.60%	8.54%	1.39%	2.44%
煽动民族仇恨、民族歧视，破坏民族团结，或者损害民族风俗、习惯的	66.20%	20.03%	9.58%	1.74%	2.44%
破坏国家宗教政策，宣扬邪教、迷信的	60.45%	24.22%	11.32%	1.57%	2.44%
散布谣言，扰乱社会秩序，破坏社会稳定的	48.95%	37.11%	10.10%	1.74%	2.09%

续表

	完全监管	基本监管	中立	基本不监管	完全不监管
宣传淫秽、赌博、暴力或者教唆犯罪的	55. 23%	31. 36%	8. 89%	1. 74%	2. 79%
侮辱或者诽谤他人，侵害他人合法权益的	44. 25%	40. 07%	12. 20%	1. 05%	2. 44%
危害社会公德或者民族优秀文化传统的	47. 21%	35. 02%	13. 41%	2. 09%	2. 26%
损害国家机关信誉的	39. 37%	33. 1%	19. 34%	2. 79%	5. 40%
煽动非法集会、结社、游行、示威、聚众扰乱社会秩序的	41. 29%	36. 76%	16. 38%	1. 92%	3. 66%
以非法民间组织名义活动的	39. 90%	38. 33%	16. 55%	1. 92%	3. 31%
含有法律、行政法规禁止的其他内容的	42. 33%	35. 89%	16. 03%	2. 09%	3. 66%
盗版、侵害他人知识产权的	39. 20%	38. 85%	17. 77%	1. 74%	2. 44%
民主运动方面的	17. 25%	25. 96%	5. 54%	9. 41%	11. 85%
维权活动方面的	16. 90%	25. 96%	30. 14%	11. 50%	15. 51%
异见人士方面的	15. 51%	27. 18%	34. 15%	11. 67%	11. 50%
敏感的民生方面的	18. 12%	24. 56%	31. 71%	12. 20%	13. 41%
敏感的国家政党、政策、体制、政治运动方面的	21. 43%	26. 31%	32. 93%	8. 19%	11. 15%
政治人物及其家人方面的	20. 03%	27. 35%	32. 40%	10. 45%	9. 76%
新疆、西藏、台湾问题方面的	31. 55%	27. 00%	25. 26%	9. 23%	6. 97%

3. 网民对网络内容治理的态度

68. 46%（31. 53%+36. 93%）的受访者倾向于支持网络内容治理，21. 43%的受访者持中立态度，只有10. 11%（5. 75%+4. 36%）的受访者倾向于不支持。具体结果如表9-4所示：

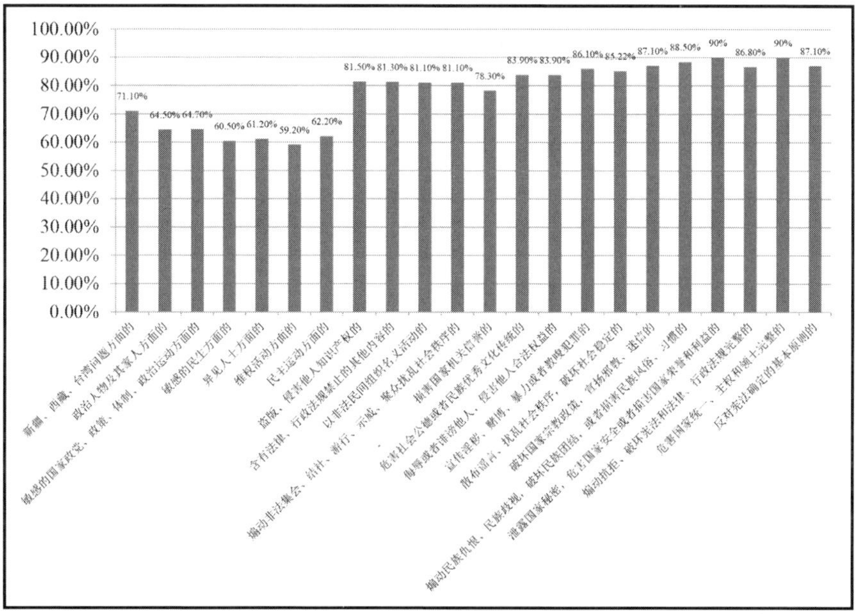

图 9-8 网民对网络内容类别监管的总体态度分布

表 9-4 网民对网络内容治理的支持率分布

	完全同意	有些同意	中立	有些不同意	完全不同意
我支持对网络内容进行监管	31.53%	36.93%	21.43%	5.75%	4.36%

（1）网民对我国网络内容治理权责主体的态度。

如图 9-9 所示，网民认为最有权进行网络内容治理的主体是政府部门（20.65%），网民认为最应该为网络内容治理负责的主体是网络内容提供商（17.21%）。

（2）网民对我国网络内容治理手段的态度。

根据对网络内容治理主体的划分，我们将各主体的监管手段进行分类来观察网民的态度，具体结果如图 9-10 所示。网民最为赞成的监管手段为法律监督手段（16.97%）、技术监督手段（15.77%）和网民的自律（13.51%）等三种手段。

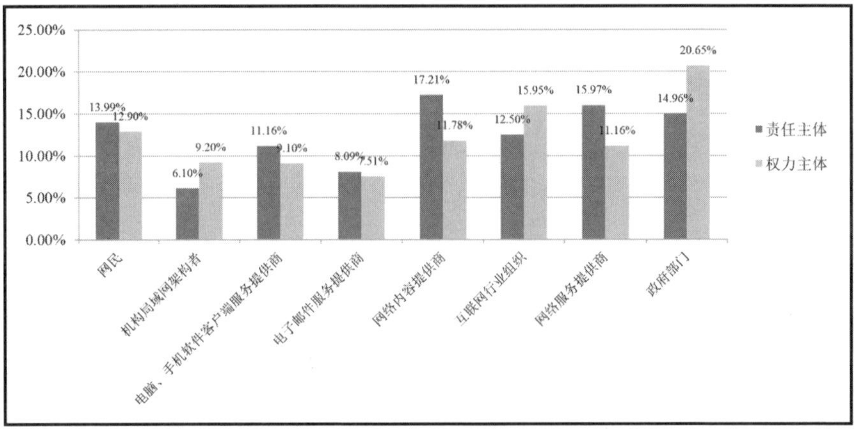

图 9-9　网民对我国网络内容治理权责主体的态度分布

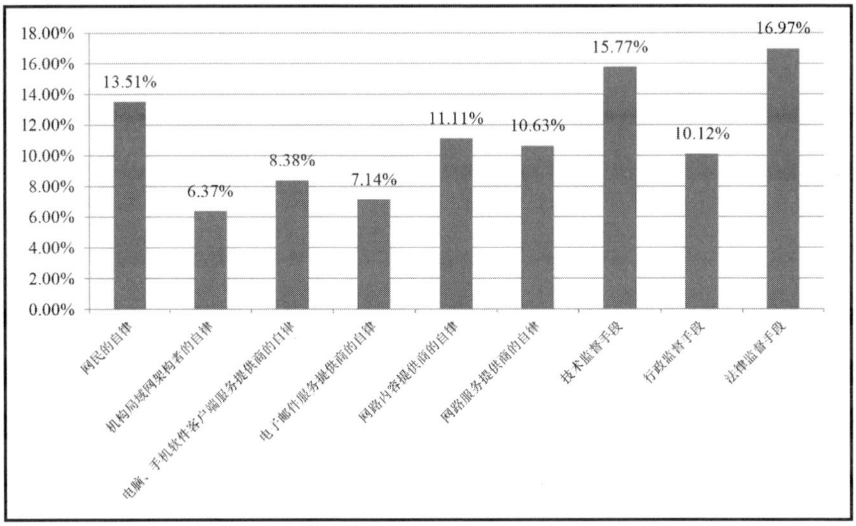

图 9-10　网民对我国网络内容治理手段的态度分布

（3）网民对我国网络内容治理模式的态度。

不同的监管模式达到的效果存在差异。调查结果显示，认为以网民自律为主的模式最适合网络内容治理的网民占 28. 22%，认为以政府监管为主，网络机构、公司管理为辅的模式适合网络内容治理的网民占 24. 91%。具体分布如图 9-11：

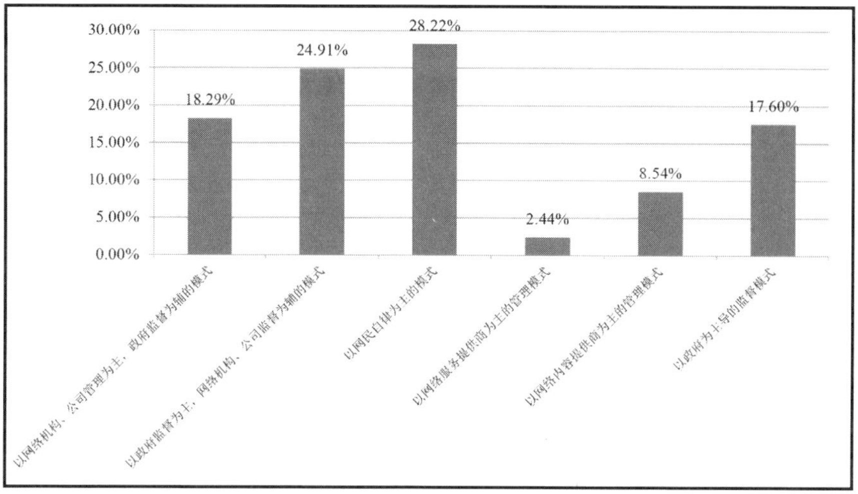

图 9-11 网民对我国网络内容治理模式的态度分布

认为网民自律为主的模式可能达到的监管效果最好的网民数最多，这是由网络传播的自由性和开放性的特性决定的，这也说明我国网民的自主意识在不断增强。

4. 网络内容治理制度下网民的信息需求情况

在高速信息化的时代，网民主要通过互联网来获取信息，并将网络作为表达自身意见的重要平台，因此不能忽略网民的信息需求。如图 9-12 所示，87. 5%的网民支持在进行内容监管的同时，自身的权利应得到保护，认为网络内容监管过于严密的网民比例达到 72. 5%。针对我国网络内容监管的效果，大部分网民持肯定的态度，认为现在的网络内容治理制度有效治理了互联网上的有害内容的网民占 69. 1%，认为现在的网络内容治理制度创造了一个安全的网络环境的网民占 68. 3%，认为现在的网络内容治理制度创造了一个文明的网络环境的网民占 66. 4%。由此可见，九成网友认为应该在内容监管制度下保障其正当权利，七成网民支持对网络内容进行监管，且认为监管效果较好，但也存在监管过于严密的问题，具体分布如表 9-5 所示。所以，施行网络内容监管制度，不仅要保证监管的效果，同时也不能忽视网民的需求，应保证其正当权利，维护其获取正当信息的便利性。

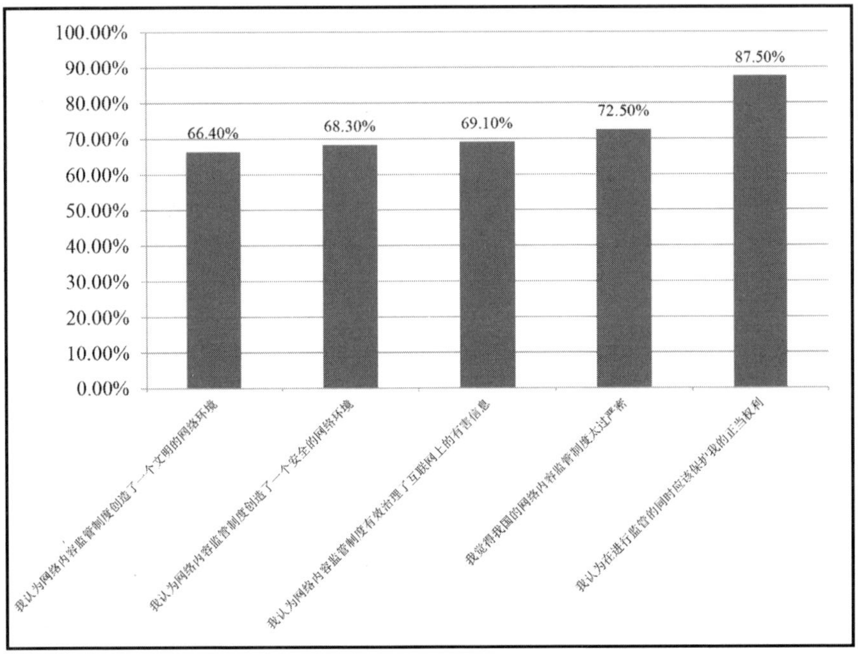

图 9-12　网民的权利意识及对网络内容治理效果的总体态度分布

表 9-5　网民的权利意识及对网络内容治理效果的态度分布

	完全同意	有些同意	中立	有些不同意	完全不同意
我认为在进行监管的同时应该保护我的正当权利	60. 63%	23. 69%	12. 2%	1. 92%	1. 57%
我觉得我国的网络内容治理制度太过严密	24. 39%	35. 19%	29. 97%	6. 45%	4. 01%
我认为现在的网络内容治理制度有效治理了互联网上的有害内容	19. 86%	40. 07%	23. 87%	9. 58%	6. 62%
我认为现在的网络内容治理制度创造了一个安全的网络环境	19. 34%	37. 28%	27. 35%	9. 23%	6. 79%
我认为现在的网络内容治理制度创造了一个文明的网络环境	19. 16%	33. 28%	29. 09%	10. 63%	7. 84%

（1）网民遇到网络内容治理的频率。

当前，我国互联网内容治理的技术手段主要为：“1. 国家入口网关的 IP 地址阻断；2. 主干路由器关键词阻断；3. 域名过滤；4. 内容发布过滤；5. 网吧监控软件。”① 其中最容易被网民察觉和感知的技术治理手段是对网络内容进行过滤、屏蔽和删除。如图 9-13 所示，网民搜索某个关键词时与该关键词相关的信息被过滤、屏蔽、删

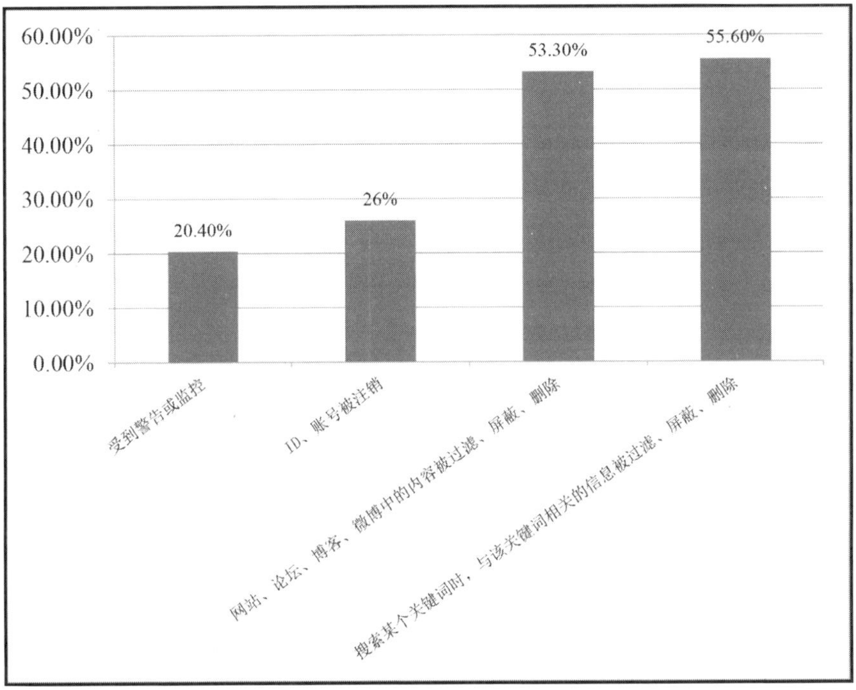

图 9-13　网民遇到网络内容治理的总体概率分布

除概率为 55.6%，网民网站、论坛、博客、微博中的内容被过滤、屏蔽、删除的概率为 53.3%，遇到 ID、账号被注销的概率为 26%，受到警告或监控的概率为 20.4%。

网民遇到网络内容治理的频率分布具体结果见表 9-6。仅 8.71%

① 李永刚．我们的防火墙——网络时代的表达与监管［M］．桂林：广西师范大学出版社，2009：131.

的网民表示搜索关键词时信息从未被过滤、屏蔽、删除，11.67%的网民表示网站、论坛、博客、微博中的内容从未被过滤、屏蔽、删除，绝大部分的网民都曾经经历网络内容被过滤、屏蔽、删除。经统计，从未遇到这四种技术治理的占比为30.7%，平均约1/3的网民从未遇到过治理的情况。

表9-6　网民遇到网络内容治理的频率分布

	从未	很少	偶尔	经常	总是
搜索某个关键词时，与该关键词相关的信息被过滤、屏蔽、删除	8.71%	22.13%	39.37%	22.47%	7.32%
网站、论坛、博客、微博中的内容被过滤、屏蔽、删除	11.67%	23.00%	35.37%	23.69%	6.27%
ID、账号被注销	44.77%	28.05%	21.78%	4.18%	1.22%
受到警告或监控	57.49%	21.25%	16.20%	3.66%	1.39%

（2）网民自主满足信息需求的行为。

“使用与满足”理论认为，“人们接触媒介都是基于一些基本需求进行的，包括信息需求、娱乐需求、社会关系需求以及精神和心理需求等。”① 当网民的信息需求因为网络内容治理而无法满足时，网民有可能会自主寻求规避的方法。如图9-14所示，有38.88%的网民表示只获取或发表可能不被过滤、屏蔽、删除的内容；有26.79%的网民表示会运用简写、缩写、拆字法、同音异形字替代、符号插入、拼音替代等方法获取或发表内容；25.96%的网民表示无能为力；有8.37%的网民表示会通过“翻墙”的方法获取或发表内容。

从调查结果来看，网民遇到监管后反应不一。超过半数以上的网民有可能信息需求无法满足，因为其表示面对监管无能为力或是只获取发表不被过滤、屏蔽或删除的内容；而为避免再次遭遇监管，有

① 郭庆光．传播学概论［M］．北京：中国人民大学出版社，1999：183.

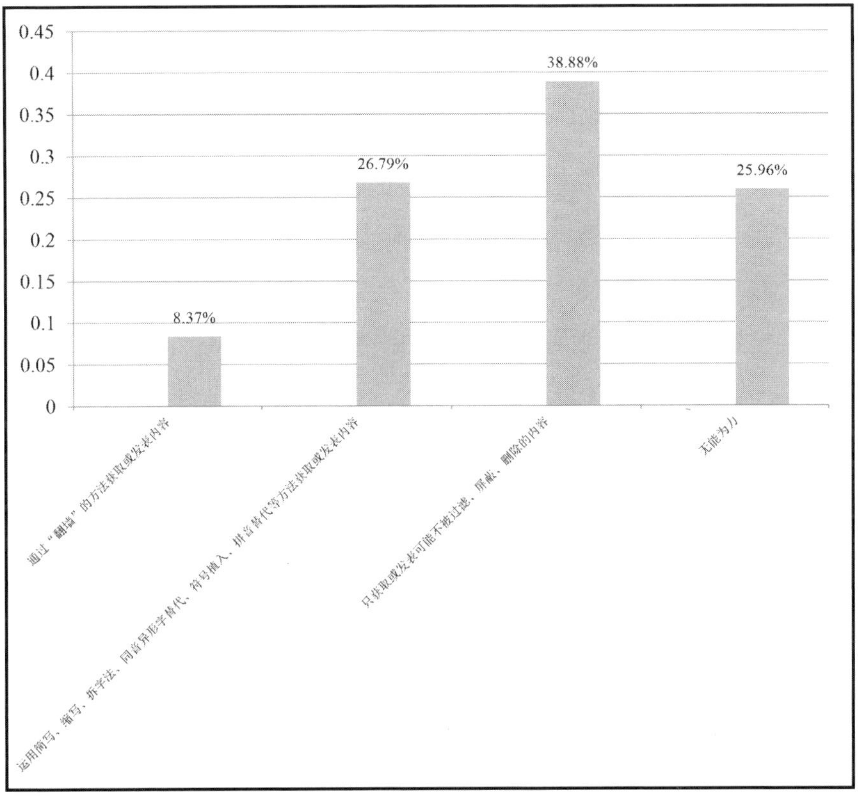

图 9-14 网民遇到监管时的行为分布

超过七成的网民会采取不同的行为。

（3）网民“翻墙”状况。

“翻墙”是指绕过相应的 IP 封锁、端口封锁、内容过滤、域名劫持等，来躲避互联网的封锁，从而访问网络内容，是一种网民通过技术手段躲避网络内容审查的行为。[①] 网民对“翻墙”的了解情况如图 9-15 所示。知道并使用过“翻墙”的网民占 16.61%，而对“翻墙”一无所知的网民占 43.36%。

“翻墙”对许多网友来说已经不陌生，而“知道‘翻墙’的方法，但从未使用过”（9.97%）和“知道‘翻墙’，但不知道方法”

① 维基百科．突破网络审查［EB/OL］．http：//zh.wikipedia.org，2015-09-16.

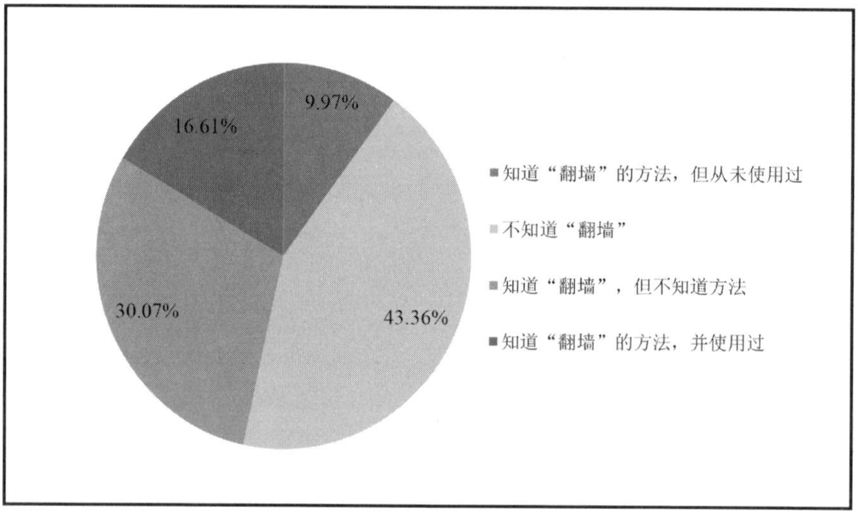

图 9-15　网民对“翻墙”的了解情况分布

（30.07%）的网民都是“翻墙”的潜在使用者。有学者认为，“翻墙行为的背后是监管与反监管，限制与反限制的较量”。[①] 通过分析网民“翻墙”行为的实质，可以发现网民最主要的目的还是为了满足自己的信息需求，希望可以了解到被监管的部分内容。从图 9-16 可以看出“翻墙”网民的信息需求中，最大的三个需求依次是浏览港澳台、外媒新闻（17.98%），获取与自己科研、课业、工作相关的信息（14.44%），满足好奇心（13.62%）。

在调查者自行总结的八项被监管的网络内容中，平均有 58.9% 的“翻墙”网民在翻墙时从未获取过这些内容，网民在“翻墙”时获取过这些内容的占比为 23.7%，具体情况分布如图 9-17 与表 9-7。调查结果显示“翻墙”网民对这八项内容的需求不大。

① 蔡文之．网络传播革命：权力与治理模式［M］．上海：上海人民出版社，2011：61.

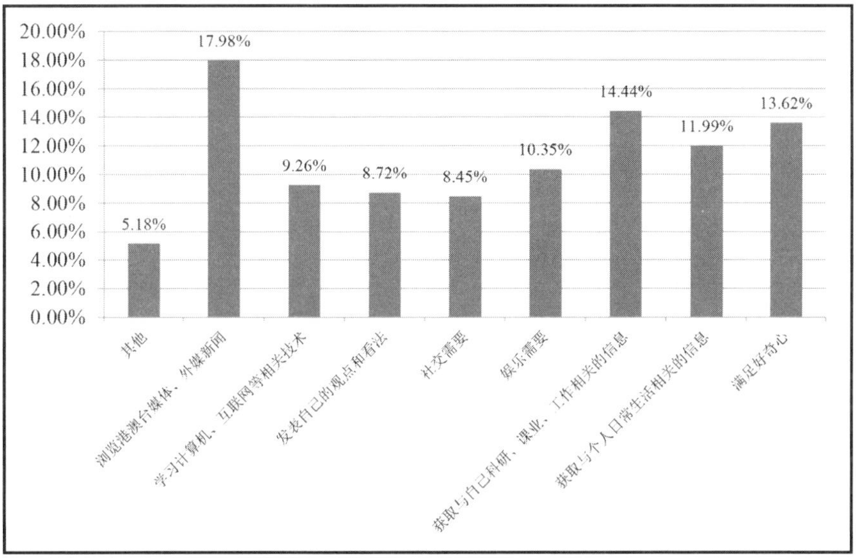

图 9-16　网民“翻墙”的信息需求分布

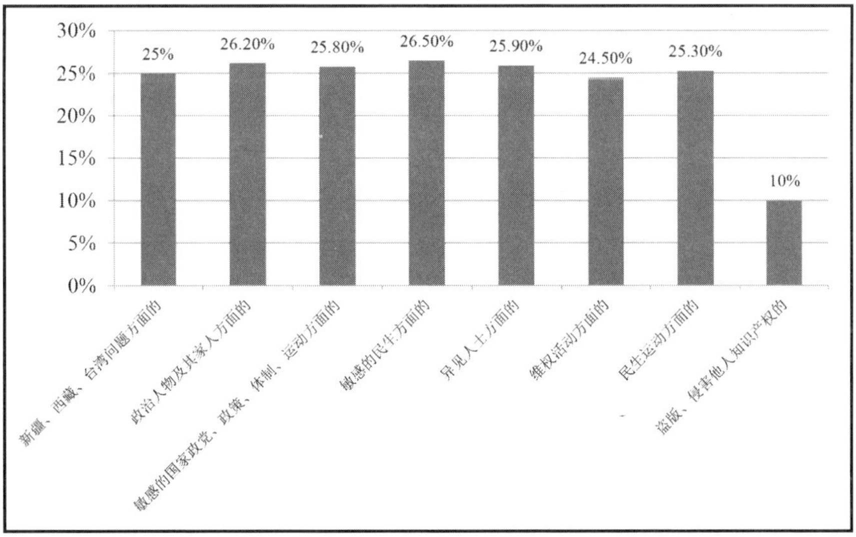

图 9-17　网民对特定内容获取的总体概率分布

表 9-7　网民对特定内容获取的频率分布

	从未	很少	偶尔	经常	总是
盗版、侵害他人知识产权的	76. 26%	15. 11%	7. 91%	0. 00%	0. 72%
民主运动方面的	56. 20%	13. 87%	16. 79%	10. 22%	2. 92%
维权活动方面的	59. 12%	10. 22%	18. 25%	9. 49%	2. 92%
异见人士方面的	55. 15%	16. 18%	14. 71%	8. 82%	5. 15%
敏感的民生方面的	54. 41%	13. 97%	18. 38%	9. 56%	3. 68%
敏感的国家政党、政策、体制、政治运动方面的	56. 93%	12. 41%	15. 33%	11. 68%	3. 65%
政治人物及其家人方面的	56. 30%	11. 85%	17. 04%	11. 85%	2. 96%
新疆、西藏、台湾问题方面的	57. 04%	13. 33%	16. 30%	10. 37%	2. 96%

网友获取“翻墙”技术的平台中，通过搜索引擎获得的网民占30. 62%，表明许多网民是自行寻求“翻墙”的技术；66. 2%的网民表示未再次传播“翻墙”技术，可见网民获得技术后不再向他人传授，具体情况分布如图 9-18 与图 9-19 所示。因此，网民一方面常自己寻求“翻墙”方法来满足自己的信息需求，另一方面网民对于传播“翻墙”技术并不热衷。

5. 网民的网络安全知识、道德知识、媒介素养知识现状

网民在网络中扮演着非常重要的传播者的角色，因此为保证互联网的安全文明的环境，网民需具备充分的网络安全知识、网络道德知识和网络媒介素养知识。如图 9-20 所示，网民对这三类知识了解的总体程度为网络安全知识（66. 9%）、网络道德知识（70. 26%）、网络媒介素养知识（63. 9%）。平均有 67%的网民认为自己具备这些知识，具体的了解程度分布如表 9-8 所示。

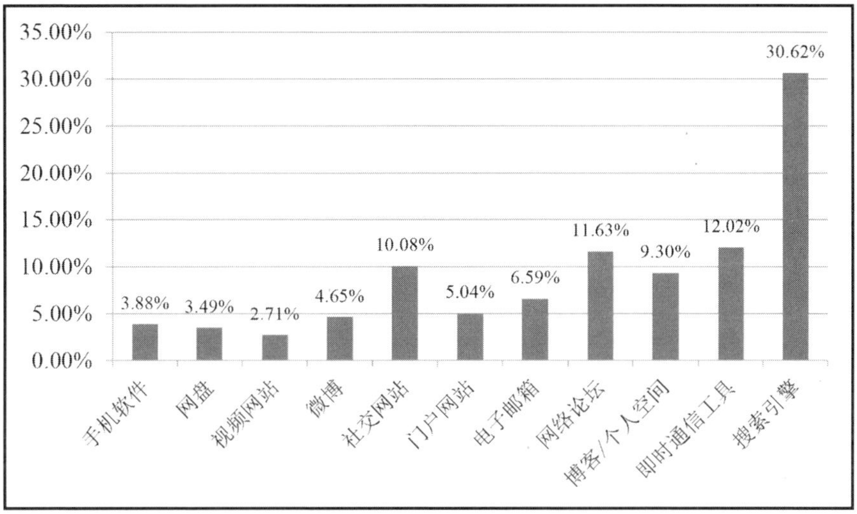

图 9-18　网民获取“翻墙”技术的平台分布

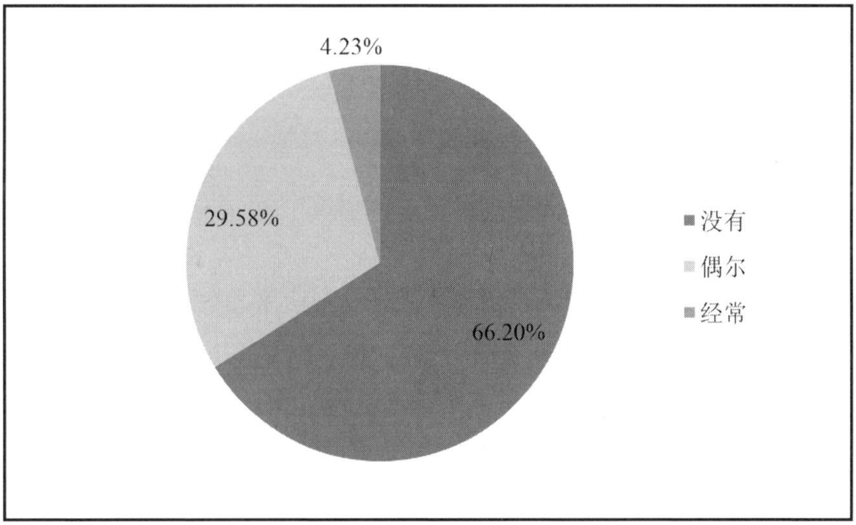

图 9-19　网民对“翻墙”技术进行再次传播的情况分布

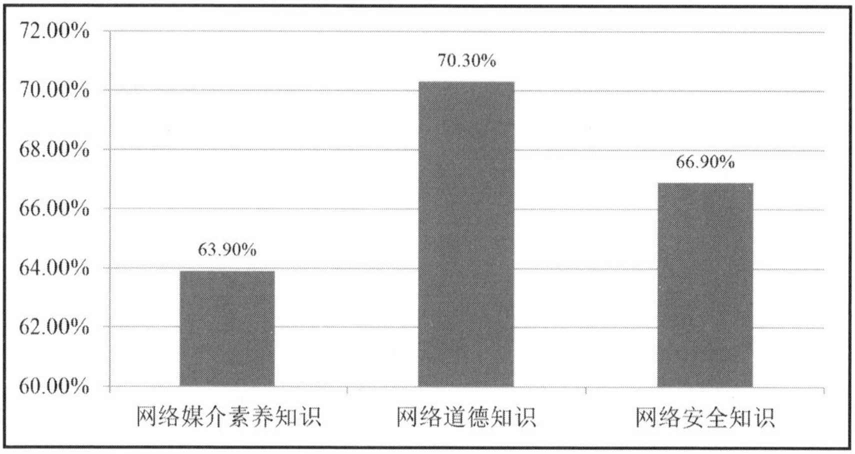

图 9-20　网民对网络安全知识、网络道德知识、网络媒介素养知识了解的总体程度分布

表 9-8　网民对网络安全知识、网络道德知识、网络媒介素养知识了解的程度分布

	完全了解	基本了解	一般了解	基本不了解	完全不了解
网络安全知识	8. 01%	40. 07%	39. 72%	9. 93%	2. 26%
网络道德知识	10. 26%	47. 56%	33. 10%	6. 97%	2. 09%
网络媒介素养知识	6. 79%	38. 68%	36. 41%	14. 29%	3. 83%

6. 网民对网络内容治理政策的总体态度

态度问题中包含三个成分：（1）情感成分，包括对态度对象的情绪反应；（2）认知成分，包括对态度对象的想法和信念；（3）行为成分，包括对态度对象采取的行动或可观察的行为。[①] 调查网民对我国网络内容治理政策的总体态度，可以从宏观层面了解网民对我国网络内容治理政策的情感、认知和行为状况，具体的态度分布如图 9-21 和表 9-9 所示。大约 70% 的网民表示“完全同意”“有些同意”，大约 20% 的网民持“中立”态度，大约 10% 的网民表示“有些不同意”和“完全不同意”。从总体上讲，我国网民对网络内容治理

① ［美］阿伦森，等．社会心理学（第五版）［M］．侯玉波，等，译．北京：中国轻工业出版社，2007：182.

政策持支持态度。

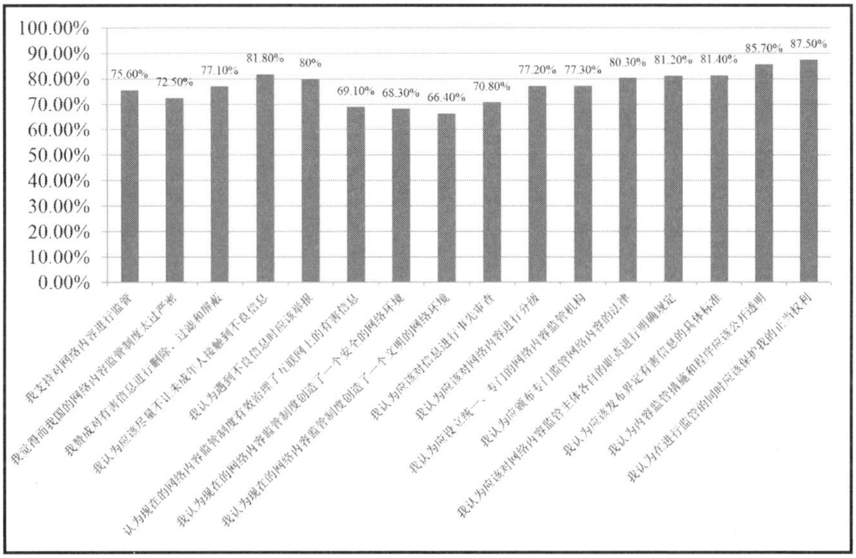

图 9-21　网民对我国网络内容治理政策的总体态度分布

表 9-9　网民对我国网络内容治理政策的总体态度的具体情况分布

	完全同意	有些同意	中立	有些不同意	完全不同意
我支持对网络内容进行监管	31. 53%	36. 93%	21. 43%	5. 75%	4. 36%
我觉得我国的网络内容治理制度太过严密	24. 39%	35. 19%	29. 97%	6. 45%	4. 01%
我赞成对有害内容进行过滤、屏蔽、删除	37. 11%	29. 79%	23. 69%	6. 82%	2. 79%
我认为应该尽量不让未成年人接触到不良信息	48. 08%	26. 66%	18. 99%	3. 48%	2. 79%
我认为遇到不良信息时应该举报	40. 94%	28. 75%	24. 74%	3. 48%	2. 09%
我认为现在的网络内容治理制度有效治理了互联网上的有害内容	19. 86%	40. 07%	23. 87%	9. 58%	6. 62%
我认为现在的网络内容治理制度创造了一个安全的网络环境	19. 34%	37. 28%	27. 35%	9. 23%	6. 79%

续表

	完全同意	有些同意	中立	有些不同意	完全不同意
我认为现在的网络内容治理制度创造了一个文明的网络环境	19.16%	33.28%	29.09%	10.63%	7.84%
我认为应该对信息进行事先审查	25.26%	36.76%	23.17%	7.49%	7.32%
我认为应该对网络内容进行分级	31.01%	39.37%	22.47%	4.18%	2.96%
我认为应设立统一、专门的网络内容治理机构	34.32%	37.98%	18.82%	4.36%	4.53%
我认为应颁布专门监管网络内容的法律	42.33%	32.58%	18.29%	3.31%	3.48%
我认为应该对网络内容治理主体各自的职责进行明确规定	40.07%	37.63%	16.90%	2.79%	2.61%
我认为应该发布界定有害内容的具体标准	39.37%	38.68%	17.07%	2.96%	1.92%
我认为内容监管措施和程序应该公开透明	54.88%	27.7%	13.59%	1.74%	2.09%
我认为在进行监管的同时应该保护我的正当权利	60.63%	23.69%	12.20%	1.92%	1.57%

二、我国网络内容治理政策的建议

我们通过定性和定量相结合的方法对我国网络内容治理的现状和网民的态度进行了全方位的调查，主要研究了网民对我国网络有害内容的认知、对我国网络内容治理效果的认知、对信息需求状况的认知、对我国网络内容制度的认知、遭遇监管后采取的对策等方面。研究表明，网民基本肯定我国现行网络内容治理制度，但仍认为现行制度存在不足之处。例如，网络有害内容鉴别标准不明，没有网络内容分级标准；网络内容治理主体各自的职责划分需进一步明确；网络内容治理措施和程序缺乏事先告知和事后说明等。通过比较我国网络内容治理制度与国外网络内容治理制度现状，分析网民对我国内容治理政策的态度，参考网民对我国网络内容治理政策的认知，我们可以从如下几个方面进一步改善我国网络内容治理的政策。

第一，加强网络道德教育，充分发挥道德自律的作用。从网民对我国内容监管的权责主体的看法中可以得知，许多网民没有把自己当成网络内容治理的权责主体，但是网民认为应该用网民自律为主的模式对网络内容进行监管。由此可见，大部分网民目前还是习惯于政府作为监管的主导主体，被动接受监管，同时，部分网民也认为可以通过网民自律的方式进行网络内容治理。研究还发现，八成网民认为遇到有害内容时应该主动举报，这充分反映出网民的强烈的自我监管意识。据此，可通过强调网民自律的重要性、注重对网民自律意识的培养来进行网络治理制度的改善。

媒体应成为网民网络媒介素养教育的重要主体。媒介素养是指人们面对各种媒介信息时的选择能力、理解能力、质疑能力、评价能力、创造和制作能力，以及思辨的反应能力。网络媒介素养教育是指导网民面对纷繁复杂的网络信息具有正确选择、正确理解、合理评价的能力，并能成为具有创新精神的传播者的教育。[①] 我们的调查发现，与传统的学校和社会相比，网络媒体在网民网络媒介素养教育方面具有独特的作用，因为网民大多通过网络媒体接触网络内容，习得网络媒介素养。

网民自律应秉持慎独精神。网络空间的信息良莠不齐，不良信息可能是网民发出的或传播的，如果网民能够洁身自好，并能自觉举报不良信息，那么网络空间的不良信息就会大幅度减少，这就对网民的自律和慎独提出了要求。慎独是指个体不依赖外界的约束，自觉谨慎

① 冷冶夫，刘新传．网络社会网民媒介素养探析［A］．尹韵公，吴信训，刘瑞生．中国新媒体发展报告（2011）［C］．北京：社会科学文献出版社，2011：110-111.

对待自己的言行，主观地将修己作为修养，在独自活动无人监督的情况下，依然遵守道德规范，不做任何有违法律和道德之事。[①] 慎独的本质在于道德自律精神，这种精神同样适用于互联网世界。互联网是全球化的空间，网民常常身处自己的空间却游走于全球化的网络空间，这种超空间性对网民的道德素质提出了更高的要求，需要网民能够做到慎独，需要网民在网络世界中同样规范自己的言行，对自己的行为负责。实际上，有些网民最初正是在身边没有监管者的时候，获取或发表了有害内容。如果网民可以秉持慎独精神，严格自律，要求自己不参与传播有害内容，且发现有害网络秩序行为时及时举报，那么就可以从源头上杜绝诸多网络有害内容。因此，在加强网络他律作用的同时，强调网民的慎独和自我约束，对网络内容的有效治理、营造清朗的网络空间具有重要意义。

第二，进一步完善法律法规，加强他律机制建设，做到既能净化网络内容空间，又能保障网民的网络内容访问权。我国网络内容治理政策在完善他律机制方面仍有较大发展空间，可以颁布专门的网络内容治理法律，对网络内容治理主体各自的职责进行明确规定。在本次调查中，约八成网民认为颁布专门的网络内容治理法律是有效实行监管措施的方法，网络内容提供商、网络服务提供商、政府部门、网民应依次对网络内容的发布和传播承担责任。目前，我国网络内容治理采取政府主导，网络服务提供商、网络基础设施提供者、网络媒体和组织主要通过政府授权，依照法律规定管理网络内容。网民直接接触信息的平台为网络内容提供商，当发现有害内容时，网民认为第一个应当站出来进行监管的平台是网络内容提供商。在对复杂的网络信息进行实际监管的过程中，“谁主管谁负责”的原则使网络内容提供商承担着巨大的监管压力，网络平台如果没在第一时间鉴别出所有有害内容，就会面临公众和政府的问责，且根据网络内容提供商

① 姚才刚．传统儒家慎独学说浅议［J］．求索，1999，（5）：83-85.

提供服务类型的不同，监管的难度也存在差异。比如，各大门户网站主要采用“推”的方式提供内容，在监管时更具备主动权，可以更好地监管发布的网络内容，而搜索引擎、微博、论坛等注重参与和交互的平台要监管的内容更复杂，监管的难度更大。搜索引擎这种庞大的平台面临更多的难题，有害内容出现频率高，也是“翻墙”网民获取“翻墙”技术的第一渠道。为了做好网络内容的监管，自己制订比国家要求的范围更广的监管范围，可能既不利于搜索引擎自身的商业发展，也不利于网络内容治理的有效施行。因此，对搜索引擎具体监管责任范围的划分，是所有平台的重中之重。

网络内容治理的措施和程序应更加公开透明。目前，我国在执行网络内容治理措施时，事前通知和事后说明不多，主要是在后台进行屏蔽、过滤和删除，未能给网络使用者提供更方便的申诉机会。因此，要增加网络内容治理程序的公开和透明，做到事先告知网民哪种信息属于有害内容，解释其负面影响，治理后应给予信息发表者和传播者删除权利和申诉机会。

促进网民获得信息的便利性和多样性。为了消除因网民规避网络内容治理政策产生的消极影响，我们需要在内容获得的便利性等方面进行改革和探索。作为在网络中生产和传播内容主体的网民，对网络内容治理制度持肯定态度，且愿意自律来进行自我监管。网民采用“翻墙”等方法来躲避网络内容监管，很多是为了获取工作、生活所需要的内容和感兴趣的内容，而非主动获取有可能威胁到国家安全的敏感信息。同时，“翻墙”网民借助技术手段避开我国网络内容治理措施，非常容易受到境外意识的渗透，不利于维护国家网络安全，对我国社会发展产生消极影响。因此，应探索技术与法律、伦理规范相结合的综合治理方案，促进网民网络内容访问的便利性和多样性，使网民在法律框架内既能获得自己需要的有益信息，又能不受不利于我国社会稳定和国家安全的信息的消极影响。有了大数据和人工智能的技术，尤其是随着语音识别、图像识别和视频识别技术的成熟，做到这一点越来越具有可行性。

第三，制定和完善我国网络有害内容的鉴别标准，尝试实行网络内容分级制度，控制未成年人接触不良信息。我国网络内容治理制度一个重要的问题是没有出台具体的网络有害内容的识别标准。从网民的角度看，由于没有具体的识别标准，仅通过自身的知识和价值观对网络有害内容进行判断时，就会出现差别，因而在获取或发表信息的时候，有可能遭受自身不理解的监管，甚至触犯法律。从网络服务提供商、网络基础设施提供者、网络媒体和组织的角度看，这些机构大多以商业模式运转，且一般都对网络内容进行事先的过滤、屏蔽和删除。因此，当对有害内容的鉴别与网民不一致时，常会招致网民的不满情绪，这对其自身的发展是不利的，也会产生不良的社会影响。从政府的角度看，政府在执法过程中有自己一套对网络有害内容进行鉴别的标准，因此网民和网络服务提供商、网络基础设施提供者、网络媒体和组织等机构有可能在毫不知情的情况受到规制。如若解决这个问题，那么我国网络安全、意识形态安全、网民表达自由将会得到更好的保障。

目前，互联网上信息泛滥，对未成年人的成长尤为不利，比如淫秽、色情、暴力、赌博等有害内容的传播，而我国并没有专门针对未成年人群体的网络内容判断标准。对于未成年人网民，我们不仅要考虑预防其发生网络犯罪行为，并且要保护其免于接触网络有害内容。网络内容分级制度是一项可以保护未成年人健康上网的措施。在本次调查中，约八成网民认为应该对网络内容进行分级，超过八成的网民认为应该保护未成年人免于接触不良信息。2009 年 5 月 19 日，工业和信息化部下发了《关于计算机预装绿色上网过滤软件的通知》，要求计算机硬盘或随机光盘应预装一个“绿坝-花季护航”的软件。2009 年 7 月 1 号之后出厂的计算机都需预装这一软件，但这个措施引发了强烈的舆论质疑，最终以失败告终。这主要与不成熟的过滤软件开发、过滤内容不够明确，以及没有合理考虑用户自主安装等事项。实际上，对个体用户而言，安装过滤软件如果是倡导性的，让家长等自主决定，自主安装，则既能保证未成年人的正常上网需求，又可以实现拦截有害内容、过滤不良网站，可以为未成年人构建绿色、健康、和谐的网络环境。例如，2011 年 1 月 1 日，德国出台了一个最新修改版本的《青少年媒介保护国家条约》，设立了内容分级制度。这一制度要求互联网内容提供商有义务对其内容进行年龄分级，并做出标识。不适合未成年人的网络内容必须实行用户注册方式，由有关部门核查年龄，如出现异常可删除内容。此外，“危害青少年媒介联邦检验处”负责记录有害内容，监测不良信息网站状况。德国一些机构还合作开发了有害内容过滤软件，免费向家长和学校提供，帮助未成年人远离有害内容。[①] 我国可以综合国外网络分级制度，总结已有过滤软件的经验，对网络内容进行分级标识，开发成熟的过滤软件，帮助学校和家长自主使用软件过滤网络有害内容。

① 黄发红．德国网络空间也有法度［EB/OL］. http：//world. people. com. cn/BIG5/18142206. html，2013-01-11.

结语　加强网络内容治理
营造清朗网络空间

随着互联网的普及，网络内容传播日益成为信息传播的主导方式。网络内容的良莠关系到网络秩序和网络安全等重大问题，网络内容治理已成为世界各国国家治理的重要方面。网络内容治理涉及的问题极其复杂，且存在诸多争议。这些争论呈现的方式及其解决方案，因各国的政治制度、意识形态和文化传统等的不同而各异。西方国家在网络内容治理方面的一些观点和做法不一定完全适合我国国情，我们必须立足中国语境，围绕这些争论，探讨我国网络内容治理的伦理问题及其对策。网络内容治理的伦理问题正是在这些争议中展现出来的。这些问题主要包括网络内容治理的道德合理性、网络内容治理的客体及其范围、网络内容治理的主体、网络内容治理的模式、网络内容传播主体的伦理责任、网络内容治理的政策等问题。

一、自由表达权及其限度：网络内容治理的道德合理性

网络内容治理既是一个世界性难题，也是一个复杂的中国问题。内容治理在现实空间就是一个由来已久的难题，到了网络空间变得更加尖锐，这与网络技术架构的“内容盲”特征和网络文化的自由特征密切相关。网络空间是一个数字空间，其技术架构具有“内容盲”的特征，一切能够被数字化的内容都可以在网上畅通无阻，这

就给不良内容带来了可乘之机，给网络内容治理带来了前所未有的难度。网络空间是一个开放共享空间，尤其是网络自诞生起就被认为是最自由的空间，网络几乎成了自由的化身，对网络内容进行治理常常容易招致各种反对，内容治理到了网络空间就成了一个世界性难题。

我国正处于社会转型时期，网络内容治理涉及方方面面的利益，涉及民主、自由与法制等问题，网络内容治理与否、治理程度如何等问题与各种主体的权利和利益直接相关，网络内容的自由传播与治理更易引起争议，因此，网络内容治理也是一个十分复杂的中国问题。特别是由于意识形态等的不同，我国网络内容治理是西方某些人士借题发挥的话题，曾有西方学者将我国列为世界十大网络信息“普遍屏蔽国”之一（OpenNet Initiative，2007），这不能不引起我们的关注。事实上，世界上没有一个国家或组织不对网络内容进行治理，如美国、加拿大、澳大利亚、欧洲国家、新加坡和韩国等。每个国家都会根据自己的法律、价值观和文化习俗，对网络内容进行治理，在各国也引起了各种争论。这些争论呈现的方式及其解决，因各国的政治制度、意识形态和文化等因素的不同而不同。

网络内容治理涉及的最为关键的问题是自由表达权的地位及其限度，亦即自由表达权与各种权利的冲突和平衡问题。自由表达权是人类极为珍视的权利，但它不具有不可超越性，其他权利和价值，如生命、尊严、人格、隐私、儿童保护，以及公共利益、知识产权、社会稳定和国家安全等也极其重要，均构成对网络自由表达权的抗衡。只要承认自由表达权与这些权利存在抗衡，网络内容治理就具有道德合理性。同时，这说明在进行网络内容治理时，必须兼顾各种权利之间的平衡，更要看到它们之间的协同性。网络内容治理是实现这些价值的重要条件，例如要保障人的自由和尊严，就必须治理网络谣言等。

二、区别对待：网络内容治理的客体及范围

网络内容治理的客体及范围是网络内容治理的重要问题，它涉及应当治理哪些内容，在多大范围内治理这些内容等问题。纵观世界各国，已被纳入网络内容治理的信息主要包括色情、隐私、诽谤言论、恐吓言论、憎恨言论和政治言论等。各国因社会制度、意识形态、价值观和文化传统的不同，对应当治理的网络内容客体及范围持不同的观点，在实践中对治理内容的客体各有偏重，治理力度亦不相同，即区别对待不同内容。有些国家偏重禁止色情和淫秽内容，有些国家严厉禁止危及政府、反政府的政治内容，有些偏重禁止危害网络安全和国家安全的内容，有些偏重禁止恐吓言论、诽谤言论和憎恨言论，有些偏重禁止涉及盗版的内容，有些偏重禁止传播隐私信息。例如，新加坡屏蔽种族主义者网站，韩国屏蔽同情朝鲜的网站，泰国屏蔽赌博网站。

我国目前正处于社会发展的转型时期，多种社会矛盾依然存在，有些潜在的不安定因素可能一触即发，因此，我国应对危及社会稳定、国家统一和民族团结的内容，不利于未成年人成长和保护个人权利的内容，以及违背我国道德习俗的内容加大治理力度。2000 年以来我国已颁布了一系列法律法规，规定禁止九大类网络内容：反对宪法所确定的基本原则的；危害国家安全，泄露国家秘密，颠覆国家政权，破坏国家统一的；损害国家荣誉和利益的；煽动民族仇恨、民族歧视，破坏民族团结的；破坏国家宗教政策，宣扬邪教和封建迷信的；散布谣言，扰乱社会秩序，破坏社会稳定的；散布淫秽、色情、赌博、暴力、凶杀、恐怖或者教唆犯罪的；侮辱或者诽谤他人，侵害他人合法权益的；含有法律、行政法规禁止的其他内容的。这些规定对治理网络不良内容，净化网络空间起到了重要的作用，但这些法律

法规没有对这些内容的甄别做出进一步的明确规定。我们根据我国国情，借鉴国际经验，对我国网络内容治理的主要客体，如网络隐私，网络憎恨言论，网络色情，网络商业言论，网络谣言的定义、特征、传播现状等方面进行了分门别类的研究，并阐释了治理这些内容背后的理念和伦理原则。

三、综合治理：网络内容治理的模式

采取怎样的治理模式才是合理的，才是适合我国国情的，也是网络内容治理的重要问题。根据不同的标准，网络内容治理模式可划分为多种，有自上而下模式和自下而上模式，有重市场治理的模式和重法律治理的模式，有重自律的模式和重他律的模式，有重技术治理和重社会机制的模式。网络内容治理模式的不同选择，在一定程度上反映了人们对自律和他律、道德和法律的作用的不同看法，反映了人们关于技术、市场和政府在网络内容治理中的作用的不同看法，涉及网络空间的全球性和民族国家的地域性在网络内容治理中的管理权限和效力问题。一般而言，英美国家偏重自律模式，德法等欧洲国家偏重成文法保护模式，韩国和新加坡等亚洲国家偏重法律加审查模式和普遍屏蔽模式。

我们必须根据国情，选择适合我国国情的治理模式。综合性的政府主导的多元治理模式集自上而下模式与自下而上模式的优势于一体，目前比较适合我国国情。这种模式既强调政府的主导作用，又兼顾自律与他律的协调机制，强调通过政府、非政府组织、企业、专业机构和公众的共同参与，综合运用法律、市场、技术代码、自律等手段实现网络内容治理。政府主导的多元治理模式比较符合我国国情，关键在于把握好政府介入的尺度，实现网络内容治理和自由表达权的平衡，并从法律法规的健全、网络道德的建设、自律他律协同机制的完善等方面入手，改进我国现有的治理模式。实现这个综合治理模式，应尽快制定不良内容的甄别标准，明确规定各类网络内容主体的权限，实行网络内容举报制度，这样既可以做到尊重网民的自主性和参与性，又能提高管理效率，确保网络内容的安全。

四、各尽其责：网络内容主体的伦理责任

网络内容必须借助网络平台经由主体发布，网络内容治理需要不同主体的共同参与。与网络内容传播有关的平台多种多样，有网络接入商、网络内容提供商等，有政府网站、综合网站、门户网站、专业网站、搜索网站等，还有各种各样的个人内容平台，如论坛、微信、微博和博客等。

网络内容主体多种多样，如政府、非政府组织、媒体、公司和个人等，彼此之间存在既相互联系，又有权利冲突的利害关系。目前存在一些网络内容主体滥用网络内容管理的权力，滥用信息屏蔽权限和搜索霸权等现象。例如，有些搜索引擎网站为了商业利益或市场竞争的需要，屏蔽竞争对手的信息，或屏蔽不利于自己的信息；有些杀毒软件彼此屏蔽，给用户带来不必要的麻烦；有些版主利用手中的删帖权谋求私人利益。因此，网络内容主体必须切实履行各自的伦理责任，共同维护网络内容安全，确保网络健康有序发展。政府是主导性的治理力量与宏观调控者，要依法治理网络内容，处理好政府治理与表达自由的关系。网络服务提供者是网络内容传播的基础性力量，是实现网络内容管理的关键环节。网络服务提供者要通过日常管理，在网络内容治理中发挥主动性，同时要尊重用户，保护用户隐私，并对网络有害内容传播承担责任。网民人数众多，是网络内容治理必须依赖的力量，网民要充分发挥自律精神，做到自我约束，抵制侵害，尊重他人，尊重社会，做一个负责任的网络内容传播者。

五、德法兼治：完善我国网络内容治理政策

我们通过定性和定量相结合的方法对我国网络内容治理的现状和网民对我国网络内容治理政策的认知和态度进行了问卷调查，主要调查了网民关于我国网络有害内容、网络内容治理效果、信息需求状况、网络内容制度等方面的认知。调查结果表明，网民基本肯定我国现行网络内容治理政策，但认为现有政策尚存在一些不足，如网络内容治理客体的甄别标准不明确，缺乏专门针对未成年人的监管手段，网络内容治理主体各自的职责划分不明确，网络内容治理的措施和程序的透明性有待加强，网络法律法规有待完善，网络道德建设和教育力度不够等。

我国网络内容治理政策要完善自律他律协同机制，进一步完善网络内容法律法规，颁布专门的统一的网络内容治理法律；进一步理顺管理关系，完善网络内容治理机构的管理模式；实施网络内容治理措施时做到公开、公正和透明；对网络内容治理主体各自的职责进行明确划分，尤其需明确网站或网络平台必须为网络内容传播应承担的责任；制定网络内容标签国家标准；建立保护未成年人的特殊机制，使未成年人远离不良信息；为消除因网民规避我国网络内容治理产生的消极影响，要在网络内容获取的便利性等方面积极改革。同时，我国网络内容治理要进一步加强网络道德建设，完善网络道德公约，发挥学校和媒体在提升网民网络道德素养方面的教育功能，大力倡导广大网民的慎独精神，充分发挥网络内容主体道德自律的作用。

参考文献

[1] 蔡定剑．公众参与：欧洲的制度和经验［M］．北京：法律出版社，2009.

[2] 蔡静．流言：阴影中的社会传播［M］．北京：中国广播电视出版社，2008.

[3] 蔡文之．网络传播革命：权力与规制［M］．上海：上海人民出版社，2011.

[4] 曹刚．法律的道德批判［M］．南昌：江西人民出版社，2001.

[5] 陈力丹，闫伊默．传播学纲要［M］．北京：中国人民大学出版社，2007.

[6] 陈晓宁．广播电视新媒体政策法规研究——国外法规与评价［M］．北京：中国法制出版社，2001.

[7] 陈絢．新闻传播伦理与法规教程［M］．北京：中国传媒大学出版社，2007.

[8] 陈阳．大众传播学研究方法导论［M］．北京：中国人民大学出版社，2007.

[9] 段伟文．网络空间的伦理反思［M］．南京：江苏人民出版社，2002.

[10] 龚艳．仇恨言论法律规制研究［M］．福建：厦门大学出版社，2013.

[11] 郭庆光．传播学概论［M］．北京：中国人民大学出版社，1999.

[12] 何精华．网络空间的政府治理［M］．上海：上海社会科学院出版社，2006.

[13] 胡泳．众声喧哗：网络时代的个人表达与公共讨论［M］．桂林：广西师范大学出版社，2008.

[14] 黄伟合．英国近代自由主义研究——从洛克、边沁到密尔［M］．北京：北京大学出版社，2005.

[15] 龚艳．仇恨言论法律规制研究［M］．厦门：厦门大学出版社，2013.

[16] 姜胜洪．网络谣言应对与舆情引导［M］．北京：社会科学文献出版社，2013.

[17] 匡文波．网民分析［M］．北京：北京大学出版社，2003.

[18] 李开复．微博：改变一切［M］．上海：上海财经大学出版社，2011.

[19] 李伦．鼠标下的德性［M］．南昌：江西人民出版社，2002.

[20] 李伦．网络传播伦理［M］．长沙：湖南师范大学出版社，2007.

[21] 李一．网络行为失范［M］．北京：社会科学文献出版社，2007.

[22] 李永刚. 我们的防火墙：网络时代的表达与监管 [M]. 桂林：广西师范大学出版社，2009.
[23] 刘颖悟. 三网融合与政府规制 [M]. 北京：中国经济出版社，2005.
[24] 刘友林. 网络广告实务 [M]. 北京：中国广播电视出版社，2003.
[25] 吕耀怀. 信息伦理学 [M]. 长沙：中南大学出版社，2002.
[26] 马克思，恩格斯. 马克思恩格斯选集：第 2 卷 [M]. 北京：人民出版社，1995.
[27] 曼辉. 公共生活与公民伦理 [M]. 北京：北京师范大学出版社，2007.
[28] 欧爱民. 破译宪法的实践密码——基本理论·分析方法·个案考量 [M]. 北京：法律出版社，2006.
[29] 彭兰. 网络传播案例教程 [M]. 北京：中国人民大学出版社，2010.
[30] 彭兰. 网络新闻学：原理与运用 [M]. 北京：新华出版社，2003.
[31] 皮勇. 网络安全法原论 [M]. 北京：中国人民公安大学出版社，2008.
[32] 皮勇. 刑事诉讼中的电子证据规则研究 [M]. 北京：中国人民公安大学出版社，2005.
[33] 乔瑞金，牟焕森，管晓刚，主编. 技术哲学导论 [M]. 北京：高等教育出版社，2009.
[34] 邱小平. 表达自由：美国宪法第一修正案研究 [M]. 北京：北京大学出版社，2005.
[35] 唐守廉. 互联网及其治理 [M]. 北京：北京邮电大学出版社，2006.
[36] 唐子才，梁健雄. 互联网规制理论与实践 [M]. 北京：北京邮电大学出版社，2008.
[37] 田中阳. 传播学基础 [M]. 长沙：岳麓书社，2009.
[38] 王四新. 网络空间的表达自由 [M]. 北京：社会科学文献出版社，2007.
[39] 魏超. 网络广告 [M]. 北京：中国轻工业出版社，2007.
[40] 魏永征. 西方传媒的法制、管理和自律 [M]. 北京：中国人民大学出版社，2003.
[41] 吴飞. 大众传播法论 [M]. 杭州：浙江大学出版社，2004.
[42] 肖蔚云，姜明安. 北京大学法学百科全书：宪法学行政法学卷 [M]. 北京：北京大学出版社，1999.
[43] 辛世俊. 公民权利意识研究 [M]. 郑州：郑州大学出版社，2006.

[44] 喻国民．中国社会舆情年度报告（2010）［M］．北京：人民日报出版社，2010.

[45] 张久珍．网络信息传播的自律机制研究［M］．北京：北京图书馆出版社，2005.

[46] 张涛甫．表达与引导［M］．桂林：漓江出版社，2012.

[47] 张秀兰．网络隐私权保护研究［M］．北京：北京图书出版社，2006.

[48] 钟忠．中国互联网治理问题研究［M］．北京：金城出版社，2010.

[49] 周裕琼．当代中国社会的网络谣言研究［M］．北京：商务印书馆，2012.

[50] 邹军．看得见的“声音”——解码网络舆论［M］．北京：中国广播电视出版社，2011.

[51] ［美］阿伦森，等．社会心理学（第五版）［M］．侯玉波，译．北京：中国轻工业出版社，2007.

[52] ［美］加布里埃尔·A. 阿尔蒙德，拉塞尔·J·多尔顿，小 G. 宾厄姆·鲍威尔，等．当代比较政治学：世界视野［M］．杨红伟，吴新叶，方卿，等，译．上海：上海人民出版社，2010.

[53] ［美］阿丽塔·L. 艾伦，理查德·C·托克音顿．美国隐私法：学说、判例与立法［M］．冯建妹，石宏，郝倩，等，译．北京：中国民主法制出版社，2004.

[54] ［美］奥尔波特，等．谣言心理学［M］．刘水平，梁元元，黄鹂，等，译．沈阳：辽宁教育出版社，2003.

[55] ［美］斯坦利·巴兰，丹尼斯·戴维斯．大众传播理论：基础、争鸣与未来［M］．曹书乐，译．北京：清华大学出版社，2004.

[56] ［美］艾尔·芭比．社会研究方法（第十一版）［M］．邱泽奇，译．北京：华夏出版社，2009.

[57] ［美］特雷尔·拜纳姆，［英］西蒙·罗杰森．计算机伦理与专业责任［M］．李伦，金红，曾建平，李军，译．北京：北京大学出版社，2010.

[58] ［美］E. 博登海默．法理学——法哲学及其方法［M］．邓正来，姬敬武，译．北京：华夏出版社，1987.

[59] ［美］艾瑟·戴森．2.0 版：数字化时代的生活设计［M］．胡泳，范海燕，译．海口：海南出版社，1998.

[60] ［美］欧文·M. 费．言论自由的反讽［M］．刘擎，殷莹，译．北京：新星出版社，2005.

[61] [美] 比尔·盖茨. 未来之路 [M]. 北京：北京大学出版社，1996.
[62] [德] 哈贝马斯. 作为"意识形态"的技术与科学 [M]. 李黎，郭官义，译. 上海：学林出版社，1999.
[63] [美] 克利福德·格尔茨. 文化的解释 [M]. 韩莉，译. 南京：译林出版社，2008.
[64] [美] 尼葛洛庞帝. 数字化生存 [M]. 胡泳，译. 海口：海南出版社，1997.
[65] [美] 曼纽尔·卡斯特. 网络社会的崛起 [M]. 夏铸九，译. 北京：社会科学文献出版社，2006.
[66] [美] 爱德华·A. 卡瓦佐，加斐诺·莫林. 赛博空间和法律：网上生活的权利和义务 [M]. 王月瑞，译. 南昌：江西教育出版社，1999.
[67] [德] 康德. 道德形而上学原理 [M]. 苗力田，译. 上海：上海人民出版社，1986.
[68] [美] 劳伦斯·莱斯格. 代码：塑造网络空间的法律 [M]. 李旭，姜丽楼，王文英，译. 北京：中信出版社，2004.
[69] [美] 劳伦斯·莱斯格. 代码 2.0：网络空间中的法律 [M]. 李旭，沈维维，译. 北京：清华大学出版社，2009.
[70] [法] 古斯塔夫·勒庞. 乌合之众：大众心理研究 [M]. 冯克利，译. 北京：中央编译出版社，2004.
[71] [美] 沃尔特·李普曼. 公众舆论 [M]. 阎克文，江红，译. 北京：商务印书馆，2002.
[72] [美] 安东尼·刘易斯. 言论的边界：美国宪法第一修正案简史 [M]. 徐爽，译. 法律出版社，2010.
[73] [英] 约翰·洛克. 政府论 [M]. 叶启芒，瞿菊农，译. 北京：商务印书馆，1996.
[74] [美] 约翰·罗尔斯. 正义论 [M]. 何怀宏，等，译. 北京：中国社会科学出版社，1988.
[75] [英] 维克托·迈尔-舍恩伯格，肯尼思·库克耶. 大数据时代 [M]. 盛杨燕，周涛，译. 杭州：浙江人民出版社，2013.
[76] [美] 凯瑟琳·A. 麦金农. 言辞而已 [M]. 王笑红，译. 桂林：广西师范大学出版社，2004.
[77] [加] 马歇尔·麦克卢汉. 理解媒介：人的延伸 [M]. 何道宽，译. 北京：商

务印书馆，2000.

[78] [美] 欧文·M. 费. 言论自由的反讽 [M]. 刘擎，殷莹，译. 北京：新星出版社，2005.

[79] [美] 丹尼尔·麦奎尔. 受众分析 [M]. 刘燕南，李颖，杨振荣，译. 北京：中国人民大学出版社，2006.

[80] [英] 约翰·密尔. 论自由 [M]. 许宝骙，译. 北京：商务印书馆，1959.

[81] [英] 约翰·弥尔顿. 论出版自由 [M]. 吴之椿，译. 北京：商务印书馆，1989.

[82] [美] 劳伦斯·纽曼. 社会研究方法——定性和定量的取向（第五版）[M]. 郝大海，译. 北京：中国人民日报出版社，2007.

[83] [法] 让. 诺埃尔·卡普费雷. 谣言——世界最古老的传媒 [M]. 郑若麟，译. 上海：上海人民出版社，2008.

[84] [美] 唐·R. 彭伯. 大众传媒法（第十三版）[M] 张金玺，赵刚，译. 北京：中国人民大学出版社，2005.

[85] [美] 莱克·舍基. 未来是湿的 [M]. 胡泳，沈满琳，译. 北京：中国人民大学出版社，2009.

[86] [美] 理查德·斯皮内洛. 铁笼还是乌托邦：网络空间的道德与法律（第二版）[M]. 李伦，等，译. 北京：北京大学出版社，2007.

[87] [美] 理查德·斯皮内洛. 世纪道德——信息技术的伦理方面 [M]. 刘钢，译. 北京：中央编译出版社，1999.

[88] [英] 萨莉·斯皮尔伯利. 媒体法 [M] 周文，译. 武汉：武汉大学出版社，2004.

[89] [瑞] 费尔迪南·德·索绪尔. 普通语言学教程 [M]. 刘丽，译. 北京：中国社会科学出版社，2009.

[90] [美] 哈里森·索尔兹伯里. 天下风云一报人 [M]. 粟旺，等，译. 北京：中国对外翻译出版公司，1990.

[91] [英] 利萨·泰勒，安德鲁·威利斯. 媒介研究：文本、机构与受众 [M]. 吴靖，赵黄佩，译. 北京：北京大学出版社，2005.

[92] [美] 威尔伯·施拉姆，威廉·波特. 传播学概论（第 2 版）[M]. 何道宽，译. 北京：中国人民大学出版社，2010.

[93] [美] 伯纳德·施瓦茨. 美国法律史 [M]. 王军，等，译. 北京：中国政法大

学出版社，1997.

[94] [美] 詹姆斯・B. 雅各布，吉姆伯利・波特．仇恨犯罪：刑法与身份政治 [M]. 王秀梅，译．北京：北京大学出版社，2010.

[95] [美] 戴维・伊斯顿．政治生活的系统分析 [M]. 王浦劬，译．北京：华夏出版社，1999.

[96] [美] 约翰・D. 泽莱兹尼．传播法：自由、限制与现代媒介 [M]. 张金玺，赵刚，译．北京：清华大学出版社，2007.

[97] John Milton. Areopagitica. In The Works of John Milton [M]. William Haller ed. New York：Columbia University Press，1931.

[98] Pool，I. Technologies of freedom [M]. Harvard，MA：Belknap Press，1983.

[99] A. C. Pigou. The Economics of Weifare [M]. London：Macmillan Ltd.，1962.

[100] Joel Reidenberg. Privacy Protection and the Interdependence of Law，Technology，and Self-Regulation [M]. Cahiers du C. R. I. D.，2002.

[101] Bernard Schwartz. The Great Rights of Mankind [M]. New York：Oxford University Press，1977.

[102] Richard A. Spinello. Cyberethics：Morality and Law in Cyberspace [M]. Sudburg：Jones and Bartlett Publishers，2003.

后 记

网络内容治理是网络空间治理和国家治理的重要内容，旨在营造良好的网络内容生态和网络空间秩序。网络内容治理是一个原点式的网络问题，其他诸多问题可以还原成该问题，因而是网络空间治理的基础问题。网络内容治理的问题得到了解决，其他网络问题便迎刃而解。网络内容治理是互联网时代国家治理的重中之重，失去了网络空间就失去了现实世界。

网络内容治理是一个世界性难题，也是一个中国语境下亟待解决的复杂问题。世界上没有一个国家不对网络内容进行治理，也毫无例外都面临各种棘手的问题。网络内容治理的关键问题是网络内容治理的范围、模式及其合理性论证，这是一个文化依赖性较强的问题。世界各国因文化传统和社会制度的不同，面临各自特有的难题，每个国家都会从自己的国情出发，借鉴全球经验和共识，出台和实施适合自己的网络内容治理政策。我们运用文献分析、理论探究和实证研究等方法，探讨了我国网络内容治理的合理性、网络内容治理的客体及范围、网络内容治理的模式、网络内容传播主体的伦理责任、网络内容治理的政策等问题。限于研究能力，这仅是一个初步的研究，请大家批评指正。

本书是国家社会科学基金项目“中国语境下网络内容规制的伦理问题研究”（09BZX056）的研究成果。李伦负责课题设计和本书结构、内容的规划，并对全书初稿进行修改和定稿。初稿撰写任务分工如下：李伦撰写引言（网络内容：国家治理的新领域）和结语（加强网络内容治理，营造清朗网络空间），孙小晴撰写第一章（网络隐私及其保护），刘湘毅撰写第二章（网络色情及其治理），谢亚可撰写第三章（网络谣言及其治理），龙飘撰写第四章（网络憎恨言论及其治理），张忆、张江艳撰写第五章（网络商业言论及其治理），李威耀撰写第六章（网络知识产权及其保护），简小煊撰写第七章（网络内容治理的模式），周奕撰写第八章（网络内容主体的伦理责任），刘叶芳撰写第九章（我国网络内容治理政策：网民的态度与我们的建议）。何瑛、冯琼参与了部分章节的修改。特此感谢作者们的辛勤劳动和智力奉献。

本书的研究和写作得到了许多前辈、同行和朋友的大力支持，在此一并表示衷心的感谢。特别感谢恩师唐凯麟教授多年来的教导和关爱，感谢中国伦理学会会长、清华大学教授万俊人先生多年来的支持和提携，感谢中国伦理学会副会长李建华教授将本书纳入他主编的丛书，感谢湖南大学出版社雷鸣社长、王和君副总编和祝世英编辑的敦促。感谢教育部人文社会科学重点研究基地湖南师范大学道德文化研究中心和湖南师范大学人工智能道德决策研究所同事们的大力支持。

国际互联网的发展日新月异，关于网络的研究常常难以追上其发展的脚步，我们力图缩小这一差距，但仍感力不从心。本书初稿成于 2015 年，书中的调查研究在此之前已经完成。此次修改定稿时更新了一些内容和数据，但仍未能全面反映互联网及其政策的最新发展，敬请读者批评指正，希望在今后的研究中有所弥补。本书的写作参考了大量中英文资料，我们在书中尽力一一列出，如因疏忽有所遗漏，敬请作者和读者批评指正，并在此表示感谢。

李 伦

2018 年 3 月 12 日